북한을 보는 새로운 프레임

플리바겐

북한을 보는 새로운 프레임

플리바겐

초판 1쇄 인쇄 2011년 12월 1일
초판 1쇄 발행 2011년 12월 10일

지은이 김광수경제연구소
펴낸이 이영선
펴낸곳 서해문집
이 사 강영선
주 간 김선정
편집장 김문정
편 집 허 승 임경훈 김종훈 김경란 정지원
디자인 오성희 당승근 안희정
마케팅 김일신 이호석 이주리
관 리 박정래 손미경

출판등록 1989년 3월 16일 (제406-2005-000047호)
주 소 경기도 파주시 교하읍 문발리 파주출판도시 498-7
전 화 (031)955-7470 | **팩스** (031)955-7469
홈페이지 www.booksea.co.kr | **이메일** shmj21@hanmail.net

ⓒ 김광수경제연구소, 2011
ISBN 978-89-7483-501-9 03300

이 도서의 국립중앙도서관 출판시도서목록(CIP)은 e-CIP 홈페이지(http://www.nl.go.kr/ecip)에서
이용하실 수 있습니다.(CIP제어번호: CIP2011005121)

북한을 보는 새로운 프레임

플리바겐

김광수경제연구소 지음 ——

PLEA BARGAIN
NEW FRAME

서해문집

한반도 미래를 위한 가장 합리적인 대안

정세현(원광대학교 총장, 전 통일부 장관)

지난해 남북관계는 천안함 사건과 연평도 포격 등으로 최악의 상황을 맞이했습니다. 특히 북한의 연평도 포격에 대응해 우리 쪽이 군사훈련을 하는 과정에서 남북 간에 무력충돌이 실제로 발생할 뻔한 일도 있었습니다. 다행히 올해 들어 미국과 중국이 큰 틀에서 6자회담 재개 원칙에 합의하고 이를 위한 3단계 프로세스가 진행됨에 따라 조금씩 접점을 만들어가고는 있지만, 남북관계는 여전히 개선의 실마리를 찾는 데 어려움을 겪고 있습니다.

상황이 이렇게 된 데에는 남북한 모두에게 책임이 있다고 할 수 있습니다. 우선 북한은 이명박 정부 출범 이후 금강산 관광객 사망사건과 핵실험 같은 도발적 행동을 서슴지 않았습니다. 심지어 작년 말 연평도 포격 때에는 민간인 거주지역을 겨냥해서 포탄을 발사하기도 했습니다.

그러나 이명박 정부 역시 남북관계를 관리해나가는 데 있어서 적지 않은 문제점을 보였습니다. 이전 정부들이 북한과 합의했던 '6·15 공동선언'과 '10·4선언'을 무시함으로써 북한의 반발을 샀고, '비핵·개방·3000'과 같이 북한이 현실적으로 받아들이기 어려운 대북정책을 추진함으로써 남북관계가 한 발짝도 움직일 수 없게 만들었습니다. 설상가상으로 천안함 사건과 연평도 포격사건이 터지고, 이명박 정부가 이에 대한 사과를 남북관계 개선의 조건으로 걸게 되면서 남북은 어느 누구도 물러설 수 없는 교착 상태에 빠지게 되었습니다.

물론 남북관계가 지금과 같이 악화된 원인 분석과 문제 해결책은 관점에 따라 다르게 제시될 수도 있습니다. 그러나 분명한 것은 남북이 지금처럼 대립과 갈등을 지속한다면 양측 모두 막대한 손실을 입게 된다는 점입니다. 만성적인 경제난과 장기간의 국제 제재에 처해 있는 북한은 말할 것도 없고, 남한 역시 피해를 입게 됩니다. 남한은 남북갈등이 지속되는 과정에서 제1교역국인 중국과의 관계 악화와 한반도 정세 불안정이라는 부작용을 겪게 되었습니다. 남북관계가 악화되면서 심지어 대미 협상력마저 약화되었다는 지적도 나오고 있습니다. 또한 남북관계 악화가 북한의 대중 의존도 심화로 이어지면서 막대한 양의 북한 광물자원이 중국에 헐값으로 넘어가는 부작용마저 나타나고 있습니다.

따라서 현재 가장 중요한 것은 대립과 갈등의 남북관계를 협력과 타협의 남북관계로 전환시킴으로써 남북 모두가 윈-윈할 수 있는 구도를 다시 만드는 일이라고 할 수 있습니다. 이것이야말로 평화적이고 안정적인 통일을 이룰 수 있는 가장 확실하고도 빠른 방법이라고 할 수 있습니다. 이렇게 하면 거액의 통일비용을 미리 추산해놓고 그걸 준비한답시고 북새통을 떨 필요도 없어집니다.

이번에 김광수경제연구소에서 지은 책《플리바겐, 북한을 보는 새로운 프레임》은 현재의 갈등 국면을 해소하고 남북이 윈-윈 할 수 있는 구도를 만들어가는 데 대단히 유용한 참고자료라고 생각합니다. 저자는 남북관계를 '플리바겐'에 비유함으로써 현재 남북관계가 처해 있는 역설적인 딜레마를 잘 묘사하고 있습니다. 즉, 북한이 잘못을 저질렀음에도 북한과 타협해야 하는 남한의 입장을 적절히 묘사한 것입니다. 또한 북한의 경제 메커니즘을 자세히 살펴봄으로써 남한이 북한과 타협하더라도 손해를 보는 것이 아니며, 오히려 그것이 북한을 변화시키는 가장 빠른 길임을 잘 설명하고 있습니다. 따라서 이 책은 남북관계와 통일문제에 관심을 가지고 있으면서 합리적인 대안을 찾고자 하는 분들에게 많은 도움을 줄 수 있을 것입니다. 많은 분들의 일독을 권합니다.

PLEA BARGAIN

COTENTS

1. 대한민국, 북한 딜레마에 빠지다

2. 북한 경제, 시장의 딜레마에 빠지다

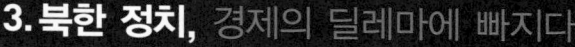

3. 북한 정치, 경제의 딜레마에 빠지다

plea
bargain

'플리바겐', 남북한 상생을 위한 한반도 솔루션

무고한 시민들을 잔혹하게 살해한 범죄자가 체포되었다. 수사 결과 이 범인은 오래전부터 범행을 치밀하게 계획한 것으로 드러났다. 검찰은 범인에게 1급 살인죄를 적용해 법정 최고형인 사형을 구형하려 한다. 검찰이 범행 동기와 명백한 증거를 밝혀내고 범인의 자백을 받아냄에 따라 범인이 사형 판결을 받는 것은 어렵지 않아 보였다.

그런데 검찰이 수사하는 과정에서 새로운 사실이 발견되었다. 범인이 또 다른 시민을 납치하여 감금해두었다고 자백한 것이다. 피해자는 평소 불우한 청소년들을 위해 기부 운동을 주도하고 자선바자회를 개최하는 등 지역사회에서 존경받던 기업인이었다. 범인은 이 사람이 자신만이 아는 장소에 감금되어 있으며, 2~3일 내에 구출되지 못할 경우 사망하게 될 것이라고 말했다. 그러면서 감금해놓은 장소를 알려줄 테니 형량을 낮추어달라고 검찰에게 제안했다.

검찰은 사실 여부에 대한 확인 작업에 들어갔고, 범인의 말이 모두 사실임을 확인했다. 검찰은 범인의 도움 없이 피해자를 구출해내기 위해 모든 수사력을 동원했다. 범인의 이동경로를 추적하기 위해 첨단 장비를 사용하고, 피해자가 감금되어 있을 가능성이 있는 모든 장소를 수색하는 한편, 지역 언론매체에 크게 광고를 내는 등 대대적인 수색작업에 나섰다. 그러나 이틀이 지나도록 피해자의 위치를 파악하는 데 실패했고, 피해자의 생존 가능 시간 역시 한계에 가까워지고 있었다.

검찰은 고민에 빠지게 되었다. 치밀하고 잔혹한 방법으로 범행을 저지른 범인에게 사형을 구형함으로써 합당한 죗값을 치르게 하고 싶은 마음이 굴뚝같았지만, 범인에게 사형이 구형될 경우 그에게 납치된 사람 역시 함께 죽게 될 것이기 때문이었다. 검찰은 사람을 죽이고도 뻔뻔한 태도를 보이고 있는 범인의 제안을 뿌리칠 수만은 없는 입장에 처하게 되었다.

결국 검찰은 범인에 대한 사형 구형을 포기하는 대신 납치된 사람의 위치를 범인으로부터 자백받는 거래를 선택하게 되었다. 이에 따라 납치되어 있던 사람은 무사히 구출되었다.

이른바 '플리바겐(plea bargain)' 또는 '유죄협상제'에 의해 형사사건을 해결하는 이러한 모습은 아직 우리나라에서는 생소하지만, 미국이나 프랑스, 이탈리아, 스페인 등에서는 어렵지 않게 볼 수 있는 장면이다. 특히 미국의 경우, 형사사건의 90% 이상이 '플리바겐'을 통해 해결되는 것으로 알려져 있다. 평소 미국 영화나 드라마를 즐겨 본 사람이라면 이런 장면이 낯설지 않을 것이다.

피의자가 혐의를 인정하거나 다른 사건의 해결에 결정적 실마리를 제공하는 조건으로 검찰이 가벼운 범죄로 기소하거나 형량을 낮춰주는 '플리바겐' 제도는 검찰이 수사대상인 사건과 직간접적으로 연관된 사람으로부터 증언을 얻어 사건을 용이하게 해결할 수 있다는 현실적인 장점이 있다. 그러나 사법부가 범죄자와 형량을 흥정하는 것이 정의(正義)의 관념에 위배된다는 점에서 비판을 받는 제도이기도 하다. 그럼에도 불구하고 마약거래조직 등을 적발하려면 내부가담자의 협조나 배신이 반드시 필요하므로 미국에서는 웬만한 조직범죄나 마약 관련 사건 재판에 플리바겐 제도가 다양한 방식으로 활용되고 있다.

북한에 관한 책에서 아직 우리나라에서는 생소한 플리바겐 제도를 언급한 이유는 위의 사례에 나타난 검찰-범죄자의 관계가 북한 문제를 바라보는 데 있어 적절한 시사점을 제공하기 때문이다.

잘 알려져 있듯이 북한은 국제사회에서 이른바 '불량국가'로 인식되어 왔다. 예를 들어 미국의 부시 대통령은 2002년 연두교서에서 대량살상무기(WMD)의 제조 및 거래 등을 이유로 북한을 '악의 축(axis of evil)'으로 규정했으며, UN안전보장이사회는 북한이 2006년과 2009년에 핵실험을 하자, 대북 제재결의 1718호와 1874호를 각각 통과시켰다. 우리나라 역시 마찬가지다. 이명박 정부는 북한의 군사적 도발행위를 비난해왔으며, 2010년 3월의 천안함 사건 이후에는 '5·24조치'를 통해 남북교역을 비롯한 교류 중단을 선언하기도 했다.

대부분의 북한 주민들이 극심한 식량난에 고통받고 있음에도 불구하고, 김정일 일가를 비롯한 핵심권력층만 풍요롭게 살고 있다는 점은 북한이 많은 비판을 받는 이유이다. 뿐만 아니라 이런 상황에서 김정일이

20대에 불과한 아들에게 권력을 세습하려는 모습은 북한 체제의 지속 가능성과 관련해 가장 흔히 지적되는 문제이기도 하다. 이와 같은 모습들을 보면 북한이 내부적으로 스스로 붕괴되거나 외부에서 북한 체제의 붕괴를 유도하는 것이 당연한 해결책인 것처럼 보인다.

문제는 정작 북한 체제가 붕괴되었을 때 우리가 감당할 수 없는 문제들이 발생한다는 것이다. 수많은 탈북자들이 남한으로 유입되고, 이들을 수용하기 위한 인프라가 필요하게 되며, 북한 지역 내 치안유지를 위해서도 우리가 감당하기 어려운 규모의 병력이 필요하게 된다. 또한 김정일 정권이 북한 전역 곳곳에 숨겨놓은 대량살상무기(WMD)가 제3자의 손에 반입되어 지역 안보가 불안정해질 가능성도 높다. 특히 최근 우리 정부는 중국 정부와 상당한 마찰을 겪었는데, 이처럼 한반도 상황의 처리를 놓고 우리의 제1교역국인 중국과 적지 않은 갈등을 감수해야 할 수도 있다.

다시 '플리바겐' 얘기를 해보자. 위의 사례에서 검찰과 피의자는 모두 역설적인 딜레마에 처하게 된다. 검찰은 1급 살인죄라는 죄목에 걸맞게 범인에게 사형을 구형하고 싶지만, 납치되어 있는 사람을 생각하면 범인에 대한 사형 구형을 무작정 추진할 수만도 없는 입장에 처하게 된다. 반대로 피의자는 최고형을 받지 않기 위해 납치한 사람을 감금해둔 장소를 끝까지 숨겨야 하지만, 시간이 너무 지나 감금된 사람이 죽게 된다면 자신이 갖고 있던 마지막 카드가 휴지조각이 되어버리기 때문에 너무 늦지 않은 시간 내에 감금된 장소를 말해야 하는 유인을 갖게 된다. 즉, 검찰은 1급 살인죄를 지은 범인을 사형시키고 싶지만 사형시켜서는 안 되고, 범인은 납치된 사람을 감금해둔 장소를 말해선 안 되지만 말해야 하는 입장에 처하게 된 것이다.

또한 검찰은 피의자와의 관계에서 사실상 절대적인 강자라고 할 수 있다. 범인에 대한 구속은 물론 생존 여부까지 좌지우지할 수 있기 때문이다. 검찰이 범인의 제안에 아랑곳하지 않고 사형집행을 관철시킬 경우 범인의 목숨은 끝나게 된다. 따라서 범인은 자신의 생사 여부를 검찰의 처분에 맡겨야 하는 절대적인 약자의 입장에 서게 된다. 그럼에도 불구하고 검찰이 결코 쉽게 포기할 수 없는 카드를 쥐고 있다는 점에서 범인 역시 제한적인 강점을 지니고 있다. 검찰은 범인에 대한 높은 수위의 처벌을 관철시켜야 하는 동시에 납치된 피해자도 구출해야 하는 양립하기 어려운 두 가지 목표를 동시에 쫓아가야 하지만, 범인은 생존이라는 한 가지 목표만 추구하면 된다는 점에서, 상대적으로 유리한 측면도 지니고 있다.

남북관계 역시 마찬가지라고 할 수 있다. 남한의 입장에서는, 공공연히 불법적인 행동을 자행하고 심지어 민간인 거주 지역에 대한 군사적 공격까지 서슴지 않는 등 비정상적인 행태를 보이고 있는 북한 체제가 붕괴되는 것이 당연하다고 여길 수도 있다. 그러나 이후에 발생할 엄청난 부작용을 감안하면 북한 체제의 붕괴를 유도하는 것이 바람직한 해결책만은 아니다. 북한 역시 끝까지 협조하지 않고 공격적인 태도를 유지하면 남한으로부터 보다 많은 양보를 이끌어내고 남한에게 손해를 입힐 수 있을지는 모르지만, 극심한 경제난으로 체제유지가 불가능해진다는 점에서 협조해야 할 유인을 갖고 있다. 즉, 남한은 북한을 붕괴시키고 싶지만 붕괴시켜서는 안 되고, 북한은 남한에 협조하고 싶지 않지만 협조해야 하는 입장에 처해 있는 것이다.

남북한 관계를 살펴보아도 남한이 압도적인 강자라고 할 수 있다. 남한의 경제력은 이미 수치상으로 비교하는 것이 무의미할 정도로 북한과 현격한 차이를 나타내고 있으며, 군사력에 있어서도 우위를 보이고 있다. 북한은 남북교역으로 벌어들인 달러화로 만성적인 대외교역 적자를 메워왔으며, 남한의 대북지원은 북한의 식량난 해소에 일정하게 기여해왔다. 따라서 북한은 남한이 모든 교역을 단절하게 되면 상당한 타격을 입을 수밖에 없는 약자의 입장이라 할 수 있다. 그럼에도 불구하고 북한은 남한을 위협할 수 있는 대량살상무기를 보유하고 있고, 자신의 붕괴가 남한 체제에 상당한 타격을 가할 수 있다는 점에서 제한적인 강점을 지니고 있다. 이처럼 '플리바겐'은 남북한의 역설적인 관계를 잘 드러내는 모델이라 할 수 있다.

이 책에서 '플리바겐'에 주목하는 또 다른 이유는 남북관계 문제를 현실적으로 해결할 수 있는 관점과 시사점을 제공해주기 때문이다. 사실 검찰만큼 범죄자와 타협하기 싫은 행위자도 없을 것이다. 그러나 현실적인 필요와 제약조건이 있기 때문에 법이 허용하는 범위 내에서 범죄자와 일정하게 타협을 하는 것이다. 여기에서 중요한 점은 검찰의 우선순위가 단순히 범죄자를 감옥에 잡아넣는 것이 아니라 보다 큰 목적을 지향하고 있다는 것이다.

남한 역시 기본적으로 북한과 타협하는 것이 달가울 리 없는 입장이다. 이전 정부에서 국내 정치적으로 '퍼주기'라는 비난을 감수하면서까지 대북지원을 했음에도 불구하고, 북한의 위협적인 발언과 군사적인 도발은 계속되었다. 심지어 진정성을 갖고 관계 개선의 의지를 보였던 DJ 정부와 노무현 정부 때조차 북한은 서해에서 도발을 감행했다. 그러나 남한의 목적이 단지 북한을 붕괴시키는 것이 아니라 북한을 개혁·개방으로 이끌면서 중장기적으로 안정적인 통일을 준비하는 것이라면 북한의 행동이 달갑지 않더라도 일정한 타협을 통해서 우리가 의도하는 북한의 변화를 이끌어낼 필요가 있다.

어떻게 해서든지 의미 있는 결과를 이끌어내야 하는 검찰의 입장에도 주목할 필요가 있다. 북한은 금강산 관광 지구에 있는 남측 자산을 일방적으로 동결하고 연평도에 폭격을 가하는 등 남한 정부가 용납하기 어려운 행동들을 보였다. 그렇지만 결과적으로 북한을 압박하던 남한 역시 적지 않은 손해를 입게 되었다. 진정성을 확인해야 한다며 강경한 자세로 북한의 변화를 기다렸으나 북한의 핵 프로그램은 여전히 통제되지 않았고, 대북제재를 추진하는 과정에서 중국은 물론 이란과의 관계도 악화되었으며, FTA 추가협상에서 나타난 바와 같이 대미 협상력이 약화되는 결과마저 나타났기 때문이다.

이처럼 북한 문제는 이념적인 잣대로부터 자유로울 수 없는 문제이지만, 이념적인 잣대만으로는 결코 해결할 수 없는 문제이기도 하다. 따라서 북한의 잘못된 행동들을 분명히 인식하면서도 현실적으로 문제를 해결할 수 있는 전략적인 인식의 전환이 필요하다. 그런 점에서 '플리바겐'은 유용한 시각을 제공한다고 할 수 있다. '플리바겐'식 접근을 통해 볼 수 있는 남북관계의 역설적인 성격을 이해하지 못한다면 남북 문제 해결은 물론 평화적이고 안정적인 통일의 실현은 불가능하다고 할 수 있다.

그런데 이렇게 말하면 논리적으로는 받아들이더라도 현실적으로 북한이 핵개발을 비롯한 도발을 계속하는데 우리가 계속 북한과 타협해야 하느냐는 목소리도 있을 수 있다. 북한과의 타협은 결과적으로 북한에 도움을 주는 것이 될 텐데, 북한이 전혀 변하지 않았음에도 불구하고 북한이 무너지는 게 두려워 우리가 북한을 도와야 하느냐는 것이다.

물론 이 같은 지적에는 일면 타당한 면이 있다고 할 수 있다. 그러나 여기에서 한 가지 중요하게 짚고 넘어가야 할 부분이 있다. 그것은 북한이 실제로는 상당한 정도로 변해왔다는 점이다. 더 중요한 것은 북한의 이러한 변화가 북한 당국의 의도와 무관하거나 일정하게 거리를 두고 일어나기도 했으며, 어떤 면에 있어서는 북한 당국이 어쩔 수 없이 끌려가게 된 부분도 있다는 점이다. 여기에서 말하는 북한의 변화는 바로 경제, 더 구체적으로는 '시장'에 관한 부분이다.

최근에 발생한 천안함 사태, 연평도 폭격, 우라늄 원심분리기 공개 등을 겪으며 북한이 전혀 변하지 않았다는 점이 자주 지적되고 있다. 그도 그럴 것이 북한 당국이 외부세계의 변화에 아랑곳하지 않고 김정은으로 이어지는 3대째 권력세습을 추진하고 있고, 북한 주민들의 식량난이 심각한 수준임에도 여전히 군사력 강화에 치중하는 모습을 보이고 있기 때문이다. 이와 같이 북한의 정치나 군사 영역에 초점을 맞추는 전통적인 관점에 의하면 북한은 전혀 변한 것이 없으며 앞으로도 그럴 가능성이 희박해 보이다.

그러나 경제 부문에 초점을 맞추면 이야기가 많이 달라진다. 북한에 관해 잘 모르는 사람들도 2009년 11월 말 북한 당국이 갑자기 단행한 '화폐개혁'의 실패로 인해 박남기 계획재정부장이 해임 및 처형되고, 김영일 내각총리가 북한 역사상 최초로 평양의 인민반장 수천 명을 평양 인민문화궁전에 모아놓고 화폐개혁과 시장폐쇄에 대해 사과했다는 소식을 접해보았을 것이다. 뿐만 아니라 2007년부터 북한 당국이 시행하려고 했던 종합시장 폐쇄는 주민들의 반발을 의식해 2009년 6월에야 이루어졌고, 그나마 2010년 초에 북한 당국이 화폐개혁의 실패를 인정한 직후에는 종합시장 거래가 다시 허용되기도 했다. 주민들의 반발을 의식한 이와 같은 행동들은 예전의 북한을 생각하면 상상도 하기 어려운 것들이다. 그만큼 만성적인 경제난으로 인해 절대적인 영향력을 행사해왔던 북한 당국의 입지가 상당한 정도로 변했다는 것이다.

보다 주목할 만한 점은 김정일을 위시한 북한 당국이 이와 같은 변화에 수동적으로 대처하기만 한 것은 아니었다는 것이다. 2002년 '7·1조치'를 전후해 김정일은 적극적으로 시장친화적인 개혁조치들을 추진했다. 또한 경제의 중요성이 높아짐에 따라 전통적으로 당(조선노동당)이 모든 것을 통제하는 것에서 벗어나 내각과 군대에 힘을 실어주기도 했다. 즉, 지속되는 경제난에 따라 북한 당국 역시 불가피하게 변화에 대응해왔으며 이러한 움직임이 결국 정치권력의 영역에까지 영향을 미치게 되었던 것이다.

이처럼 북한은 표면적으로는 전혀 변하지 않은 것 같지만, 내부적으로는 상당한 변화를 겪어왔으며 지금도 역시 상당한 변화의 압력을 받고 있다. 그런데 이는 바꾸어 말하면 북한 내부에서도 시장친화적인 개혁을 위한 동력이 존재하고 있다는 것을 의미한다. 게다가 화폐개혁의 실패로 북한 체제가 또 한 번의 분기점을 맞이하고 있다는 점을 감안하면, 표면적인 행태에만 주목해 북한의 변화 가능성을 판단하는 것이 성급한 결론임을 알 수 있다. 오히려 남한의 협력적인 대북정책이 북한의 변화를 이끌어낼 수 있는 시기인 것이다. 김정일 정권이 남한의 협력에 곧바로 반응할 만큼 순진하거나 개혁을 원해서가 아니라, 지금의 상태로는 북한 체제가 버틸 수 없기 때문이다. 따라서 북한과의 타협이 단기적으로는 북한에 대한 일방적인 지원처럼 보일 수 있을지 몰라도, 중장기적으로는 북한의 변화를 가장 빨리 이끌어낼 수 있는 방법이라고 할 수 있다.

이와 함께 반드시 고려해야 할 변수가 있다. 바로 '중국'이다. 글로벌 경제위기 이후 미국과 함께 G2로 급부상한 중국의 존재는 북한 체제의 생존가능성, 남한의 대북압박정책의 효과 여부 등과 관련해 가장 중요한 변수라고 할 수 있다. 천안함 사건 이후 중국은 남한과 미국을 비롯한 국제사회의 요구에도 불구하고 노골적으로 북한의 편을 드는 모습을 보이고 있다. 특히 우려할 점은 이 과정에서 북한의 대중 의존도가 심화되고 중국이 북한 지하자원의 채굴권을 독식하고 있다는 점이다. 이는 한국의 대북정책이 관계단절과 압박만을 사용하는 단선적인 성격으로 일관되어서는 안 되며, 보다 섬세한 전략으로 한반도 상황에 대한 주도권을 확보하는 방향으로 나아가야 함을 의미한다. 중국이 한국의 제1교역국이며, 한국 무역흑자의 대부분이 대중교역에서 발생하고 있다는 점을 감안하면, 최근에 나타나고 있는 한중관계 악화는 상당히 우려스러운 모습이라 할 수 있다.

이처럼 북한을 바라볼 때는 군사적 도발뿐 아니라 극심한 경제난에 따른 북한 내부의 변화 압력, 북한의 대중의존도 심화와 중국의 북한 지하자원 확보와 같은 다양한 면들을 고려할 필요가 있다. 우리의 목표가 북한 체제의 붕괴 자체라기보다는 북한을 변화시키고 궁극적으로 우리가 감당할 수 있는 수준의 평화적이고 안정적인 통일을 이루는 것이기 때문이다. '플리바겐'은 북한 문제가 갖고 있는 이 같은 복잡한 성격을 직시하고 현실적인 대안을 모색해보고자 하는 취지에서 나온 접근법이라 할 수 있다. 뿐만 아니라 북한의 잘못된 측면을 분명히 인식하면서도, 남북한의 협력이 북한을 변화시키는 것은 물론 남북한 모두가 윈-윈 할 수 있는 유일한 방법임을 현실적인 근거를 토대로 제시하고 있다는 점에서 한국 사회 내에서 북한 문제를 둘러싸고 벌어지고 있는 보수와 진보 간의 첨예한 대립을 해소할 수 있는 단초를 제공하는 접근법이라 할 수 있다.

끝으로 이 책이 나오기까지 큰 힘이 되어준 아내 임율과 항상 건강하게 자라준 딸 다인에게 감사의 마음을 전한다. 아울러 경제 전체에 대한 깊은 혜안으로 날카로운 조언을 아끼지 않으신 연구소의 김광수 소장님께도 깊이 감사드린다.

2011년 11월
김광수경제연구소 북한경제팀장 윤재원

PLEA BARGAIN

1

대한민국,
북한 딜레마에 빠지다

plea
bargain

중동을 휩쓴 혁명의 물결,
북한은 예외일까?

2011년 2월 16일 영국의 〈파이낸셜 타임즈(Financial Times)〉에는 재미있는 삽화(26쪽)가 담긴 기사가 실렸다. 정치학자이자 유라시아그룹의 대표이사인 이언 브레머(Ian Bremmer)가 쓴 '중동을 강타한 J-커브(The J-curve hits the Middle East)' 라는 기사였다. 이 기사에서 이언 브레머는 리비아에서 이란에 이르기까지 중동 국가들에서 일어나고 있는 위협적인 봉기가 혼란스러워 보이지만, 사실은 강력한 정치적 현상의 최근의 예에 불과하다고 지적한다. 즉 폐쇄된 사회에서 개방된 사회로 움직이면서 안정성이 떨어지는 'J-커브' 현상의 일부라는 것이다. 그가 주장하는 'J-커브' 이론은 간략하게 다음과 같다.

국가의 안정성 정도를 세로축(Y축)으로 하고 정치·사회적인 개방성

2011년 2월 16일자 영국 〈파이낸셜 타임즈〉에 실린 삽화.

을 가로축(X축)으로 하는 도표를 하나 그린다고 하자. 도표의 위로 갈수록 안정성이 높아지고, 오른쪽으로 갈수록 개방성이 높아진다. 전 세계 국가들은 안정성과 개방성의 조합에 따라 각각의 점을 이루게 된다. 그런데 이 점들을 이어보면 위 그림과 같이 알파벳 'J'와 유사한 형태의 패턴이 만들어진다. 즉, 가장 개방적인 국가들이 가장 안정적인 모습을 보이고, 가장 폐쇄적인 국가들 역시 어느 정도 안정적인 모습을 보이는 반면, 중간에 있는 국가들은 상당히 혼란스러운 모습을 보이는 것이다. 대부분의 국가들은 개방되고 안정적인 방향으로 가게 되는데, 문제는 인종차별정책 폐지 이후의 남아프리카공화국처럼 이와 같은 이행의 과정에서 살아남는 국가가 있는 반면, 소련이나 유고슬라비아와 같이 그렇지 못한 국가가 있다는 것이다.

이에 따라 중동 국가들을 비롯해 J-커브의 왼편에 있는 국가들은 심각한 딜레마에 처하게 된다. 최근 세계화의 진척으로 인해 사람들이 교육이나 미디어 등에 접근하기 쉬워지면서 정보와 권력을 통제하기 어려워졌다. 만약 이집트와 같이 경제성장을 촉진하기 위해 통제를 완화하고 외부세계에 사회를 개방하면, 30년간 집권했던 호스니 무바라크 대통령이 축출된 것과 같은 극심한 정치·사회적인 격변을 감수해야 한다. 그렇다고 폐쇄적인 태도를 유지할 수만도 없다. 외부에 대한 폐쇄만을 고집할 경우 정치적 정당성을 뒷받침해주는 경제적 번영의 가능성이 급격하게 제한됨으로써 결국 불안정이 초래되기는 마찬가지이기 때문이다.

이 기사에 실린 앞의 삽화는 이와 같은 상황을 재미있게 표현하고 있다. 가장 왼쪽에는 김정일이 서 있어 북한 체제가 가장 폐쇄되었지만 어느 정도 안정적이라는 것을 나타낸다. 김정일의 오른쪽에는 시리아의 알 아사드, 리비아의 카다피, 바레인의 알 칼리파 등이 난간을 잡고 간신히 서 있으며, 알파벳 'J'모양으로 놓인 다리의 아랫부분으로 갈수록 각국의 지도자들이 위태롭게 서 있는 것을 볼 수 있다. 반면 체제 안정성의 최저 수준을 모면한 국가의 지도자들은 다리의 오른쪽 끝으로 올라가는 모습을 보이고 있다. 다리의 오른쪽 끝에는 독일의 메르켈, 미국의 오바마, 영국의 캐머론 등이 있다. 그림으로만 봐도 김정일이 쉽사리 개방을 택하지 않을 것임을 알 수 있다. 더군다나 튀니지의 벤 알리 대통령과 이집트의 무바라크 대통령이 축출된 데 이어, 최근 리비아의 카다피마저 축출되고 살해당한 것은 김정일에게 남 일 같지 않았을 것이다.

이와 관련해 이안 브레머는 흥미로운 주장을 한다. 사실 그가 J-커브에 대해 본격적으로 소개한 것은 2006년에 그가 쓴 《The J-curve》라는 책을 통해서이다. 책이 발간될 당시 미국의 부시 행정부는 북한이 핵 프로그램을 폐기하면 국제사회로 편입되는 것을 지원할 것이고, 만약 이를 거부하면 북한의 고립을 심화시킬 것이라고 하며 북한을 압박하고 있었다. 브레머는 김정일 정권이 의존하는 것이 바로 고립이라면서 이 같은 정책을 비판했다. 북한이 안정적인 것은 그들이 폐쇄되어 있기 때문이며, 북한에게 고립시키겠다고 위협하는 것은 물에 빠진 사람에게 구명보트를 주면서 위협하는 것이나 마찬가지라는 것이다. 독재자들 역시 미국을 도발해 고립이 심화되는 것이 그들의 권력을 강화하는 방법이라는 것을 알고 있다고 지적한다.

또한 브레머는 "어떤 사회에서든 변화를 위한 가장 강력한 힘은 그 안에 살고 있는 사람들"이라면서 외부로부터 북한을 민주화시키겠다는 것은 단기적으로 실현 가능한 목표가 아니라고 주장한다. 이라크의 실패에서 알 수 있듯이, J-커브에서 오른쪽으로 움직이기 위해서는 정치적 자원과 충분한 시간이 있어야 하며, 오히려 휴대폰·인터넷·위성방송 등 통신기술을 점진적으로 침투시키는 것이 독재통치를 약화시키는 데 보다 효과적이라는 것이다. 한국 드라마를 녹화한 비디오테이프가 북한에 퍼지면서 북한 주민들이 한국의 속어를 사용하거나 유행하는 헤어스타일을 따라 하는 것은 좋은 예라 할 수 있다.

그렇다고 해서 J-커브가 북한에게 유리한 이론은 아니다. 역사적으로 폐쇄적인 국가들은 소멸하거나 폭발할 수밖에 없기 때문이다. 이언 브

〈자료 1-1〉 중동—북아프리카의 독재국가 지도자들의 통치기간과 현황(2011년 11월 현재)

레머는 폐쇄된 국가들을 둘러싸고 있는 장벽은 불안정성을 잠시 감추고 있는 것에 불과하다고 지적한다. 대내외적으로 사람들이 서로 이어질 수 있도록 개방하는 것만이 사회·경제적인 안정성을 가져다줄 수 있다는 것이다.

그렇다면 중동과 북아프리카에서 일어나고 있는 상황, 즉 혁명과 같은 상황이 북한에서 발생하는 것이 가능할까? 사실 혁명이 발생할 가능성을 판단하는 것은 쉬운 일이 아니다. 더군다나 북한과 같이 외부와 단절되어 내부상황을 파악하기 어려운 국가에서 변화, 그것도 혁명을 예측한다는 것은 상당히 어려운 일이라 할 수 있다. 이는 최근 아랍 세계에서 진행 중인 혁명의 시발점이 되었던 튀니지의 재스민 혁명을 보아도 그렇다. 수도 튀니스에서 남쪽으로 28km 떨어진 시골에서 여자 경찰관이 청과물 노점상의 가게에 침을 뱉은 사건이, 튀니지는 물론 주변국들까지 혼돈의 도가니로 몰아넣게 될 줄은 아무도 상상하지 못했을 것이다. 모욕을 참지 못한 노점상이 분신자살한 것이 계기가 되어 결국 24년간 집권했던 튀니지의 벤 알리 대통령이 축출되었다. 뿐만 아니라 이러한 움직임은 이집트로도 이어져 30년간 장기집권해온 무바라크 대통령을 끌어내렸으며, 인접한 아프리카와 아랍권 국가들에서 반정부 시위가 잇따랐다. 리비아, 알제리, 예멘, 요르단, 바레인, 수단 등 권위주의 통치가 장기간 지속된 국가들에서 크고 작은 시위가 발생했으며, 심지어 이탈리아에서도 미성년자 성매매 등으로 비난을 받고 있는 베를루스코니 총리의 퇴진을 요구하는 시위가 일어나기도 했다.

시골 지역에서 일어난 한 우발적인 사건이 중동 지역 전역에 혁명의 물결을 불러일으킨 것은 북한에서 혁명이 일어나지 않으리라고 단정짓는 것이 섣부른 판단일 수도 있음을 시사한다. 북한 당국 역시 겉으로 드러내진 않았지만, 상당히 민감하게 반응한 것으로 알려졌다. 국가안전보위부가 북한 주민들이 3명 이상 모이는 것을 금지했고, 신의주와 중국 단둥(丹東)을 오가는 주민들의 몸수색을 한층 강화하는 한편, 중동 시위 동영상이 담긴 USB · DVD가 유입되거나, 북한에서 발생한 시위 사진, 주민 생활을 담은 동영상이 유출되는 것을 차단하기 위해 속옷까지 샅샅이 뒤졌다고 한다. 김정일이 공개석상 노출을 자제하고 관저 주변에 탱크 수십 대를 배치시킨 것이 관측되기도 했다. 실제로 미국의 외교전문지 《포린 폴리시(FP)》는 호스니 무바라크 이집트 대통령에 이어 무너질 가능성이 있는 독재자로 김정일 북한 국방위원장, 로버트 무가베 짐바브웨 대통령 등 5명을 꼽기도 했다.

특히 이집트 사태는 북한에게 큰 충격을 주었을 것으로 보인다. 이집트가 북한과 친밀한 관계를 유지해온 국가이기 때문이다. 우선 고(故)

김일성이 무바라크와 특별한 인연을 갖고 있었다. 1973년 제4차 중동전쟁에서 이집트가 이스라엘과 싸울 때 소련의 지원 거부에도 불구하고 김일성은 이집트에게 공군력을 지원했는데, 당시 이집트의 공군사령관이 무바라크였다. 이후 이집트는 북한에게 스커드 미사일을 제공했고, 무바라크도 1980년대에 네 차례나 북한을 방문하는 등 양국은 가까운 관계를 유지해왔다.

뿐만 아니라 이집트의 재벌기업 오라스콤 그룹 역시 북한과 밀접한 관계를 갖고 있다. 뒤에서 보겠지만 오라스콤은 북한의 휴대전화 사업을 독점하고 있을 뿐만 아니라, 평양 류경호텔의 완공 작업도 맡아서 하고 있다. 류경호텔은 1987년에 프랑스의 기술과 자본으로 짓기 시작한 105층, 330미터 높이의 건물로, 자금난으로 인해 5년 만에 공사가 중단되었으나 2009년 4월 오라스콤 그룹이 1억 달러를 투자하기로 하면서 공사가 재개되었다. 김일성 탄생 100주년인 2012년에 맞추어 완공될 류경호텔의 상징성을 감안하면 북한에게 이집트가 얼마나 중요한 상대인지 어렵지 않게 알 수 있다. 이집트 안팎에서 무바라크가 퇴진 압력을 받던 2월 초 김정일이 그에게 연하장을 보낸 것도 이러한 중요성을 반영한 것이라 할 수 있다.

그런데 여기에서 주목할 만한 현상이 있다. 그것은 북한 내에서 휴대전화 사용자 수가 빠른 속도로 증가하고 있다는 것이다. 북한 내 유일한 휴대전화 사업자인 이집트 오라스콤 텔레콤에 따르면 북한의 휴대전화 사용자 수는 2011년 6월 말 현재 66만 6,517명으로 나타났다. 2009년 12월에 9만 1,704명이었던 사용자 수가 2010년 12월에는 43만

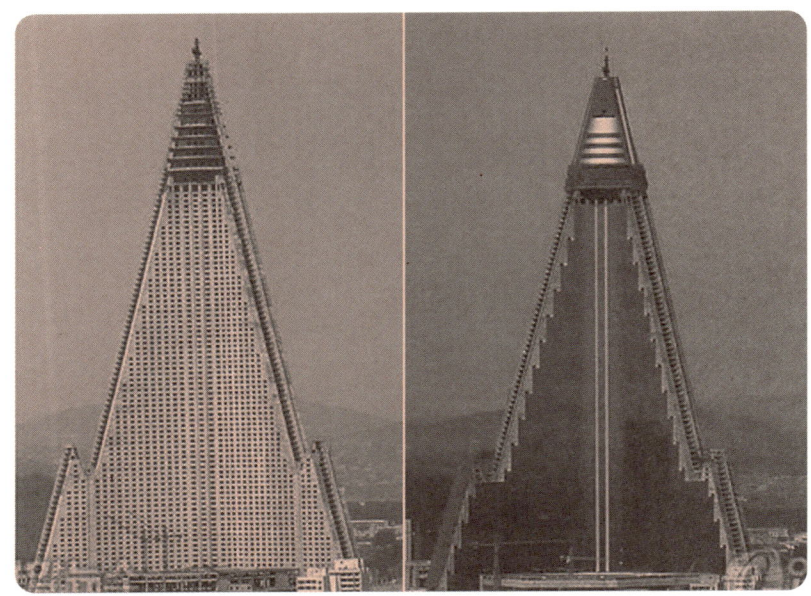

〈자료 1-2〉 북한의 류경호텔 전경. 2009년 9월 외부 유리가 거의 부착된 모습(오른쪽)과 2000년 8월 공사 중단으로 콘크리트가 노출된 모습.

1,919명으로 4.7배나 증가했고, 다시 반년 만에 23만 명 이상 늘어난 것이다. 이처럼 북한 내 휴대전화 사용자 수는 가파르게 증가하고 있다. 노점상의 분신자살 장면을 순식간에 200만 명에게 전달해 독재자 축출로 이어지게 만든 것이 휴대전화와 페이스북 등과 같은 SNS(소셜 네트워크 서비스)였던 점을 감안하면, 북한 내 휴대전화 사용자의 가파른 증가는 눈여겨봐야 할 현상이라고 할 수 있다. 휴대전화는 튀니지뿐만 아니라 이집트 등 다른 주변국가의 반정부 시위에 있어서도 중요한 도구로 사용됐다. 따라서 북한에서 어떻게 휴대전화가 확산될 수 있는지, 휴대전화 확산이 혁명으로 이어질 가능성은 없는지를 파악하는 것이

중요하며, 북한의 휴대전화 사업에 관해 살펴볼 필요가 있다.

북한에서 이동전화 사업이 본격적으로 시작된 것은 태국 '록슬리 그룹(Loxley group)'의 자회사인 '록슬리 퍼시픽(Loxley Pacific)'사와의 합작을 통해서라 할 수 있다. '록슬리 퍼시픽'은 1995년에 북한 측으로부터 27년간 전화 사업 독점허가를 받아 북한 체신청과 '동북아전화통신회사(NEAT&T)'를 설립했다. 록슬리 퍼시픽이 북한과 합작회사를 만든 것은 북한이 통신 분야에 외국인 단독투자를 금하고 있기 때문이었다. 이 회사는 북한에서 이동통신 네트워크를 운영할 수 있는 권한도 부여받았다.

이렇게 만들어진 '동북아전화통신회사'는 2001년 10월에 이동전화망 구축에 착수했으며, 2002년 11월부터는 평양에 5천 회선, 라선에 1천 회선 규모로 GSM 방식의 이동전화망을 개통해 최초로 휴대전화 서비스를 시작했다. GSM 방식은 유럽형 이동통신 방식으로, GSM 기술 표준을 충족하기만 하면 제조사가 다르더라도 카드를 충전해 휴대전화를 사용하는 것이 가능하며 선불요금제로 운영된다. 참고로 우리나라에서는 CDMA와 WCDMA 방식을 사용하고 있다.

당시 휴대전화 사용을 위한 가입비와 단말기 가격은 한국 돈으로 150~160만 원으로 엄청나게 비싼 금액이었다. 그럼에도 불구하고 당·정·군 고위 간부, 평양 주재 외교관, 국제기구 주재원, 이후에는 일반 주민들에게까지 판매되면서, 휴대전화 사용자 수가 꾸준히 늘어 2004년 5월에는 3만 명을 넘어섰다.

그러나 북한의 이동통신 사업은 2004년 6월 돌연 중단되었다. 북한 당국이 휴대전화 사용을 전면 금지시킨 것이다. 이는 같은 해 4월에 발생한 이른바 '용천역 열차 폭발 사건' 때문이었던 것으로 보인다. 이 사건은 중국 방문을 마친 김정일이 용천역을 지난 지 9시간 후에 용천역에서 발생한 대규모 폭발 사건을 말한다. 사망자가 150여 명, 부상자가 1,300여 명에 달할 만큼 큰 사건이었다. 국내 언론에서도 크게 보도된 바 있어 아마 많은 사람들에게도 낯설지 않은 사건일 것이다. 그런데 이 사건의 폭발 현장에서 접착테이프가 붙은 휴대전화 잔해가 발견되면서 북한 당국이 휴대전화가 기폭장치로 사용되었거나 폭발을 위한 통신수단으로 이용된 것으로 판단했던 것으로 보인다. 북한 당국은 휴대전화를 보상 없이 강제로 수거했으며, 이에 따라 자비로 휴대전화를 구입한 일반 주민들은 큰 손실을 입게 되었다. 물론 이 같은 조치에도 불구하고 중국 국경 지역에서 중국 통신망을 통해 작동하는 휴대전화 사용은 계속되었다.

이동통신 사업에 대한 북한 당국의 태도가 바뀐 것은 비교적 최근의 일이다. 2008년 1월, 북한이 이집트의 오라스콤 텔레콤과 통신 분야에서 협력하기로 합의하면서 같은 해 4월에 휴대전화 사용금지령을 철회한 것이다. 오라스콤 텔레콤은 북한에 WCDMA(3G) 통신망을 설립하고 운영할 수 있는 허가를 받으면서 북한과 합작회사를 만들었다. 오라스콤 텔레콤과 북한의 조선체신회사는 〈자료 1-3〉에서 보는 바와 같이 각각 75%와 25%의 지분을 갖는 'CHEO테크놀로지'를 설립했는데, 'CHEO테크놀로지'는 2008년 12월 15일에 '고려링크'라는 브랜드를 출범시켰다. '고려링크'는 25년 동안 북한 전역에서 이동통신망을 운

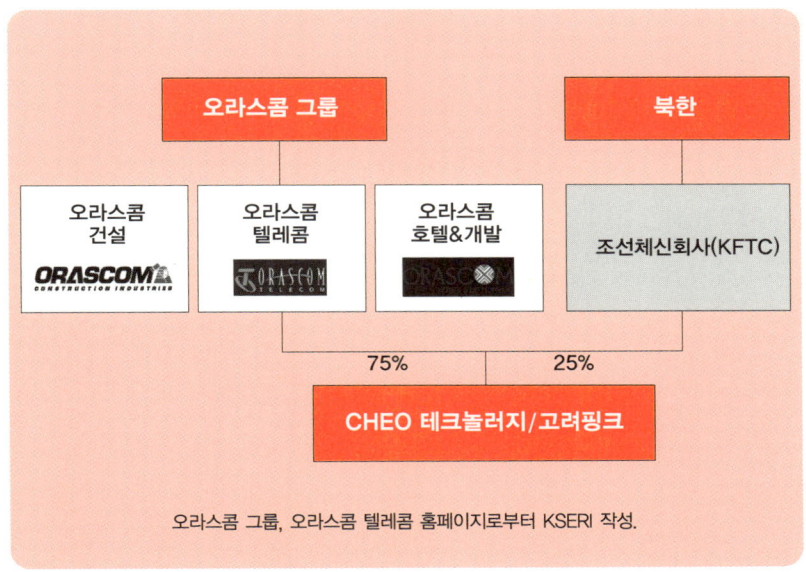

〈자료 1-3〉 오라스콤 그룹과 '고려링크' 설립

오라스콤 그룹, 오라스콤 텔레콤 홈페이지로부터 KSERI 작성.

영할 수 있는 권한과 2012년까지 4년간 독점권을 획득하게 되었다. 오라스콤은 이 사업에 최대 4억 달러를 투자할 것이라고 발표했다. 첫해에 2억 달러, 이후 2년간 매년 1억 달러씩을 투자한다는 것이다.

　참고로 〈자료 1-3〉에서 보는 바와 같이 오라스콤 텔레콤은 1950년에 설립된 오라스콤 그룹의 계열사이다. 오라스콤 그룹은 이집트의 재벌이라 할 수 있는데, 창업주 온시 사위리스(Onsi Sawiris)의 세 아들이 오라스콤 건설, 오라스콤 텔레콤, 오라스콤 호텔&개발을 각각 경영하고 있다. 1998년에 설립된 오라스콤 텔레콤은 중동, 아프리카, 동남아 등지에서 대표적인 통신회사들 중 하나로 꼽힌다. 최근 나기브 사위리스 오라스콤 텔레콤 회장이 북한을 방문했는데, 김정일이 장성택과 함께 나란히 사진을 찍었을 정도로 오라스콤 텔레콤은 북한에게 중요한 파트너라고 할 수 있다.

'고려링크'는 2009년 1월에 평양 등 3개 대도시에서 WCDMA 방식의 이동통신 서비스를 개시했다. 서비스 개시 당시 휴대전화 단말기 비용과 통화요금이 상당히 비싼 편이었음에도 불구하고 2주 만에 6천 명이 신청했으며 이 중 상당수가 일반 주민이었다는 점은, 북한 내 휴대전화에 대한 수요가 적지 않음을 나타내는 것이었다. 뿐만 아니라 서비스 상세 내역에 사용자 간 통화내용 녹음과 제3자 수신이 가능하다는 점 등이 기재되어 있는 것으로부터 북한 당국이 이동전화 서비스 재개를 허용한 배경도 알 수 있다. 즉, 휴대전화가 갖고 있는 가장 큰 문제라 할 수 있는 보안 및 통제 문제를 북한 당국이 기술적으로 어느 정도 해결했다는 것이다. 이는 결국 휴대전화의 확산에도 불구하고 북한에서 재스민 혁명과 같은 상황이 발생하기는 어렵다는 것을 의미한다.

이에 따라 오라스콤 텔레콤은 북한의 이동통신 시장을 선점하게 되었고, 휴대전화 사용자 수도 급격하게 증가했다. 2009년 1분기 말에 19,208명에 불과했던 가입자 수는 4분기 말에 9만 명에 달하게 되었고, 1년 후인 2010년 말에는 43만 명을 넘어섰다. 이처럼 휴대전화 사용 인구가 늘어나는 것은 북한 당국 관계자뿐만 아니라, 북한에 체류하는 외국인, 개성공단 등 남북경협 관계자, 그리고 신흥 부유 계층 등의 수요가 있기 때문인 것으로 보인다. 오라스콤 텔레콤의 매출액도 급증해 2010년에는 6,640만 달러를 기록했고, 2011년에는 상반기에만 6,100

만 달러를 기록했다. 오라스콤 텔레콤 측은 평양 외 지역 매출이 전체 매출의 50% 가까이를 차지하며, 2011년 6월 말 현재 북한 주민의 92.9%가 휴대전화 사용이 가능한 지역에 거주하고 있다고 설명했다.

문제는 대북사업의 특성상 북한이 언제든지 마음을 바꿀 수 있다는 점이다. 2004년 북한이 갑작스럽게 록슬리 퍼시픽과의 이동통신 사업을 중단한 것은 명백한 계약위반이라 할 수 있다. 화폐개혁 이후 북한 내부의 심상치 않은 분위기와 중동에서 나타난 반정부 시위의 결과를 감안하면 이런 일이 재발할 가능성도 적지 않다고 할 수 있다.

북한 당국에게 이동통신 사업은 양날의 검이라 할 수 있다. 외부투자 유치와 기술 발전, 주민들이 보유한 외화 회수 등 여러 가지 장점이 있지만, 다른 한편으로 체제의 폐쇄성을 이완시켜 당국의 통제력에 손상을 가할 수도 있기 때문이다. 2004년의 용천역 폭발 사건을 비롯해 2009년 화폐개혁과 관련한 북한 내부상황이 휴대전화를 통해 남한으로 빠르게 전달되었던 점 등은 이러한 특징을 잘 나타낸다.

그러나 이러한 가능성에 대해 오라스콤 텔레콤 측도 대비를 해놓은 것으로 보인다. 미국 피터슨 연구소의 마커스 놀랜드는 다음과 같은 이유에서 이번 사업이 이전과는 다를 수 있다고 지적한다. 첫째, 시작할 때 투자금의 절반만을 주고 나머지는 추이에 따라 투자하기로 함으로써 손실에 대한 헤징(hedging)을 해두었다는 점, 둘째, 장비나 기술자 등을 포함한 턴키 방식으로 사업을 진행했기 때문에 오라스콤 텔레콤이 철수할 경우 북한 내의 설비 및 노하우가 무용지물이 될 수 있다는 점, 셋째, 권력 계층에 이 사업에 이해관계를 지닌 사람들을 만들어놓았다는 점, 넷째, 오라스콤 그룹 내의 오라스콤 건설이 북한 노동자들을 중동의 건설 프로젝트 현장에 고용해 외화벌이를 하도록 하고 있기 때문에, 북한이 사업을 중단할 경우 북한 노동자들을 통한 외화 수입에 문제가 생길 수 있다는 점 등이다. 이에 따라 북한 당국이 이전과 같이 휴대전화 사업을 일방적으로 중단하는 것은 쉽지 않다고 할 수 있다.

결국 북한에서 휴대전화 사용이 확산되는 것은 주목되는 현상이지만, 이로 인해 재스민 혁명과 같은 상황이 나타날 가능성은 높지 않다

조지 프리드먼이 본 북한의 혁명 가능성

2011년 4월 19일 〈조선일보〉는 최근 중동에서 발생하고 있는 민주화 시위와 관련한 흥미로운 인터뷰를 소개했다. 인터뷰의 주인공은 미국에서 영향력 있는 군사정치 전문가로 주목받는 조지 프리드먼이었다. 그가 설립한 정보분석회사 '스트랫포'는 국제정세를 꿰뚫는 분석으로 '그림자 CIA'란 평을 받고 있다. 포천 500대 기업이 스트랫포의 고객이고, 미 국방부 조간 브리핑에도 그의 분석자료가 올라간다. 그가 제공하는 온라인 정보는 전 세계에서 하루 220만 명이 들여다본다고 한다. 스트랫포는 9·11 테러 이후 알 카에다의 공격이 일회성으로 그칠 것이라고 전망했고, 2006년 이스라엘이 헤즈볼라를 공격한 것은 상황을 오판한 것으로 여론의 역풍을 맞을 것이라고 예측하기도 했다. 스트랫포는 매년 연례 보고서를 통해 자신들이 한 해 동안 내놓은 예측 중 맞은 것과 틀린 것을 공개하는데, 최근엔 약 80%의 적중률을 보이고 있다고 자평한다. 다음은 인터뷰 내용의 일부를 발췌한 것이다.

튀니지에서 시작된 '재스민 혁명'이 이집트를 거쳐 예멘과 시리아 등으로까지 확산됐다. 중동 민주화 시위의 본질은 무엇이라고 생각하나.

지금의 중동 시위는 정권(regime)에 대항해서 일어나는 반발이 아니다. 독재자 개인에 대해 반발하는 것이다. 많은 사람이 중동에서의 민주주의 가능성을 얘기하지만, 나는 지금 중동에서 민주주의가 일어나고 있다고는 생각하지 않는다. 그곳엔 길게 지속되는 사회불안이 있을 뿐 혁명이 일어나고 있는 건 아니다.

'재스민 혁명'이 북한에도 어떤 영향을 끼칠 수 있을 것으로 보나.

북한은 워낙 강한 정권이라 지난 수십 년간 모든 종류의 소요를 억눌러왔다. 만일 시위가 일어난다면 혁명 분자들이 먼저 체포되어 처형될 것이다. 정권이 현장에서 사람들을 사살할 준비가 되어 있는 나라에서 혁명이 일어나기는 어렵다.

이번 중동 민주화 시위에서 트위터 등 소셜미디어가 중요한 역할을 했다는 주장에 동의하는가.

아니다. 오히려 소셜미디어 때문에 경찰이 모든 시위 계획을 미리 볼 수 있다. 가령 소셜미디어에서 '천안문 광장에서 만나자'는 이야기가 돌아다니면, 당연히 경찰이 대비할 것이다. 그런 상황에선 시위를 조직한다는 게 불가능하다.

결국 소셜미디어 혁명은 서구 미디어의 과장이란 말인가.

서구 사람들은 테크놀로지에 대해 환상이 있다. 뭔가 새로운 기술이 나오면 세계를 완전히 바꿀 것이라고 생각한다. 그러나 세상은 그렇게 바뀌는 것이 아니다.

고 할 수 있다. 북한 주민들도 휴대전화로 전화하면 당국에 의해 감시당한다는 것을 상식으로 알고 있다. 사실 무바라크 대통령이 축출된 이집트와 북한의 경우는 다른 점이 상당히 많다. 예컨대 이집트는 연간 1,200만 명에 이르는 관광객들이 오갈 만큼 개방되어 있고, 군부와 정권의 공멸 의식이 강하지 않았으며, 무바라크 대통령을 강력하게 지원

해주었던 외부세력도 없었다. 반면 북한은 이전보다 많이 나아졌다고
는 해도 주민들이 여전히 고립되어 있고 조직화된 시민사회도 존재하
지 않는다. 또한 김정일 정권이 군부를 장악하고 있으며 정권의 몰락이
군부의 몰락과 동일시되고 있다. 뿐만 아니라 최근 들어 G2로 급부상
하고 있는 중국이 북한을 지지하고 있다. 중국의 지지와 후원은 향후
북한의 체제생존과 관련해 중요한 변수들 가운데 하나라고 할 수 있다.
따라서 북한 체제가 현실적으로나 정당성 면에서나 여러 가지 취약한
면들을 갖고 있음에도 불구하고, 가까운 시일 내에 붕괴하리라고 보기
는 어려운 상황이라고 할 수 있다.

북한을 집어삼키려는
중국의 야심

최근 들어 중국이 북한 자원을 싹쓸이하고 있다는 언론 보도들이 자주 나오고 있다. 중국이 북한 국경 지역에 대규모 투자를 하는 대신 엄청난 양의 북한 지하자원을 가져가고 있다는 것이다. 이에 따라 양국의 협력관계가 갈수록 활발해지고 있으며, 특히 북한의 중국에 대한 의존도도 높아지고 있다. 심지어 최근 중국이 라선 특구에 본격적으로 진출하기로 한 것이 알려졌는데, 이 지역에서는 중국 위안화가 결제수단으로 사용되고 치안 유지를 위해 중국 공안도 파견되는 등 사실상 중국 도시가 들어설 것으로 알려져 충격을 주고 있다. 이와 같은 모습은 우리가 대북정책을 어떻게 구사할 것인가와 관련해서 반드시 고려해야 할 사항이라고 할 수 있다. 군사적 도발을 하는 북한에게 강경한 태도를 취할 필요는 있지만, 지금과 같이 강경한 태도만으로 일관하는 것이 김정일 정권의 변화를 유도하기보다는 오히려 북한의 대중 의존도를 높이고 중국이 북한의 지하자원을 독식하게 되는 결과를 불러올 것이기 때문이다. 북한의 지하자원이 통일 이후에 유용하게 사용될 수 있는 자원임을 감안하면 이와 같은 상황은 상당히 심각하게 봐야 할 문제라고 할 수 있다. 이에 따라 여기에서는 중국이 북한 지하자원 개발권을 독식하는 문제에 관해 살펴보고자 한다.

북한은 남한에 비해 훨씬 풍부한 지하자원을 보유하고 있다. 매장되어 있는 지하자원의 종류만 220여 종에 이르며, 그중 경제적 가치가 높은 광물은 40여 종에 달한다. 〈자료 1-4〉에서 남북한의 주요 광물 매장량을 비교해보면 무연탄·유연탄·금·은·동 등 대부분의 광물이 북한에 압도적으로 편재되어 있음을 알 수 있다. 특히 항공기·노트북 등에 사용되는 값비싼 희귀금속인 마그네사이트는 무려 60억 톤이나 매장되어 있어, 전 세계적으로 중국과 1, 2위를 다툴 정도다. 최근 골드만삭스는 보고서를 통해 북한의 지하자원이 일반적으로 알려져 있는 것만큼 부족하지 않으며, 평양 주위에 3조 7천억 달러 상당의 광산이 있다고 밝히기도 했다. 참고로 북한 광물자원의 대부분은 남한에서는 거의 생산되지 않아 매년 엄청난 비용을 지불하고 수입해야 하는 것들이기도 한다.

잇따른 경제정책 실패와 사회주의 계획경제 체제라는 구조적인 한계를 지니고 있는 북한에게 이와 같은 풍부한 지하자원은 대단히 유용할 수밖에 없다. 북한의 주된 외화 수익원이 되기 때문이다. 이에 따라 북

〈자료 1-4〉 **남북한 광물 매장량 비교**

광종	기준품위	단위	잠재 매장량	
			북한	남한
무연탄	각급	억톤	45	13.7
유연탄	각급	억톤	160	–
금	금속 기준	톤	2,000	41
은	금속 기준	톤	5,000	1,532
동	금속 기준	천톤	2,900	56
연	금속 기준	천톤	10,600	386
아연	금속 기준	천톤	21,100	560
철	Fe 50%	억톤	50	0.2
중석	WO3 65%	천톤	246	127
몰리브덴	MoS2 90%	천톤	54	14
망간	Mn 40%	천톤	300	176
니켈	금속 기준	천톤	36	–
인상 흑연	F.C 100%	천톤	2,000	69
석회석	각급	억톤	1,000	85
고령토	각급	천톤	2,000	88,737
활석	각급	천톤	700	7,524
형석	각급	천톤	500	477
중정석	각급	천톤	2,100	842
인회석	P2O5 30%	억톤	1.5	–
마그네사이트	MgO 45%	억톤	60	–

한국광물자원공사로부터 KSERI 작성.

한의 대외 수출품목들 가운데 지하자원은 가장 높은 비중을 차지하고 있다.

그러나 광산개발에 필요한 전력이나 운송시설 등 인프라는 절대적으로 부족한 실정이다. 그로 인해 광물자원 생산량이 한계에 부딪혔으며, 이를 극복하기 위해 북한은 2000년대 초부터 외국 기업의 자본과 기술을 도입하는 협력사업을 적극 추진하기 시작했다. 이 가운데 가장 비중이 높은 국가는 역시 중국이다. 최근의 긴밀한 북중관계에서도 알 수 있듯이, 현재 북한에 진출해 있거나 합작개발을 타진 중인 해외 기업의 80%가 중국 기업인 것으로 알려져 있다. 이를 좀 더 자세히 살펴보겠다.

〈자료 1-5〉 중국이 투자했거나 채굴권을 확보한 북한 광산과 자원 매장량

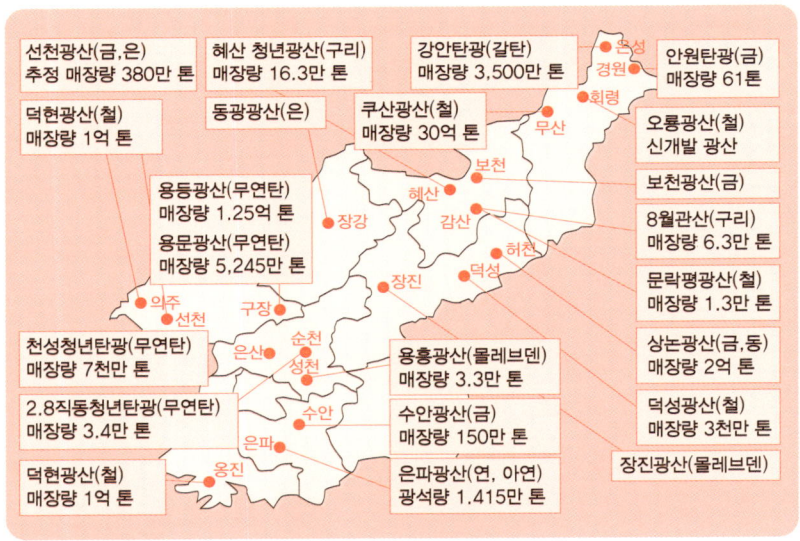

각종 자료로부터 KSERI 작성.

〈자료 1-5〉는 중국이 투자했거나 채굴권을 확보한 북한의 광산들과 각 광산의 매장량을 나타낸 것이다. 중국의 북한 지하자원 확보를 위한 투자가 북한 전역에서 일어나고 있으며, 투자한 광산의 지하자원 규모 역시 상당한 수준임을 알 수 있다. 2009년 10월 한국광물자원공사가 국회 지식경제위원회 김태환 의원에게 제출한 〈외국기업 북한자원개발 추진 현황〉에 따르면 2009년 2월 현재 중국 등 5개국과 25건의 자원개발 프로젝트를 진행 중이었는데, 이 중 20건이 중국에 의한 것이었으며 투자액도 3,500~5,000억 원에 이르는 것으로 나타났다.

여기에서 주목할 만한 것은 단연 무산철광이라 할 수 있다. 무산철광은 가채 매장량 13억 톤, 추정 매장량 30억 톤의 아시아 최대 노천 광산이다. 무산철광으로부터 나오는 철광석을 확보하기 위해 중국의 옌볜 톈츠 철강회사는 2004년 무산철광에 대한 설비투자를 시작했고, 2006년에는 통화강철 및 우쾅그룹과 함께 컨소시엄을 구성해 70억 위안을 투자하고 50년간 채굴하는 계약을 맺기도 했다.

이와 함께 함경남도 단천 지역도 주목할 필요가 있다. 지도에는 표시되지 않았지만, 단천은 연/아연, 마그네사이트, 인회석, 몰리브덴 등 20여 종의 광물이 매장되어 있는 유망한 지역이다. 특히 마그네사이트가 36억 톤이나 매장되어 있을 정도로 세계적인 매장지이다. 최근 중국은 북한과 함께 단천항에 대한 개발·이용권 협상을 마무리했으며 항만 보수와 개발에도 나서기로 한 것으로 알려졌는데, 단천 지역의 지하자원 개발에 대한 대규모 투자도 계약에 포함시킨 것으로 알려졌다.

문제는 시간이 갈수록 북한의 대중 지하자원 수출이 크게 늘고 있다는 점이다. 북한의 대중 수출에서 가장 높은 비중을 차지하는 것은 무연탄과 철광이다.

북한의 대중국 지하자원 수출 추이를 〈자료 1-6〉에서 살펴보면, 주요 광물들의 수출이 최근 들어 크게 늘어난 것을 볼 수 있다. 특히 무연탄의 경우 2008년 2억 달러에서 2010년에는 3억 8천만 달러로 두 배 가까이 증가했다. 이와 같은 움직임은 2011년에 들어서도 이어지고 있다. 예컨대 1월에는 4,462만 달러를 기록했는데 이는 전년 동기 대비 무려 4,000%나 증가한 수치이다. 물론 2010년 1, 2월의 수출액이 전년에 비해 1/10 수준으로 줄어들었기 때문에 발생한 기저효과와 당시에 나타난 국제 원자재 가격 상승 등을 감안하면 이러한 수치 자체에 큰 의미를 부여할 필요는 없을 것이다. 그럼에도 불구하고 이 시기 북한의 대중 무연탄 수출량이 크게 늘어난 것은 엄연한 사실이다. 뿐만 아니라 이후에도 북한의 대중 무연탄 수출은 가파르게 증가했다. 7월에는 수출액이 1억 1,900만 달러를 기록했는데, 앞서 2010년 한 해 전체 수출액이 3억 8천만 달러였던 점을 감안하면 엄청난 증가속도라고 할 수 있다. 철광석과 구리 수출 추이 역시 비슷한 모습을 보이고 있다.

그런데 이와 같은 북한의 무연탄 수출 증가에 주목해야 할 또 다른 이유가 있다. 북한 당국에게 무연탄은 이중적인 의미를 지니고 있기 때문이다. 앞에서 살펴본 바와 같이 무연탄은 북한에게 가장 유용한 수출 상품이다. 즉, 가장 손쉬우면서도 확실한 외화벌이 수단인 것이다. 더군다나 요즘과 같이 국제 석탄 가격이 오르는 경우에는 수출에 따른 반사이익도 생긴다. 만성적인 경제난과 외화부족에 시달리는 북한 당국

〈자료 1-6〉 **북한의 대중국 지하자원 수출 추이**

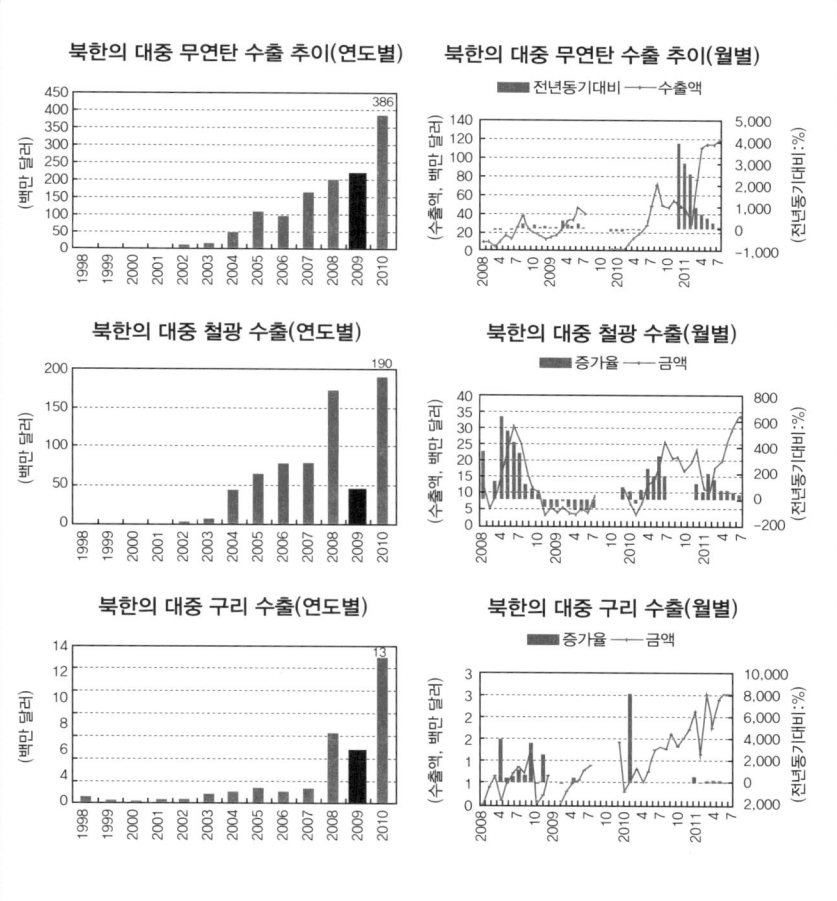

한국무역협회로부터 KSERI 작성. 2009년 수치는 8~11월의 자료 미공개로 신뢰하기 어려움.

에게 무연탄은 매력적인 수출자원이다.

반면에 무연탄은 북한의 에너지 문제와도 직결되는 자원이다. 북한의 에너지 소비구조를 살펴보면 2009년 현재 석탄이 67.9%로 가장 높은 비중을 차지하고 있다. 그나마 여름에는 강수량 증가로 수력발전이 늘어나 에너지 사정이 비교적 나아지지만, 겨울에는 강수량이 줄어들 뿐더러 물까지 얼어버려 화력발전을 비롯한 석탄에너지가 중요해진다. 따라서 무연탄은 북한 국내 전력 수요를 충당하는 데 있어서 아주 중요한 자원인 것이다. 석탄 부족은 또 다른 악순환으로 이어진다. 석탄 부족은 전력 생산 부족으로 이어지고, 전력 부족은 또다시 석탄 채광량 감소로 이어지게 된다. 이를 방증하듯 올해 1월, 한 북한 관련 언론은 전력 부족으로 탄광에 고인 물을 빼내지 못해 석탄을 캐지 못하고 있는 북한의 모습을 전하기도 했다. 실제로 김정일은 2009년 8월에 전력난 해소를 위해 무연탄 수출을 전면 금지하는 조치를 내리기도 했다.

따라서 북한 당국은 무연탄 자원의 용도를 놓고 고민할 수밖에 없는 상황이라고 할 수 있다. 외화수익을 위해서는 수출을 많이 할수록 좋지만, 국내 에너지 사정을 감안하면 수출을 무조건 장려할 수만도 없는 것이다. 이렇게 본다면 수력발전량 감소로 전력난을 겪었을 1, 2월에 중국으로 대량의 무연탄을 수출했다는 것은 확실히 이상한 현상이라고 할 수 있다.

북한이 왜 이와 같은 행동을 했을까? 크게 두 가지 가능성을 생각해 볼 수 있다. 하나는 북한 당국의 외화 사정이 그만큼 나빠졌다는 것이고, 다른 하나는 북한의 전력 사정이 많이 호전되었다는 것이다. 그중

후자일 가능성은 매우 낮다고 할 수 있다. 전력 산업의 특성상 획기적인 기술 혁신이 이루어지지 않는 이상 단기간에 안정적인 전력 공급을 확보하기는 어렵기 때문이다. 물론 북한은 2010년 5월 김정일의 방중 이후 전력 사정이 크게 나아진 모습을 보이기도 했다. 중국이 압록강에 세워진 수풍발전소에서 나오는 전력을 북한에게 돌렸기 때문에, 평양을 비롯한 북한 지역의 전력 사정이 나아졌다는 것이다. 그러나 이런 조치는 북한의 전력난에 대한 근원적인 처방이라고 할 수 없으며 따라서 그 효과도 단기간에 그칠 수밖에 없다.

결국 전자일 가능성이 높다고 할 수 있다. 즉, 북한이 심각한 외화부족 현상을 겪고 있다는 것이다. 만성적인 북한의 경제난과 최근 다시 오르고 있는 북한 내 시장환율을 감안하면 이러한 추측에 좀 더 무게가 실린다. 일각에서는 이를 두고 북한에 대한 제재가 예상 밖의 성과를 거두고 있다고 해석하기도 한다. 물론 어느 정도 타당한 지적이라고 할 수 있다. 그러나 북한의 극심한 경제난이 대중 무연탄 수출 급증으로 이어지는 상황에서 정작 주목해야 할 부분은 대북제재로 인해 북한 지도부가 느끼는 압박이 아니라, 북한의 중국에 대한 의존도가 갈수록 커지고 있다는 점이다. 중국이 동북아 안정을 최우선시하고 있고, 이에 따라 북한을 직간접적으로 지원하고 있다는 점을 감안하면 국제사회의 압박이 김정일 정권에 미치는 영향은 일정한 한계를 지닐 수밖에 없기 때문이다.

보다 우려스러운 것은 북한의 대중 의존도 심화가 일시적인 현상이 아니라 장기적으로 고착화되고 있다는 점이다. 최근 언론에는 중국이 나진항에 4,5,6호 부두를 건설하고 이를 50년간 사용할 수 있는 독점적 사용권을 확보했다는 사실이 보도되었다. 이와 함께 중국은 나진항에 총영사관을 개설해 행정 업무를 관장하고 치안유지를 위해 중국 공안을 파견하며, 결제수단으로 위안화를 사용하기로 했다고 한다. 북중 양국은 이 지역 내의 중국인과 중국 기업에게 중국법을 적용하기로 합의했는데, 이 계획대로라면 이 지역은 사실상 중국 도시가 되는 것이라고 할 수 있다. 북한은 대신 최대 3만 명의 노동자를 파견해 외화를 벌어들일 것으로 알려졌다.

중국은 이 계획을 현실화시키기 위해 전력 문제도 해결하기로 한 것으로 알려졌다. 훈춘에 있는 66만kW급의 화력발전소에서 26만kW를 빼내 북한을 보낼 수 있는 송전탑을 건설한다는 것이다. 대신 중국은 무산철광을 비롯한 북한의 주요 광산에서 지하자원을 부지런히 채취해 가고 있는 것으로 나타났다.

북중 양국의 이와 같은 움직임은 북한 당국의 경제회생을 위한 노력의 산물이라는 점에서 나름대로 긍정적으로 평가할 수도 있다. 그러나 우리 입장에서 상당히 우려할 만한 현상인 것도 사실이다. 중국에 대한 경제적 종속이 고착되기 시작하면 이를 되돌리는 것이 거의 불가능하기 때문이다. 통일이 된 이후에도 중국이 특정 지역이나 자원에 대해 사용권을 계속 주장하게 될 경우 복잡한 문제가 발생할 수 있다는 점을 감안하면 최근 북중 양국의 움직임은 북한의 자발적인 변화를 기다리면서 지켜만 보고 있을 문제가 아닌 것이다.

사실 상황이 이렇게까지 된 데에는 이명박 정부의 경직된 대북정책이 크게 작용했다고 볼 수 있다. 이명박 정부의 대북정책 여하에 따라서는 북한이 지금과 같이 중국으로 일방적으로 쏠리는 현상을 막을 수도 있었으며, 개성공단 사업과 같은 남북경협의 연장선상에서 남한 기업들이 북한 자원을 개발할 수 있는 기회를 가질 수도 있었기 때문이다. 실제로 포스코는 2008년 중반, 중국 현지법인을 통해 북한의 철광석을 수입하기 위한 논의에 들어갔으며, 2009년에는 무산철광 개발과 철광석 도입에 합의하기도 했다. 그러나 남북 간 교역과 교류 중단 등을 내용으로 하는 2010년의 5·24대북제재조치에 따라 사업이 전면 중단되었다. 그러는 사이 작년 말 중국의 상디관췬 투자유한공사는 20억 달러(약 2조2,300억 원)를 북한 나진·선봉 특구와 무산철광에 투자하는 내용의 의향서를 북한 조선투자개발연합체와 체결했다. 또 신호산업개발 역시 황해남도 청단군의 희토류 개발과 관련해 작년 말 북한 국가지하자원개발위원회의 승인을 받았으나 같은 이유로 발이 묶여 계획이 무산될 처지에 놓이게 되었다.

물론 이명박 정부가 대북 강경책을 유지하게 된 데에는 연평도 폭격과 같이 명백한 북한의 도발로 인해 불가피한 점도 없지 않아 있었다. 그럼에도 불구하고 기본적으로 이명박 정부가 복잡한 한반도 주위의 역학관계를 제대로 이해하고 한반도의 미래에 관해 보다 큰 그림을 갖고 유연하게 대처했더라면 단기적으로는 다소 불만족스러울지 몰라도 중장기적으로는 북한에 대한 영향력을 높이고 북한을 변화로 이끌 수 있는 보다 큰 지렛대를 갖게 되었을 것이다. 중국의 북한 지하자원 독식은 결국 우리에게 큰 손실이 될 수밖에 없기 때문이다.

가속화되는 북—중 협력
: '창지투' 개발계획

2010년 여름, 각 언론들은 중국이 북한과 라진항 2호 부두를 20년간 사용할 수 있는 계약을 맺었다는 사실을 보도했다. 당시 한국과 미국이 북한을 천안함 사건 배후로 지목하고, 북한에 대한 국제사회의 보다 강력한 제재를 이끌어내기 위해 중국을 설득하고 있던 민감한 시점이었기 때문에, 중국의 입장에 관해 상당한 의구심이 제기되기도 했다.

그러나 이 사건은 중국의 이해관계와 입장을 단적으로 보여주는 것이었다. 중국의 라진항에 대한 관심은 중국이 야심차게 추진하고 있는 이른바 '창지투 개발계획'과 밀접한 관계를 갖고 있기 때문이다. '창지투 개발계획'은 중국이 동북아 정세, 특히 북한과 관련해 어떤 계획

을 갖고 있는지를 보여주는 것이기 때문에 반드시 살펴봐야 하는 사안
이다.

중국 국무원은 2009년 8월 30일 '창지투개발개방선도구계획'을 비
준한 데 이어, 11월 16일에 '중국 두만강 구역 합작개발계획 강요: 창
지투를 개발·개방의 선도구로'(이하 '창지투 개발계획')를 정식 통과시켰
다. 중국어 명칭이라 표현이 다소 어려워 보이지만, 지도로 보면 간단
히 이해할 수 있다. 즉 〈자료 1-7〉에서 보는 바와 같이 창춘·지린·투
먼 세 지역을 중심으로 노후 산업기지인 동북 3성의 발전을 추진하고,

〈자료 1-7〉 '창지투 개발계획'의 중심 지역

각종 자료로부터 KSERI 작성.

이전까지 계속 추진되어왔던 두만강 지역에 대한 합작개발을 새로운 단계로 끌어올리기 위해 마련된 계획이다. 이로써 중국의 두만강 지역 개발은 새로운 국면에 진입하게 되었다.

사실 중국이 두만강 지역 개발을 추진한 것은 이번이 처음이 아니다. 두만강 지역 개발을 처음 시도한 것은 UNDP(UN개발계획)가 주도하고 남한, 북한, 중국, 러시아, 몽골 등 5개국이 참가하여 1992년에 출범시킨 '두만강 유역 개발프로그램(Tumen River Area Development, TRADP)'이었다. 그러나 이 프로그램은 1997년 동아시아 금융위기를 전후로 활력을 잃기 시작했다. 동북아경제협력에 적극적이었던 대우그룹이 1999년에 해체된 것도 한몫 했다.

그러던 중 2002년에 중국이 '동북진흥계획'을 채택하면서 두만강 지역 개발은 다시 탄력을 받게 되었다. 중국이 랴오닝성, 지린성, 헤이룽장성 등 동북3성 지역을 개발하기로 한 우선적인 배경은 이 지역이 워낙 낙후되어 있어 사회불안 요소가 커졌기 때문이라 할 수 있다. 지린성의 경우 당시 80만 명의 실제 실업자 집단과 149만 명의 생활 곤란 인구, 그리고 110만 명에 이르는 퇴직 인구가 있을 정도였다. 뿐만 아니라 이 지역은 주요 곡창지대와 산림이 있고, 풍부한 광물자원이 매장되어 있는 등 전략적으로 중요한 지역이기도 했다. 이와 함께 UNDP가 2005년 9월에 열린 '제8차 5개국위원회의'에서 기존의 TRADP를 확충하여 '광역두만강계획(Greater Tumen Initiative, GTI)'으로 전환하기로 합의한 것도 두만강 개발에 힘을 실어주었다.

그러나 이러한 움직임 역시 2006년 북한의 1차 핵실험을 포함한 북미관계 악화, 2008년에 본격화된 글로벌 금융위기, 2009년 북한의 광명성 2호 발사와 2차 핵실험 이후 국제사회의 대북제재 강화 등 대내외적 변수들이 겹치면서 또다시 한계에 부딪히게 되었다. 이처럼 두만강 지역 개발은 주변 상황 변화에 따라 부침을 거듭해왔다.

이러한 분위기 속에서 중국이 통과시킨 '창지투 개발계획'은 동북3성 지역을 포함한 동북아 지역에 대한 중국 정부의 의지를 보여주는 것이라고 할 수 있다. '창지투 개발계획'의 주요 내용을 보면, 중국은 이 계획을 통해 산업구조를 개선하고 선진 제조업과 현대 서비스 산업을 주력 산업으로 하는 산업체계를 세우는 동시에 자동차, 석유화학, 농산품 가공 등 8대 신형 공업기지를 구축하기로 했으며, 창춘-훈춘을 양극으로 하는 현대물류 네트워크를 구축하기로 했다는 것을 알 수 있다. 또한 훈춘시를 개방을 위한 창구도시로 발전시키고, 훈춘시를 지원하기 위해 창춘시와 지린시를 육성하기로 했다.

이와 함께 교통기반시설도 구축하기로 했다. 특히 '동부변경철로(동변도철도)' 건설에 주목할 필요가 있다. 잠시 앞의 〈자료 1-7〉를 다시 한 번 살펴보자. 동변도철도는 원래 북으로는 헤이룽장성 무단장시에서 시작하여 길림성의 옌지(延吉)시, 투먼시를 경유하여 랴오닝성의 단동시, 다롄시에 이르는 1,380km구간을 연결하기로 계획되어 있었다. 그러나 이후에 계획이 수정되어 2,322km로 훨씬 길어졌다. 이 철로가 완성되면 헤이룽장성의 하다치(하얼빈-다칭-치치할) 공업벨트, 지린성의 창지투 개발개방선도구, 랴오닝성의 랴오닝연해경제벨트 등 동북 지역의 3개 경제벨트가 모두 연결된다.

또한 중국은 '창지투 개발계획'의 축이 될 '창춘-지린-투먼-훈춘 고속도로' 건설에도 나섰다. 이 중 창춘-투먼 구간은 2008년에 이미 완공되었으며, 62.7km에 달하는 투먼-훈춘 구간 역시 2010년 9월에 완공되어 개통되었다. 이에 따라 창춘에서 대북 관문인 훈춘까지 도달하는 데 소요되는 시간이 8시간에서 5시간으로 크게 단축되었다. 이 밖에도 중국-몽고 간 대륙횡단철로인 중몽대통로, 창춘-지린 간 고속철로 등이 착공될 예정이다.

이로부터 중국은 '창지투' 지역을 국가 차원에서 개발하기로 하고 이에 따른 물류 증가에 대비하기 위해 교통망을 구축하고 있다는 것을 알 수 있다. 〈자료 1-7〉에서 보는 바와 같이 중국의 동북 지역은 랴오닝 성을 제외하고는 바다로 통하는 곳이 없어 '동변도철도'가 건설되기 전에는 대부분의 화물이 하얼빈-창춘-선양-다롄항으로 이어지는 물류통로를 이용할 수밖에 없었다. 이에 따라 동북 지역의 물류 적체 현상이 지역경제 발전에 커다란 장애물로 작용해왔다. '동변도철도'의 건설은 물류 문제 해결은 물론이고, 동북 지역 도시들 간 네트워크와 러시아, 북한과의 원활한 교통, 나아가 남한과 일본 등과의 경제교류에도 기여할 것으로 보인다.

중국의 라진항 진출 역시 이러한 맥락에서 볼 수 있다. 동북3성 지역의 경제성장에 따라 헤이룽장성과 지린성의 물류가 바다로 나갈 수 있는 통로가 반드시 필요하기 때문이다. 앞에서 살펴본 '창춘-지린-투먼-훈춘 고속도로'의 건설도 같은 맥락이라고 할 수 있는데, 훈춘은 최근 중국이 북한으로부터 사용권을 확보한 라진항으로 진출하는 출구이며 투먼은 라진항에 이어 중국이 동해 진출의 새로운 통로로 추진하고 있는 청진항으로 이어지는 대북 창구이다. 이에 따라 북한과 중국은 훈춘-라진항을 잇는 고속도로 건설도 추진하고 있다. 이 도로가 완성되면 창춘에서 라진항까지 6시간이면 도착할 수 있게 된다. 뿐만 아니라 중국은 2015년 완공을 목표로 지린-투먼-훈춘을 잇는 고속철도 건설도 진행하고 있어 라진항에 대한 중국의 접근 노력은 계속될 것으로 보인다.

실제로 중국의 창리그룹은 2009년 10월 원자바오 총리의 방북을 전후해 라진항 1호 부두의 개발권을 따냈으며, 이에 대한 대가로 창리그룹은 훈춘에서 라진항까지의 도로 93km를 개설해주기로 한 것으로 알려졌다. 중국 지린성 역시 2010년 3월경 라진항을 10년간 사용할 수 있는 권리를 얻었다. 뿐만 아니라 중국은 청진항에 대한 독점 이용권도 확보한 것으로 알려졌다. 청진항은 2만 톤 규모의 선박이 정박할 수 있는 대형 항만으로, 중국의 하이화 그룹이 북한과 청진항 독점 이용 계약을 맺고 기중기를 추가 설치하는 등 항만 개보수 작업을 벌이고 있다. 이를 위해 중국 정부는 투먼시에서 청진항까지 170km에 달하는 철도 보수비용으로 1,000만 달러를 북한에 지원했다.

이 같은 움직임을 보면 그동안 중국이 북한을 지지해온 배경을 알 수 있다. 즉, 천안함 사건을 비롯해 연평도 포격 등 북한의 도발행위에 대해 중국이 미국과의 군사적 마찰을 감수하면서까지 북한을 감싼 것은 단기적인 외교의 산물이었다기보다는 장기적인 전략목표를 이루어가기 위한 방편이었던 것이다.

뿐만 아니라 여기에서 북한의 전략적인 선택지도 어느 정도 가늠할 수 있다. 북한은 원래 중국의 두만강 출해(出海)권 요청에 대해 부정적인 입장이었다. 중국이 작년 8월 '창지투 개발계획'을 비준하고 11월에 국가전략 사업으로 승격시켰는데, 북한은 11월에 UNDP의 두만강 개발 성원국에서 탈퇴하기도 했다. 그러나 2010년 1월에는 라선시를 특별시로 승격시키면서 중국의 요구에 부합하는 움직임을 보이고 있다. 이는 북한이 최근 화폐개혁 실패와 북핵 문제, 천안함 사건 등 대내외적인 위기상황에 직면하게 되자, 중국에게 출해권을 보장해주고 중국과의 경제적·전략적 협력관계를 강화함으로써 이를 극복해보려는 의도로 볼 수 있다. 사실 이는 북한으로서도 남는 장사라고 할 수 있다. 라진·청진 지역의 인프라를 확충하고 거액의 임대료를 챙길 수 있을 뿐 아니라 중국의 유일한 동해 해상 통로를 자국의 통제하에 둘 수 있게 될 것이기 때문이다. 아울러 국제사회의 대북 경제제재를 일정하게 회피하는 효과도 얻을 수 있게 된다.

중국의 전략적 이해관계가 이렇다면 한국도 이를 직시할 필요가 있다. 중국의 입장과 의도는 무시한 채 결국은 북한의 잘못을 인정하게 될 것이라는 희망적 사고에 근거해 현실을 오도하는 행태가 나타났기 때문이다. 실제로 2010년 5월 한 언론사는 중국의 관영언론인 〈환구시보〉의 사설이 천안함 사건에 대한 북한의 책임을 직접 거론하고 북한에게 잘못을 인정하라고 촉구했다고 보도했다. 그러나 이는 사실과 전혀 다른 것이라 할 수 있다. 기사 원문의 요지는 북한이 평화적인 방법으로 자신의 무죄를 솔직하게 입증해야 하며, 다른 국가들도 북한에게 시간을 줘야 한다는 것이었다. 중국 외교부 역시 중립적인 입장을 일관되게 고수해왔다.

더 심각한 것은 이명박 정부가 중국의 이 같은 입장을 고려하지 않은 채, 중국에게 북한을 압박하는 데 동참해달라고 요구하는 과정에서 한중관계가 심각하게 악화됐다는 점이다. 이명박 대통령의 대북제재 동참 요구에 중립적인 입장으로 일관하던 중국은 점차 한국에 불편한 감정을 드러내기 시작했다. 한미 합동군사훈련에 대해 〈환구시보〉는 "한국이 한반도 문제에서 중국의 이해와 협력 없이는 한 발자국도 내딛기 힘들 것"이라는 경고를 했으며, 심지어 중국이 제3국과의 대화에서 "미국만 없었으면 한국은 진작 손봤을 나라"라고 말했다는 사실이 국내 언론에 보도되기도 했다. 중국 내 반한 감정 역시 확산되는 모습을 보였다. 이유야 어찌 되었든 중국과의 관계가 이처럼 악화되는 것은 결코 바람직하지 않다. 중국은 우리나라의 제1교역국이자 최대 흑자국이기 때문이다.

결국 중국은 중장기적인 전략을 토대로 북한에 대한 지분을 확보해가고 있는 반면, 우리나라는 북한에 대한 영향력을 상실해가고 있으며 중국과의 관계도 틀어지고 있다. 이는 북한 문제가 지니고 있는 복잡한 성격을 드러내는 것이라 할 수 있다. 즉, 단선적으로 보면 북한의 나쁜 행동을 막기 위해 강경대응으로 일관하는 것이 답인 것 같지만, 결과적으로 우리 역시 적지 않은 손실을 입게 되는 것이다. 대북정책에 있어 유연하고 전략적인 사고가 필요한 이유라고 할 수 있다.

백두산 화산이 폭발한다면

최근 북한과 중국이 경제협력 움직임을 강화하고 있는 가운데, 백두산 화산 폭발 가능성이 중요한 관심사로 떠오르고 있다. 만에 하나 백두산 화산이 폭발할 경우 북한에 막대한 피해가 발생하는 것은 물론, 현재 진행 중인 북중 경제협력도 상당한 타격을 입게 되기 때문이다. 남한 역시 직간접적으로 피해를 입을 수 있다는 점에서 외면하면 안 되는 중요한 문제라 할 수 있다.

백두산 화산 폭발과 관련한 관심은 크게 세 가지로 압축할 수 있다. 첫째는 발생 가능성 및 시기이다. 백두산이 기본적으로 활화산이라는 점에서 화산 폭발의 가능성은 항상 열려 있다고 할 수 있다. 실제로 약 1천 년 전에 백두산에서 대규모 화산 분출이 있었으며, 비교적 최근인 1668년, 1702년, 1903년에도 있었던 것으로 관측되고 있다. 문제는 시기이다. 화산 폭발이 정확한 예측이 어려운 자연현상이기 때문에, 비교적 근시일 내에 폭발이 일어날 것이라는 입장과 단시일 내에 분화할 가능성이 없다는 입장으로 나뉘어 있다. 전자는 2002~2005년에 백두산 인근 지역의 지진 빈도가 증가하고 천지에서 화산가스로 인한 기포가 발견된 점 등을, 후자는 이와 같은 현상이 이후에 다시 줄어들었으며 오히려 안정화되어 있다는 점을 근거로 내세우고 있다. 이로 미루어볼 때 백두산 화산 폭발이 발생할 가능성은 분명히 있으나, 발생 시기는 여전히 불분명한 상황이기 때문에 보다 면밀한 조사가 필요하다고 할 수 있다.

둘째는 백두산 화산 폭발의 위력이다. 결론적으로 백두산 화산이 폭발한다면 엄청난 위력을 나타낼 가능성이 높다. 앞서 언급한 약 1천 년 전의 화산 폭발이 화산 폭발지수(VEI) 7.4의 강도를 나타낸 것으로 추정되기 때문이다. 이는 2010년 4월의 아이슬란드 화산 폭발(VEI 4급)은 물론이고, 서기 79년 폼페이를 멸망시켰던 베수비오 화산 폭발보다도 수십 배 강력한 것이었다. 뿐만 아니라 1천℃가 넘는 규장질 마그마가 백두산 천지에 있는 20억 톤의 차가운 물과 만나면 팝콘을 튀기듯 부피가 팽창하면서 엄청난 양의 화산재와 부석으로 변하기 때문에, 화산 분출은 조용하게 진행되지 않고 폭발적으로 이루어질 가능성이 높다. 한 전문가는 만약 화산재 구름 기둥이 대기상층으로 20km 이상 상승하고 분화물의 양이 10㎦이상이면, 북한의 량강도와 함경도에는 강하화산재가 두께 1m 이상으로 쌓이게 될 것이라고 말하기도 했다. 백두산이 김일성의 항일혁명투쟁 지역이고 김정일의 출생지로 선전되고 있는 지역(실제 출생지는 러시아 하바로프스크)임을 감안하면, 백두산 화산 폭발은 북한에게 물질적으로나 상징적으로 상당한 타격을 입힐 것으로 보이다.

셋째는 백두산 화산이 폭발할 경우 우리가 입게 될 피해이다. 남한은 백두산과 약 400km 가까이 떨어져 있어 백두산 화산 폭발로 우리가 직접적인 화산 재해를 입을 가능성은 희박하다고 할 수 있다. 바람의 방향 역시 겨울에는 북서풍, 여름에는 남서풍, 봄과 가을에는 서풍이 분다는 점을 감안하면 화산 분화 시 대부분의 화산재는 동해와 일본 중부 및 동북부를 거쳐 북태평양으로 이동할 가능성이 높다. 즉 우리나라에 강하 화산재가 비처럼 내릴 가능성은 매우 희박한 것이다.

그러나 겨울과 봄에 북풍이나 북동풍이 불 수도 있어 완전히 안심할 수는 있다. 게다가 일단 화산재가 대기 중에 확산되면, 러시아 원동 지역과 일본 동북 지방을 통과하는 항공노선의 마비와 같은 수송대란으로 막대한 경제적 손실을 입게 될 수도 있으며, 화산재의 양에 따라 농업·어업 등에서 크고 작은 직간접적인 피해가 발생할 수도 있다. 즉 경우에 따라 우리 역시 화산 폭발에 따른 2차 피해에 적지 않게 노출될 수 있는 것이다.

결국 백두산 화산 폭발은 근시일 내에 발생하리라고 보기는 어렵지만, 일단 폭발이 일어나면 큰 피해가 발생할 가능성이 높기 때문에 주변국들의 협력이 절실히 필요한 사안이라고 할 수 있다.

그러나 최근의 복잡한 한반도 주변 정세와 맞물려 각국이 다른 목소리를 내고 있다. 중국은 가까운 장래에 백두산이 폭발할 가능성은 없다는 공식 입장을 유지하고 있고, 북한 역시 〈노동신문〉을 통해 화산 폭발 가능성을 우회적으로 반박했다. 다행히 북한도 사안의 심각성을 의식한 듯 지난 3월 남측에 백두산 화산 공동연구를 제안했고, 이에 따라 남북전문가회의가 개최되기도 했다. 그러나 이마저도 남북관계 악화에 따라 지지부진한 모습을 보이고 있는 상황이다.

미-중 갈등으로 비화되는
남-북 갈등

2010년은 남북관계가 최악이었던 해였다고 할 수 있다. 천안함 사건(3월 26일)과 연평도 포격(11월 23일) 등을 비롯한 군사적 갈등이 최고조에 달했기 때문이다. 특히 연평도 포격은 북한의 군사적 도발이라는 점 외에도 민간인 거주 지역을 공격해 민간인 희생자를 냈다는 점에서 도저히 용납하기 어려운 사건이었다. 이와 같은 도발은 북한의 군사적 호전성과 무모함을 다시 한 번 확인시켜주는 계기가 되었다.

그런데 이 과정에서 심각한 문제가 노출되었다. 그것은 남북한의 군사적 갈등이 주변국으로 확산되었다는 점이다. 이 상황은 '한·미·일 대(對) 북·중·러'의 '신(新) 냉전구도'로 나타나기도 했다. 실제로 북한의 연평도 포격 이후 남북한은 군사적 충돌 직전까지 갔으며, 미국과 중국 역시 군사·외교적 갈등을 겪기도 했다. 한중관계 역시 심각하게 악화되었다.

한 가지 주목할 만한 점은 한반도를 둘러싼 군사적 갈등이 일정한 패턴을 보이며 전개되었다는 것이다. 뿐만 아니라 남북한의 군사적 갈등이 거듭될수록 한반도를 둘러싼 군사적 긴장 역시 증폭되는 모습이 나타났다. 이는 상당히 우려할 만한 사항이며, 남한이 대북정책을 구사함에 있어서 가장 중요하게 고려해야 할 사항들 가운데 하나라고 할 수 있다. 여기에서는 군사적 갈등의 패턴이 어떻게 나타나는지 살펴보고, 이에 따른 부작용과 남한의 대응방안에 대해 살펴보고자 한다.

2010년 6월 4일 이명박 정부는 천안함 사건을 UN안보리에서 다뤄 줄 것을 요청하는 서한을 UN안보리 의장국인 멕시코에 제출했다. 이로써 천안함 사건은 한반도를 넘어 국제적인 성격을 띠게 되었다. 이에 대해 북한은 강하게 반발했다. UN안보리 논의를 강행할 경우 초강경 대응을 할 것이며 핵실험이나 장거리 미사일 발사를 감행할 수도 있다고 위협했다. 남한이 군사분계선 일대에 대북 심리전을 위한 확성기를 설치한 것에 대해서는 16년 만에 또다시 '서울 불바다' 발언(6월 12일)을 하며 군사적 대응에 나설 것임을 경고하기도 했다. 이에 따라 북한의 실제 도발 가능성에 무게가 실렸고 남북 간 군사적 충돌 가능성이 높아지는 등 긴장감이 조성되기도 했다.

일단 천안함 사건을 북한의 소행으로 결론짓고 남한이 이를 UN안보리에 회부하자 미국을 비롯한 서방 국가들의 대북 압박 강도도 높아졌

다. 6월 중순에 방한한 커트 캠벨 미국 국무부 동아태 차관보는 민군합
조단의 조사 결과에 전적인 신뢰를 표시했고, 오바마 정부 역시 부시 정
부가 2008년 6월에 시행한 대북 경제제재를 2009년 6월에 이어 2010년
에도 1년 더 연장하기로 했다. 뿐만 아니라 한국과 미국은 6월 말에 서
해에서 미7함대 소속 항공모함인 조지워싱턴호(9만7천t급)와 핵잠수함,
이지스 구축함 등이 참가하는 대규모 합동훈련을 실시하기로 함으로써
북한을 더욱 압박했다. 유럽의회 역시 북한의 도발적 행위를 규탄하고
UN안보리에서 중국과 러시아의 협력을 촉구하는 '한반도 상황과 관련
한 결의안'을 압도적 지지로 채택하는 등 대북 압박에 나섰다.

반면 중국과 러시아는 다른 입장을 보였다. 먼저 중국은 천안함 사건
과 관련해 처음부터 북한을 옹호하는 입장을 일관되게 유지했다. 6월
22일에 있었던 정례 브리핑에서 친강(秦剛) 중국 외교부 대변인은 "중
국이 천안함 사건에 대한 1차적인 자료를 확보하고 있지 않다"면서 "객
관적이고 공정하게 이 사건을 처리할 것"이라는 기존의 입장을 반복했
다. 특히 후진타오 주석은 토론토에서 열린 G20 정상회담 도중 이명박
대통령이 천안함 사건과 관련한 관심과 협조를 요청한 것에 대해, '한
반도 평화와 안정을 파괴하는 어떤 행위도 규탄하고 반대한다'는 원론
적인 입장만 표명했다. 한마디로 거부 의사를 밝힌 것이다. 오히려 중
국은 UN안보리의 천안함 사건 처리와 관련해 북한의 공격을 명시적으
로 표시하는 용어나 문구를 삭제해야 한다고 하는 등 북한을 옹호하는
모습을 보였다.

러시아 역시 줄곧 유보적인 입장을 취했다. 러시아는 이명박 대통령

이 5월 24일 천안함 사건과 관련한 대국민담화를 발표하자 북한 책임이라는 것이 100% 입증되지 않는 한 천안함 사건을 UN안보리에서 논의하는 데 반대한다고 밝히면서, 자국 전문가들을 남한에 파견했다. 그러나 민군합조단의 조사 결과를 최대한 존중하겠다고 했던 조사단은 시간이 갈수록 많은 의문점들을 제기하기 시작했고, 급기야 러시아가 천안함의 침몰이 북한의 어뢰 공격에 의한 것으로 보기 어렵다는 입장을 한국 정부에 통보했다는 사실이 MBC를 통해 보도(7월 8일)되면서 상당한 파장이 일기도 했다.

문제는 천안함 문제를 둘러싼 한반도 주변국들의 이와 같은 입장 차가 군사적 갈등으로 비화되는 양상으로까지 나타났다는 점이다. 한국과 미국이 6월 말 서해에서 대규모 합동훈련을 실시하기로 하자, 중국은 6월 30일부터 7월 5일까지 동중국해에서 실탄 사격 훈련을 했다. 중국이 직접 밝히지는 않았지만, 이 훈련이 한미 합동훈련을 겨냥한 것임은 누구나 알 수 있는 것이었다. 중국의 반발을 고려해 한미 양국은 합동훈련을 7월로 연기했으나 중국은 이에 대해서도 반대 입장을 분명히 했으며, 나아가 군사적 대응 가능성을 내비치기도 했다. 인민해방군 총참모부 마샤오톈 부총참모장은 〈봉황위성 TV〉와의 인터뷰에서 이번 훈련에 반대한다는 입장을 분명히 밝혔으며, 군사과학학회 뤄위안 소장은 미 항공모함 조지워싱턴호가 서해에서 한국과 합동훈련을 할 경우 중국 인민해방군의 훈련용 과녁이 될 것이라는 발언을 하기도 했다. 결국 한미 양국은 7월 말에 서해가 아닌 동해에서 연합훈련을 실시했는데, 이에 대해서도 중국은 이례적으로 반대 입장을 직접 표명하고 남

〈자료 1-8〉 최근의 한반도 주변 정세(2010년 8월 현재)

구글어스로부터 KSERI 작성.

중국해에서 대규모 실탄사격훈련을 실시했다. 이와 함께 서해 부근 내륙 2곳에서 사상 최대 규모의 로켓포 발사훈련을 포함한 군사훈련을 실시했다.

한반도 주변의 군사적 움직임은 이뿐만이 아니었다. 우선 〈자료 1-8〉에서 보는 바와 같이 6월 23일부터 환태평양군사훈련(림팩, RIMPAC)이 실시되었다. 이 훈련은 원래 2년마다 한 번씩 열리는 것으로 의례적인 것으로 볼 수도 있었지만, 군함 35척과 항공기 127대가 참가하는 등 사상 최대 규모로 개최되었다는 점에서 주목할 만한 것이었다. 이와 함께 러시아도 대규모 군사훈련을 실시했다. 6월 29일부터 7월 8일까지 림팩에 대응한 '보스톡 2010(Vostok 2010)'을 실시한 것이다. 이 역시 2년마다 실시되는 훈련이었지만, 병력 2만여 명, 항공기 70여 대, 군함 30여 척 등 사상 최대 규모로 실시되었다는 점에서 비상한 관심을 끌었다. 참고로 2008년 훈련에는 8,000여 명의 병력이 참가했다. 물론 니콜라이 마카로프 러시아군 총참모장(합참의장)은 특정 국가나 군사 블록을 목표로 한 훈련이 아니라며 확대해석을 경계했지만, 천안함 사건 이후 조성된 한반도 주변 상황과 무관하다고 보기 어려운 장면이었다.

특히 우려되는 것은 이 과정에서 한국에 대한 중국의 반발도 커졌다는 점이다. 이명박 대통령의 대북제재 동참 요구에 중립적인 입장으로 일관하던 중국은 점차 한국에 불편한 감정을 드러내기 시작했다. 앞에서 본 바와 같이 중국 정부와 중국 관영언론이 한국에 대해 비판적인 발언을 내놓았고, 심지어 천안함 사건의 처리를 놓고 한중관계가 악화되면서 중국 내 반한 감정도 악화되었다. 〈환구시보〉가 천안함 사태와 관련해 '중국은 한국을 제압해야 할 것인가, 아니면 그래도 구슬려야 할 것인가'라는 설문조사를 실시했는데, 95.3%가 '한국을 제압해야 한다'고 답했고 4.7%만이 '구슬려야 한다'라고 응답한 것으로 나타난 것이다. 물론 중국의 인터넷 사용률이 20%대 초반임을 감안하면 이러한 수치가 갖는 의미는 제한적이라 할 수 있지만, 주로 젊은 층이 인터넷을 사용한다는 점에서 우려되는 현상이라고 할 수 있다.

이런 상황에서 북한이 연평도 포격으로 남한의 군인은 물론 민간인 사상자까지 발생시키자 한반도를 둘러싼 상황은 걷잡을 수 없이 악화

중국이 조지 워싱턴호의 서해 진입에 민감한 이유

앞에서 살펴본 바와 같이 중국은 한미 양국이 서해에서 합동훈련을 하는 것에 대해 극도로 꺼려하는 모습을 보였다. 중국이 이처럼 민감하게 반응하는 데에는 이유가 있다. 한미 합동훈련이 서해에서 실시되면 미7함대 소속 항공모함인 조지 워싱턴호가 들어오게 되는데, 이 경우 반경 수천 킬로미터 내에 있는 중국의 군사시설이 미군에 그대로 노출되기 때문이다.

미 7함대는 조지 워싱턴호를 중심으로 지휘함 블루리지호와 이지스 순양함 2척, 핵잠수함 3척, 알레이버크급 구축함 7척, 상륙함 4척 등으로 짜여 있다. 구축함 7척이 모두 이지스함인 점을 감안하면 7함대에는 '꿈의 전투함'이라 불리는 이지스함이 9척이나 배치되어 있는 셈이다. 뿐만 아니라 조기경보기 E-2C 호크아이와 최첨단 전투기 90여 대로 중무장하고 있으며, 순양함 2척과 구축함 3척은 대잠 헬기를 운영하고 있는 등 막강한 화력을 자랑한다.

그중에서도 조지 워싱턴호는 9만7,000톤급 핵추진 항공모함으로 대당 건조비만 45억 달러 이상이 드는 슈퍼 항공모함이다. 항모 내부에 원자로 2기가 있어 외부 연료 공급 없이 20년간 스스로의 힘으로 운항할 수 있으며, 웬만한 국가의 전력과 맞먹는 수준의 전투기와 무기 장비를 보유하고 있다. 뿐만 아니라 작전반경이 2000~3000㎞에 이르는 조기경보기 E-2C 호크아이와 최첨단 전투기 90여 대로 중무장하고 있어, 훈련 중에도 중국 주요 해군기지와 전력을 손바닥 보듯 들여다볼 수 있다. 사실 전 세계적으로 12척의 핵추진 항모를 보유하고 있는 미국의 해군력을 중국과 비교하는 것은 애당초 무리라고 할 수 있다.

물론 그렇다고 해서 중국의 해군력을 만만하게 볼 수 있는 것은 아니다. 최근 중국이 해군 전투력을 급속히 끌어올리고 있는 점을 감안하면, 적어도 서태평양 지역에서는 미국이 함부로 하지 못할 정도의 전력을 보유하고 있다고 할 수 있다. 최신형 미사일 구축함을 실전배치하고 있는 한편 항모 도입도 서두르고 있다. 실제로 지난 8월 중국은 항공모함 바랴그(Varyag)호의 첫 시험 항해를 실시함으로써 주변국들을 긴장시키기도 했다.

중국은 북해, 동해, 남해함대 등 3개 함대를 갖추고 있으며, 미사일 구축함 29척, 호위함 45척, 상륙함 55척 등을 실전배치했다. 특히 72척의 공격형 잠수함 가운데 8척은 핵추진 잠수함이다.

되었다. 한미 양국은 북한의 도발 닷새 만인 11월 28일부터 서해에서 한미 연합훈련을 실시했고, 12월 3일에는 미국과 일본이 사상 최대 규모의 합동훈련을 실시했다. 급기야 이 훈련에서 조지 워싱턴호가 서해에 진입해 훈련에 참가하게 되었다. 앞서 중국이 조지 워싱턴호의 서해 진입에 그토록 민감한 반응을 보였던 점을 감안하면, 중국의 적지 않은 반발이 예상되는 행동이었다. 아니나 다를까 중국은 서해(중국명 黃海), 보하이만, 선양군구 직할 지역에서 실전을 방불케 하는 대규모 군사훈련을 실시했다.

이와는 별도로 남한은 12월 20일에 북한의 연평도 포격에 대응하여 서해에서 독자적으로 해상 사격훈련을 실시하기로 했다. 사실 남한의 이와 같은 대응은 군사적인 측면에서 당연한 조치였다고 할 수 있는 것이었다. 하지만 이에 대해 북한이 보복공격을 반드시 할 것이라고 여러 차례 공언했던 터라, 전쟁 발발 가능성을 진지하게 고려해야 할 만큼 위험한 상황이 초래되었다. 공격을 당했던 남한은 물러설 수 없는 입장이었고, 북한 역시 과거의 행태로 볼 때 반격해올 가능성이 매우 높았기 때문이었다. 실제로 마이크 멀린 미 합참의장은 당시 이라크를 방문한 자리에서 "남한과 북한 사이에 전쟁 가능성이 고조되고 있다"고 말하기도 했다. 다행히 남한이 해상 사격훈련을 실시했음에도 불구하고 북한이 대응공격을 하지 않아 군사적인 충돌로 이어지지는 않았지만, 한반도 정세가 불과 몇 개월 전보다도 더 악화되었다는 것은 부인할 수 없는 사실이었다. 해상 사격훈련과 북핵 문제 해법에 관한 이견으로 한중관계가 갈수록 악화되는 부작용도 나타났다.

그런데 지금까지의 과정을 보면 한반도 주변의 군사적 대립이 일정한 패턴을 보이면서 전개되었다는 것을 알 수 있다. 〈자료 1-9〉는 이와 같은 패턴을 정리한 것이다. 우선 천안함 사건이든 연평도 포격이든 북한의 서해상 도발이 발생하고 이에 대해 남한이 반발하게 된다. 남한은 대북압박 조치를 취하는 동시에 미국에 북한을 겨냥한 서해에서의 한미합동군사훈련을 요청한다. 이에 대해 중국은 자국 앞바다에 미국의 최첨단 항공모함이 들어와 군사정보가 노출되는 것을 우려해 외교적으

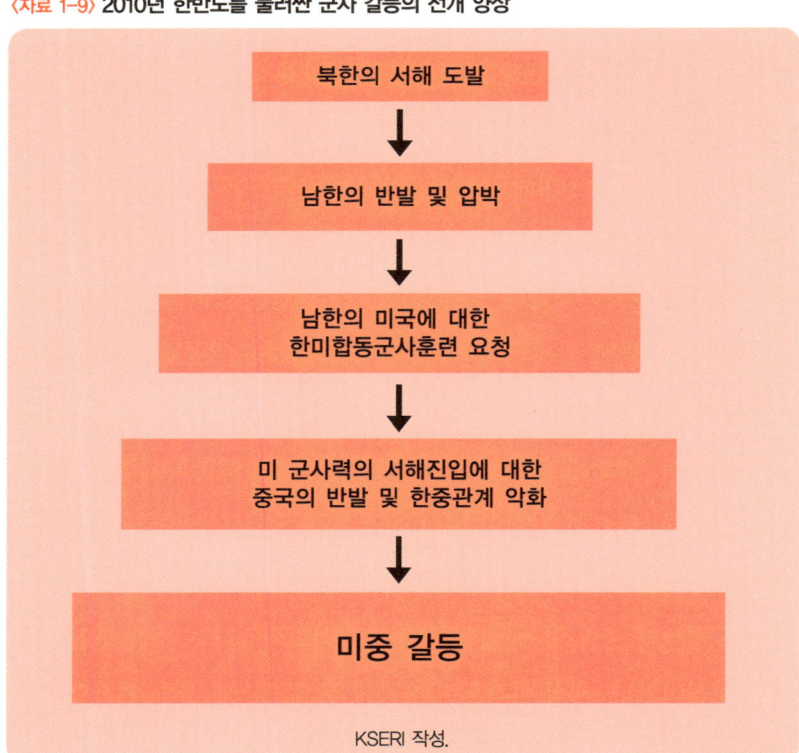

〈자료 1-9〉 2010년 한반도를 둘러싼 군사 갈등의 전개 양상

북한의 서해 도발

남한의 반발 및 압박

남한의 미국에 대한
한미합동군사훈련 요청

미 군사력의 서해진입에 대한
중국의 반발 및 한중관계 악화

미중 갈등

KSERI 작성.

로나 군사적으로 강하게 반발한다. 이 과정에서 한중관계가 심각하게 악화되며, 결국 한미합동군사훈련을 중심으로 미중 갈등이 심화되는 것이다.

여기에서 세 가지 심각한 문제점이 나타나게 된다. 하나는 북한의 도발이 거의 필연적으로 미중 갈등으로까지 이어진다는 점이다. 동맹을 중시하는 오바마 정부 입장에서는 북한의 잘못된 행동에 대한 남한의 군사적 대응에 동참할 수밖에 없고, 중국 역시 북한을 외면할 수 없을뿐더러 자국에 직접적인 군사적 피해가 발생하는 것을 방관할 수 없기 때문이다. 이에 따라 미중 양국은 환율 갈등에 이어 한반도 안보 문제를 둘러싼 갈등까지 겪게 되었다.

다른 하나는 이와 같은 패턴이 반복될수록 부작용의 정도가 커진다는 점이다. 북한의 위협은 민간인 희생자를 발생시킬 정도로 대담해졌고, 특히 연평도 포격은 명백한 북한의 도발행위였음에도 불구하고 중국의 협조를 얻어내지 못했다. 오히려 한미 합동군사훈련을 실시하는 과정에서 중국과의 갈등만 가시화되었으며, 심지어 중국의 기관지인 〈환구시보〉의 후시진 총편집인은 천안함 사태와 관련해 "한국 측이 제공하는 증거를 믿을 수 없다"며 노골적으로 이명박 정부에 대한 불신을 드러내기도 했다.

마지막으로 이 과정에서 한반도 상황을 관리할 수 있는 남한의 영향력이 급격히 축소되었다는 점이다. 북한과 교역관계가 거의 단절된 탓에 북한의 긍정적인 변화를 이끌어낼 만한 지렛대를 거의 상실하게 되었고, 현실적으로 가능성이 크지 않은 북한의 변화를 수동적으로 기다려야 하는 입장이 되었다. 북한에 가장 큰 영향력을 행사하는 중국과의 관계도 악화되었다. 북한을 변화시키는 데에는 중국의 협조와 도움이 반드시 필요하다는 것을 부인할 사람은 없을 것이다. 중국이 우리나라의 제1교역국이고, 최대 흑자국인 것을 감안하면 중국과의 관계악화는 심각하게 바라봐야 할 사안이라고 할 수 있다. 뿐만 아니라 FTA 재협상 등 미국과의 여러 관계에서도 불리해진 상황을 맞고 있다.

　이러한 과정을 보면 우리 정부의 대북정책이 보다 정교해질 필요가 있다는 것을 알 수 있다. 무모한 군사적 도발을 감행하는 북한을 압박하는 것도 중요하지만, 지극히 정당한 대응임에도 우리가 감당하기 어려운 수준의 후폭풍을 가져올 수 있기 때문이다. 이러한 사정은 미국과 중국에게도 마찬가지라고 할 수 있다. 남북 갈등으로부터 비롯된 미중 갈등의 피해가 서로 감당하기 어려울 정도로 커질 수 있기 때문이다. 만약 북한의 도발에 의한 남북한 군사 갈등이 다시 한 번 반복된다면, 이전보다 상황이 훨씬 악화될 가능성이 높다. 따라서 미중 양국도 남한과 북한의 편을 마냥 들어줄 수만은 없게 되었으며, 군사 갈등이 걷잡을 수 없이 악화되지 않도록 한반도 주변 상황을 관리해야 할 필요성을 느끼게 되었다. 실제로 2011년 초에 있었던 미중 정상회담은 한반도 갈등이 미중 갈등으로까지 이어지는 사태를 사전에 방지하려는 노력의 일환이라고도 할 수 있다. 오바마 정부가 남한의 사격훈련에 대한 북한의 반격을 막았다며 중국을 높이 평가한 것도 이러한 맥락이라 할 수 있다.

　결국 우리에게 가장 중요한 것은 한반도 상황을 안정적으로 관리하고 북한을 변화시킬 수 있는 주도권을 가져오는 것이다. 이것이 더 이상 무고한 국민들의 희생을 막고 북한의 변화를 유도하기 위한 최소한의 전제라고 할 수 있다.

천안함 함정에 빠진
대한민국

2011년 상반기, 6자회담 재개와 관련해 중요한 변화가 있었다. 힐러리 클린턴 미 국무장관이 서울을 다녀간 직후인 2011년 4월 18일(현지시각) 마크 토너 미 국무부 부대변인이 정례 브리핑에서 "대화재개를 위해 북한의 사과가 전제되어야 하는가"라는 한 기자의 질문에 "북한이 천안함 사건에 대해 사과를 해야만 한다고 말한 적은 없다(I didn't say they had to apologize for the *Cheonan* incident)"고 말한 것이다. 토너 부대변인은 대신 "외교적인 다음 단계 조치에 대해 얘기를 하기 위해서는 북한이 과거의 도발적 행동과는 반대 방향으로 움직인다는 분명하고도 일관된 태도, 건설적인 태도를 나타내야 한다"고 말했다. 이와 같은 태도는 미국이 천안함 사건에 대해 북한을 강하게 비난하고, 북한의 천안함 사건에 대한 사과가 6자회담의 전제조건임을 내비쳐왔던 이전의 태도와 확연히 달라진 것이라 할 수 있다. 미국이 이와 같은 변화를 보인 것은 오바마 정부가 갑자기 북한에 너그러워졌기 때문이 아니라, 앞에서 본 것과 같이 대북압박만을 지속할 경우 발생할 수 있는 북한의 군사적 도발이 중국과의 갈등을 재발시킬 수 있기 때문에 상황을 관리하기 위한 것이라고 할 수 있다.

흥미로운 것은 이에 대한 한국 정부의 반응이었다. 조병제 외교통상부 대변인은 19일 토너 부대변인의 발언과 관련해 "한국 정부가 누차 얘기해온 것에서 전혀 벗어나지 않는다"고 말했다. 즉 한미 간에 이견이 없다는 것이었다. 같은 날 원세훈 국정원장 역시 국회 정보위원회에서 "천안함 사건과 연평도 포격에 대한 사과를 6자회담 개최와 연결하는 건 무리수이지 않느냐"라고 말했다.

평소 북핵 문제나 남북관계에 관해 조금이라도 관심이 있었던 사람이라면 뭔가 이상하다는 것을 느꼈을 것이다. 이명박 정부는 그동안 천안함 사건과 연평도 포격에 대한 북한의 사과를 6자회담의 전제조건으로 내세워왔기 때문이다. 물론 2010년 말 정부 고위 당국자가 북한의 사과가 6자회담의 전제조건이 아니라고 밝히기도 했고, 최근 미국을 방문한 위성락 한반도평화교섭 본부장 역시 이와 같은 뜻을 내비치기도 했지만, 기본적으로 이명박 정부가 천안함 사건과 연평도 포격에 대한 북한의 사과를 6자회담 재개는 물론 남북관계 개선과 연계시켜온 것은 주지의 사실이었다.

이는 그간의 발언들을 살펴보아도 알 수 있다. 2011년 4월 1일 이명박 대통령은 특별기자회견에서 "북한이 저질러놓은 일에 대해 사과를 해야 한다. 그러면 우리는 모든 회담에 적극적으로 응할 것이다. 그래야만 6자회담도 될 수 있다"고 밝혔다. 현인택 통일부 장관 역시 18일 "이것(천안함·연평도 사건과 비핵화에 대한 진지한 태도)이 남북대화를 위한 전제조건이라고 얘기하지는 않겠지만 남북대화가 열리더라도 이 두 가지 없이는 생산적인 결과를 거두기 어렵다"고 말했다. 같은 맥락에서 한 정부 고위관계자는 19일 언론과의 인터뷰에서 "남북 당국 간 대화가 진전되려면 기본적으로 북한이 '천안함·연평도'라는 문지방을 넘어야 한다. 그래야만 가능하다"며 이른바 '문지방론'을 내세우기도 했다.

따라서 이처럼 마크 토너 부대변인의 발언이 이명박 정부의 기존 입장과 분명한 온도 차를 나타내는 것이었음에도 불구하고, 한미 간 입장차가 전혀 없다고 말하는 것은 사실이 아니며 북핵 문제를 관심 있게 지켜보는 많은 국민들에게 혼란을 주는 행동이라고 할 수 있다. 이렇게 이명박 정부가 혼란스러운 모습을 보였던 것은 기본적으로 이명박 정부가 천안함 사건과 연평도 포격에 대한 북한의 사과를 포기하고 싶지 않지만 대외적인 변화에 끌려가지 않을 수 없는 상황이 되었기 때문이다.

사실 이명박 정부가 북한에 대해 계속 요구해온 것은 크게 두 가지로 요약할 수 있다. 이명박 정부의 대북정책 기조인 '비핵·개방·3000', 그리고 '천안함 사건과 연평도 포격에 대한 사과'이다. 김대중·노무현 정부의 대북정책에 대해 비판적인 시각을 갖고 있던 이명박 정부가 '비핵·개방·3000'과 같은 대북정책을 내세우고, 북한의 군사적 도발에 대해 사과를 요구하는 것은 어떤 면에서 자연스러운 모습이었다고 할 수 있다. 문제는 현실성이었다. 김정일의 건강 악화로 안정적인 후계체제 구축이 시급하고 극심한 경제난마저 겪고 있는 북한이 단기간에 스스로 핵무기를 포기하고 개방으로 나올 가능성은 거의 없었기 때문이다. 미국조차도 현재의 상황에서 북한이 스스로 핵을 포기할 가능성에 회의적인 반응을 보이고 있다. 결국 북한이 자발적으로 선택할 가능성이 없는 '비핵·개방'을 대북정책 변화를 위한 전제조건으로 내건 탓에, 이명박 정부는 스스로 운신의 폭을 좁히는 결과를 초래하게 되었다. 예를 들어 북한이 변하지 않는 상황에서 앞에서 본 것과 같은 미국의 태도변화가 나타났을 때 우리나라는 사실상 끌려다닐 수밖에 없게 되었다. 현실성이 부족한 전제조건을 내세워 스스로 변화할 수 있는 퇴로를 막아버렸기 때문에 북한을 둘러싼 대외적 상황변화에 유연하게 대처하기 어려워진 것이다.

뿐만 아니라 이와 같은 대북정책 기조를 유지하는 과정에서 여러 가지 문제점에 직면하게 되었다. 우선 수차례 지적한 바와 같이 중국과의 갈등이었다. 중국이 한국에 대한 태도를 '중립'에서 '노골적인 불만'으로 바꾸게 것은 2010년 7월 9일 UN안보리 의장성명 이후 한국의 태도가 직접적인 원인이 된 것으로 보인다. 중국은 러시아와 마찬가지로 이명박 정부가 제시한 증거자료들이 천안함 사건이 북한의 소행임을 입증하는 데 불충분하다는 입장을 표명했고, 이러한 입장이 반영되어 천안함 사건에 관한 UN안보리 의장성명에는 천안함의 침몰과 북한의 공격을 직접적으로 연관 짓는 표현이 생략되었다. 그러나 이명박 정부는 이를 북한에 분명한 메시지를 보낸 것으로 평가하는 한편, 미국과 공조하여 북한에 대한 독자제재에 나섰고, 그 결과 한미연합군사훈련으로 군사적 긴장감도 조성되었다. 이러한 일련의 행동은 이명박 정부가 중국의 의도와 입장을 무시한다는 입장을 표명한 셈이라 할 수 있다. 이와 함께 6월 말에 이루어진 한미 양국의 전작권 환수 연기 합의와 7월에 실시된 연합군사훈련 등은 중국에게, 이명박 정부가 대미 일변도 외교를 펼치려 하는 것으로 비춰졌을 가능성이 크다.

미국이 한국의 가장 중요한 우방임은 의심할 여지가 없고 굳건한 한미동맹 역시 앞으로 상당 기간 한국이 유지해야 할 외교적 자산이지만, 중국 역시 한국의 제1교역국으로서 만만치 않은 중요성을 갖고 있다는 점에서 이 같은 상황은 심히 우려할 만한 것이라 할 수 있다. 〈자료 1-10〉에서 보는 바와 같이 한국의 대중국 교역량은 2003년과 2004년에 차례로 대일, 대미 교역액을 추월했으며, 이후에도 가파르게 상승했다.

뿐만 아니라 2008년에 시작된 세계 경제위기의 여파로 2009년에는 큰 폭으로 감소했음에도 불구하고 미국, 일본의 두 배 가까운 교역액을 기록했다. 이 같은 모습은 다시 교역액이 늘어난 2010년에도 계속되었다. 대일, 대미 교역액이 각각 920억 달러와 900억 달러였던 데 반해 대중 교역액은 1,880억 달러를 기록한 것이다.

중국의 중요성은 교역수지 면에서 더욱 두드러진다. 한국의 대중 교역수지가 2003년에 대미 교역수지를 추월한 이후 줄곧 두 배가량을 유지함으로써, 한국 교역수지 흑자를 견인해온 것이다. 특히 글로벌 금융위기 이후에는 이와 같은 격차가 더욱 벌어져 2010년의 경우 대미 교역수지와 대일 교역수지가 각각 94억 달러와 -360억 달러를 기록한 반

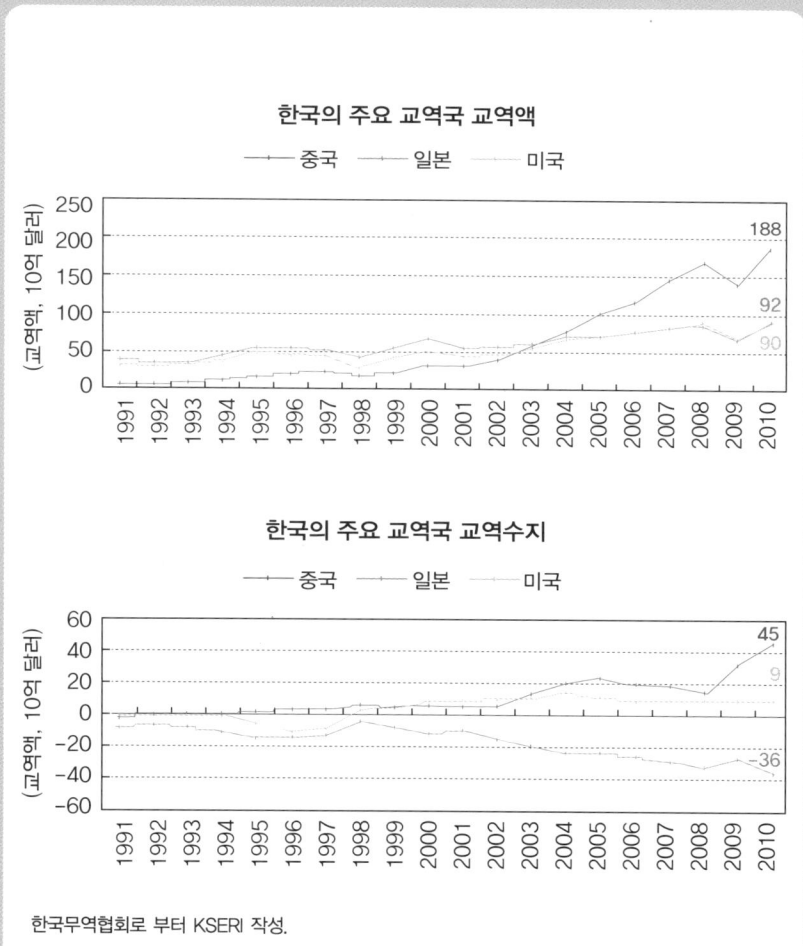

한국무역협회로 부터 KSERI 작성.

면, 대중 교역수지는 2008년의 144.6억 달러에서 2년 만에 무려 213%
증가한 452.6억 달러를 기록해 전체 교역수지 흑자를 주도했다. 한국
GDP에서 대외교역이 차지하는 비중이 70% 이상인 점을 감안하면, 대
중교역의 중요성은 압도적이라 할 수 있다.

물론 최근에 발생한 중국과의 외교적 마찰이 대중 교역에 당장 영향
을 미치리라고 단정하기는 어렵다. 중국 정부가 기본적으로 안정적인
외교관계를 추구하고 있고, 중국 정부가 해결해야 할 내부적인 문제들
이 산적해 있기 때문이다. 하지만 중국 내 반한 감정의 확산에 따른 한
국 상품 불매운동, 한국 투자 봉쇄 움직임 가능성이 제기된 것은 우려
스러운 현상이라고 할 수 있다.

두 번째는 이란과의 갈등이었다. 오바마 정부가 이명박 정부에 이란
제재에 동참해줄 것을 요청하면서 이란과의 갈등이 불가피해진 것이다.
오바마 정부는 2010년 8월 초에 방한한 로버트 아인혼 미 국무부 대북
제재조정관을 통해 대북제재 방안을 제시하는 한편, 이명박 정부가 대
이란 제재에 적극 동참해줄 것을 요구했다. 미국이 한국에 요구한 것은
이란에 대한 독자제재였다. 한국은 이란에 대해 'UN안보리 결의안
1929호'와 미국의 '포괄적 이란제재법'을 적용하고 있었는데, 이와 별
도로 이란에 대한 독자제재에 착수하라는 것이었다. 특히 미국이 제재
대상으로 지정한 이란의 멜라트 은행(Bank Mellat)과의 거래를 중단하고
멜라트 은행 서울 지점을 폐쇄해줄 것을 이명박 정부에게 요구했다.

상황이 이렇게 되자 이란 정부는 한국 정부에 강력히 반발했다. 모하
마드 레자 바크티아리 주한 이란 대사는 한국이 제재에 동참할 경우 가

만있지 않을 것이며, 한국이 상당한 불이익을 받게 될 것이라고 경고하기도 했다. 결국 이명박 정부는 미국의 요구와 이란의 반발 사이에서 어려운 결정을 내려야 하는 처지에 놓이게 되었다.

문제는 이란 역시 한국의 중요한 교역 상대였다는 점이다. 2009년 한국의 대이란 교역 규모는 97.4억 달러였고, 2010년에는 115.4억 달러를 기록했다. 특히 이란은 한국의 주요 원유 수입국으로 전체 수입물량의 8~10%를 차지해왔다. 또한 2010년 8월 당시 약 2,000여 개의 한국 기업이 이란에 진출해 있었으며, 수주받은 플랜트와 선박의 규모도 각각 19.2억 달러와 11억 달러에 달하고 있었다.

이란과의 관계 악화는 곧바로 경제적 손실로 이어졌다. 국내 은행들이 이란과의 무역금융을 전면 중단함에 따라 이란과 거래하는 기업들이 수출대금을 회수하지 못하고 신규대출을 받지 못하는 등 자금난이 가중되었다. 또한 GS건설이 미국의 이란 제재로 인해 12억 달러에 달하는 가스개발 프로젝트를 취소하기도 했다. 이란 정부 역시 한국 기업과의 거래를 중국 기업으로 대체하고 한국 제품에 대한 관세를 200%까지 올릴 것이라고 공언하기도 했다. 다행히 이후의 교역 추이를 살펴보면 당초 예상했던 것보다는 크게 위축되지 않은 모습을 보이고 있다.

그러나 이란과의 갈등에는 특히 주목해야 할 점이 있다. 앞서 중국과의 갈등이 천안함 사태를 둘러싼 직접적인 충돌이었다고 한다면, 이란과의 갈등은 미국과의 동맹관계에 의해 야기된 2차적 갈등이기 때문이다. 이는 앞으로도 한국이 동맹관계에 의해 국제분쟁에 휘말릴 수 있으며, 상당한 경제적 손실을 입게 될 수도 있음을 의미한다.

이를 보여주는 예가 아프가니스탄 파병이었다. 2010년 8월, 오바마 대통령은 '선택에 의한 전쟁(war of choice)'이라고 불렀던 이라크 전쟁에 대해 단계적 철수를 실행에 옮기고 있었던 반면, 아프가니스탄 전쟁은 '필요에 의한 전쟁(war of necessity)'이라며 아프가니스탄과 인접국인 파키스탄에서 군사작전을 강화하고 있었다. 그러나 반기문 UN사무총장이 UN안보리에 제출한 보고서에 나타난 바와 같이 아프가니스탄의 치안 상황은 급격히 나빠졌고, 이에 따라 아프가니스탄에서의 '인내하는 자유작전(Operation Enduring Freedom, OEF)'과 관련한 사망자 수도 갈수록 증가했다. 2008년에 295명이었던 사망자 수는 2009년에는 521명으로 두 배 가까이 늘었으며, 2010년에는 8월 중순까지 이미 428명을 기록했던 것이다. 심지어 2010년 6월에는 처음으로 월별 사망자 수가 100명을 넘기도 했다.

상황이 악화되자 2009년 12월, 오바마 정부는 2010년 8월까지 아프가니스탄에 3만 명의 미군을 추가파병하기로 결정했으며, 2010년 7월에는 이를 위한 600억 달러의 전쟁지출 예산안에 서명하기도 했다. 그러나 2010년 8월 1일부터 네덜란드가 철군을 시작했고, 캐나다와 폴란드도 각각 2011년과 2012년까지 파병군을 철수시킨다는 방침을 내려 아프가니스탄 상황은 갈수록 어려워지고 있었다.

이런 상황에서 이명박 정부는 2009년 말, 아프가니스탄 파르완 주에 2010년 7월부터 2012년 12월까지 350명 이내의 국군을 파견한다는 내용의 파병 동의안을 확정했다. '오쉬노' 부대로 명명된 이들의 임무는 이곳에 파견되어 재건 활동을 펼 민간인 지방재건팀(PRT) 요원 100명을 보호하는 것이었다. 그런데 2010년 7월 21일에 열린 한미 외교/국방장관 (2+2)회의에서 채택한 공동성명에 "미 측은 한국 측의 아프가니스탄 지방재건팀(PRT) 파견을 환영하였으며, 한국 측은 아프가니스탄의 치안·거버넌스·개발에 대한 지원 의지를 재확인하였다"는 내용이 포함되어 문제가 되었다. '치안·거버넌스'는 오쉬노 부대의 임무를 넘어서는 것이기 때문이었다. 만약 한국군이 아프가니스탄에서의 치안과 거버넌스에 개입하기로 한 것이 사실이라면 향후 한국이 전투병을 추가로 파병해야 한다는 것을 의미하는 것이었다. 2010년 '인내하는 치유작전(OEF)'과 관련된 사망자 수가 전년에 비해 200명 가까이 늘어난 711명으로 최대치를 기록했던 것을 감안하면 위험 부담이 높아진 상황이었다. 참고로 최근 오사마 빈 라덴이 미국에 의해 사살된 이후 아프가니스탄 주둔 지방재건립 팀의 차리카르 기지에 대한 로켓포 공격이 재개되기도 했다.

결론적으로 이명박 정부는 천안함 사태 처리 과정에서 미국 오바마 정부와 어느 때보다 굳건한 동맹관계를 과시했다. 오바마 정부는 중국과의 갈등을 감수하면서까지 군사행동에 적극적으로 나섰으며, 전작권 환수를 연기해달라는 이명박 정부의 요청을 흔쾌히 받아들이기도 했다.

그러나 동시에 시간이 갈수록 이명박 정부가 감당해야 할 비용 역시 급격히 늘어나게 되었다. 중국과의 갈등이 가시화되었고, 미국과의 굳건한 동맹관계로 인해 이란과의 관계도 악화되었으며, 테러 위협으로 2007년 말, 다시는 해외 파병을 하지 않겠다던 기존 입장마저 번복하게 되었다. 뿐만 아니라 앞에서 본 바와 같이 미국의 입장에 변화가 생겼을 경우 유연하게 대처하기 어려워졌기 때문에 운신의 폭 역시 좁아졌다. 사실 미국은 중국과의 협력이 절실하기 때문에 강경일변도로 나가기 어려운 상황이라 할 수 있다. 2010년 8월, 신용평가회사인 S&P사가 미국의 국가신용등급을 사상 처음으로 'AAA'에서 'AA+'로 하향조정했을 만큼 미국은 재정적자가 심각한 상황이다. 연방정부와 지방정부를 합한 미국의 정부 부문 재정적자는 2009년과 2010년 2년 연속으로 1.6조 달러를 기록했는데, 2011년에도 비슷한 수준이 될 것으로 전망된다. 이를 GDP 대비 비율로 환산하면 국가부도 위기를 맞은 그리스나 포르투갈보다 높은 상황이다. 참고로 미국의 국채 발행 잔액은 2011년 2월 현재 14조 252억 달러인데, 이 중 1조1,541억 달러를 중국이 보유하고 있다. 여기에다 정부 보증 공기업채까지 포함하면 중국의 미 국채 보유량은 껑충 뛰게 된다. 즉 오바마 정부에게는 중국과의 협력이 반드시 필요한 상황인 것이다. 이는 북한의 도발행위에도 불구하고 미국이 6자회담 재개에 긍정적인 태도를 보이게 된 배경이라고 할 수 있다.

북한의 도발행위를 비난하고 이에 대한 압박조치를 취하는 것에 이의를 달 사람은 없을 것이다. 그러나 북한을 압박하는 데 있어서도 우리가 입게 될 손실을 최소화하는 것은 가장 기본적인 전략이라고 할 수 있다. 응징에만 초점을 맞춘 나머지 우리 측 손실이 훨씬 커지는 상황을 방치한다면, 그것만큼 어리석은 일도 없을 것이기 때문이다. 한미동맹이 우리나라의 가장 중요한 외교적 자산임은 의심할 여지가 없지만, 중국, 러시아와 강한 신뢰관계를 구축하는 것은 북한을 제재할 수 있는 가장 확실한 방법일 뿐 아니라 앞으로 한국 경제가 발전하는 데 있어서도 필수적인 요소이다. 그럼에도 불구하고 한반도를 중심으로 신냉전 구도가 나타났다는 점은 상당히 우려스러운 모습이라 할 수 있다.

focus

상하이 스캔들로 본 대중 외교의 문제점

2011년 초 세간을 떠들썩하게 만든 사건이 있었다. 중국 여성인 덩신밍 씨와 상하이 영사들 간의 부적절한 관계에서 비롯된 이른바 '상하이 스캔들'이 그것이었다. 이 사건으로 인해 해외에 파견되어 있는 외교관들의 공직 기강 문제가 한국 사회를 떠들썩하게 했다. 엄밀히 말해 이 사건은 외교관 개개인의 도덕성과 자질 문제였다. 그러나 좀 더 큰 그림에서 보면 한국의 대중 외교가 지닌 문제점을 드러낸 사건이었다. 사실 이 문제는 정치적인 입장을 떠나 강도 높게 비난 받아야 할 만큼 심각한 사안이라 할 수 있다.

여기에서 지적하고자 하는 것은 우리나라가 중국을 대하는 방식이다. 중국이 우리나라의 최대 교역국이자 대외교역 흑자의 대부분을 차지하는 가장 중요한 교역 상대라는 것은 잘 알려진 사실이다. 뿐만 아니라 향후 북핵 문제는 물론 통일 문제에 관해서도 긴밀히 협조해야 할 가장 중요한 국가이다. 그럼에도 불구하고 우리 정부는 중국을 대하는 방식에 있어서 상당히 우려스러운 모습을 보였다. 한중관계 악화와 중국인들의 반한 감정은 단적인 예라고 할 수 있다.

'상하이 스캔들' 역시 이처럼 미숙한 대중 외교가 빚어낸 결과였다. 정부의 무능한 인사정책이 빚어낸 예고된 인재(人災)였기 때문이다. 즉, 상하이가 중국에서도 아주 중요한 지역들 가운데 하나임에도 불구하고 현지 사정에 어둡고 중국어에 능숙하지 않은 주재관들을 파견하다 보니 이들이 조선족을 비롯한 현지인에 의존하게 된 것이다. 예컨대 김정기 전 상하이 총영사는 전문 외교관이 아니라 이명박 대통령의 대선후보 시절 서울선대위 조직본부장을 맡았던 측근이었다. 중국과 같이 중요한 국가에 파견되는 고위급 외교관들의 선발 기준에 현지어 구사 능력이 없다는 것은 여전히 이해하기 어려운 점이다.

그런데 미국은 이와 대조적인 모습을 보였다. 오바마 정부는 최근 새 중국 대사에 사상 처음으로 중국계 인사인 게리 로크 전 상무장관을 임명했다. 게리 로크는 미국 이민 3세로 중국 이름을 따로 갖고 있고 광둥어에도 능통할 정도로 중국 내에서도 대단히 인기가 높은 인물이다. 뿐만 아니라 그의 부인이 중국의 국부로 추앙받는 쑨원의 증손녀라는 점도 중국인들에게 점수를 얻고 있다. 이처럼 미국이 중국에 대해 전문성과 친화력을 두루 갖춘 인물을 발탁한 것은 중국과의 협력을 중시하겠다는 신호를 보낸 것이라고 할 수 있다. 한국과는 너무나도 대조적인 모습을 보인 것이다.

천문학적 통일비용, 우리의 방안은?

2010년 8월 15일 이명박 대통령은 광복절 기념식 경축사에서 다가오는 통일을 위해 '통일세'와 같은 현실적인 방안을 준비할 때가 되었다고 말했다. 남북 간 경제적 격차가 워낙 커 통일이 되면 엄청난 규모의 통일비용이 들 것이기 때문에 이를 준비하자는 것이었다. 그러나 이명박 대통령의 이 발언은 적지 않은 파장을 불러일으켰다. 가뜩이나 남북관계가 경색되어 있고 매년 책정되는 1조 원 규모의 남북협력기금조차 거의 사용하지 않는 상황에서 별도로 통일세를 걷는 것이 납득하기 어렵다는 이유에서였다. 실제로 이명박 정부는 2008년과 2009년에 남북협력기금을 각각 18.1%와 8.6%밖에 지출하지 않았으며, 2010년에도 6월 말까지 책정된 1조 1,200억 원 가운데 334억 원

밖에 사용하지 않은 상황이었다. 야권에서는, 4대강 사업 등으로 재정 건전성이 급속도로 악화되면서 부가세 인상이 여론의 반발을 받게 되자 통일세를 제시한 것이라며 반발했다.

통일세를 둘러싸고 논란이 커지자 이명박 대통령은 통일세 화두를 던진 것이 마음의 준비를 하자는 것이지 당장 국민들에게 과세하자는 것은 아니라며 한발 물러섰다. 그러면서도 통일부는 거액의 예산을 들여 통일 재원 조달을 위한 연구 용역을 의뢰했는데, 2011년 9~10월에 최종 보고서가 나올 예정이었으나 정부안은 상반기까지 마련할 계획이라고 밝혀 통일비용 문제를 지나치게 졸속으로 처리하는 것이 아니냐는 지적이 나오기도 했다.

더욱이 이명박 정부의 통일세 제안은 그리 오래가지 못했다. 한나라당 통일정책 태스크포스(TF)가 북한의 급변사태 발생 시 소요되는 통일비용으로 총 2,525조원, 국민 1인당 5,180만 원이 드는 것으로 추정하고, 이에 대한 국민들의 저항이 예상되면서 2011년 2월 이명박 정부 스스로 통일세 방안을 사실상 폐기한 것이다. 대신 최소 10조 원대의 '통일기금'을 종잣돈으로 적립하는 방안을 검토하기 시작했다.

이명박 정부가 이처럼 혼란스러운 모습을 보인 것은 통일비용 문제가 그만큼 민감하고 복잡한 사안이기도 하지만, 기본적으로 이와 같은 통일비용의 성격을 충분히 이해하지 못했기 때문이라고 할 수 있다. 통일비용은 비용이 많이 든다고 막연히 회피할 문제는 아니지만 무턱대고 많은 돈을 쌓아둔다고 해결되는 문제도 아니며, 수학 공식처럼 미리 정해져 있는 것도 아니다. 오히려 현재의 대북정책을 어떻게 취하느냐에 따라 감당할 수 있는 수준으로 줄일 수도, 그 이상으로 늘어날 수도 있다. 이어지는 글에서는 통일비용 산정을 둘러싼 기존 연구들의 문제점을 비판하고 통일비용에 관한 올바른 접근법을 제시하고자 한다.

통일비용 문제는 통일을 준비하는 과정에서 반드시 다뤄야 하는 문제이지만, 남북한의 현실을 감안할 때 남한 국민들에게 상당한 경제적 부담이 될 수 있다는 점에서 매우 까다로운 사안이다. 통일비용은 대부분 국민들의 세금으로 충당되기 때문에 정부의 대북정책과 경제정책에 대한 국민들의 지지가 필수적이다. 아무리 통일에 공감한다 하더라도 정부의 대북정책을 지지하지 않거나, 요즘과 같이 가계부채와 물가부담이 높아 경제적으로 어려운 상황에서는 대다수 국민들이 통일세에 선뜻 찬성하지 않을 것이다. 심지어 근거를 명확히 하지 않은 채 통일비용이 막대하다고만 강조하면 차라리 통일을 하지 말자는 반감마저 불러일으킬 수 있다.

구체적으로 통일비용에 관한 전문가들의 연구결과를 간단히 살펴보겠다. 〈자료 1-11〉에서 보는 바와 같이 국내외 수많은 전문가들과 기관들이 통일비용을 추정해왔다. 예를 들어 스탠퍼드대 후버연구소의 선임연구원인 찰스 울프는 2010년에 발표한 보고서에서 남한 인구가 4,800만 명에 1인당 GDP가 2,374만원(2만 달러)이고 북한 인구가 2,400만 명 에 1인당 GDP가 83만원(700달러) 수준이라고 가정한 후, 북한의 GDP 수준을 5~6년 내에 2배로 증가시키는 데에는 약 74조원이 들고 남한 수준으로 끌어올리는 데는 약 2,018조원이 들 것이라고 분석했다. 또 랜드연구소는 미 국방장관실의 의뢰로 2005년에 〈북한의

〈자료 1-11〉 통일비용에 관한 기존 연구

연구자	출판연도	통일시점	통일비용
KDI	1991	2000	점진적 통일시 : 최대 2,102억 달러
황의각	1993	1900 1995 2000	3,120억 달러 7,776억 달러 1조 2,040억 달러
이상만	1993	2000	10년간 2,000억 달러
연하청	1994	2000	10년간 2,300~2,500억 달러
이영선	1994	1990 2010	40~50년간 3,300억 달러 40~50년간 8,410억 달러
배진영	1996		1993년 기준 5년간 4,880억 달러
정갑영 외	1996		1995년 기준 32년간 4,120억 달러
Noland	1996	2000	3조1,720억 달러
한화경제연구원	1997	2010	856조 원
박태규	1997		통일 후 5년 남한 GNP의 8.7~11.3% 통일 후 10년 남한 GNP의 7.47%
박석삼	2003		점진적 통일시 : 연간 8,700억 원 급진적 통일시 : 연간 35조 원
이영선	2003		점진적 통일시 : 732억 달러(10년) 급진적 통일시 : 1,827억 달러(5년) 　　　　　　　~5,614억 달러(10년)
삼성경제연구소	2005	2015	546조 원
신창민	2005	2020	8,210억 달러
랜드연구소	2005		통일 후 5년간 60~795조 원
조세연구원	2009	2011	GDP의 12~7%(통합 후 10년 정도)
피터백	2010		30년간 2,374조~5,935조 원
찰스 울프	2010		74~2,018조 원

한국개발연구원(KDI) 자료로부터 KSERI 작성.

역설: 한반도 통일의 상황·비용·결과〉라는 보고서를 작성했는데, 이 보고서는 통일비용을 '4∼5년 기간 내에 북한의 GDP를 2배로 올리는 데 드는 추가자본비용'으로 정의하고 통일 전후의 남북한 GDP 및 군사비 수준, 한계자본계수 등 8개 변수들을 이용한 단순 시뮬레이션 모델에 의해 추정했다. 추정 결과 통일비용은 2003년 미 달러를 기준으로 최소 500억 달러에서 최대 6,700억 달러가 소요되는 것으로 나왔다. 이처럼 통일비용에 관한 연구는 학자와 연구기관마다 기본 가정 및 기준에 따라 큰 차이를 보이고 있다. 최소 500억 달러에서 최대 5조 달러에 이르기까지 큰 편차를 보이고 있는 것이다. 이는 통일비용 문제가 그만큼 복잡하다는 것을 반영하는 것이라고 할 수 있다.

그러나 〈자료 1-11〉에 나타난 통일비용들은 근본적인 문제를 지니고 있다. 그것은 이들이 통일에 따른 비용에만 초점을 맞춘 나머지 편익에 대해서는 대부분 간과하고 있다는 점이다. 물론 이들 가운데에는 통일에 따라 발생하는 편익을 다룬 연구도 있다. 그러나 대체적으로 비용에만 초점을 맞추고 있는 것이 사실이다. 만약 이처럼 비용에만 초점을 맞추게 될 경우, 통일은 불가능한 것이며 추구해서도 안 되는 것이라고 할 수 있다. 아무리 민족적인 염원이라 하더라도 통일 이후 도저히 감당할 수 없는 경제적인 재앙이 초래될 것이 분명하기 때문이다.

하지만 통일이 되면 막대한 통일비용에 상응하는 편익 또한 발생하게 된다. 사실 이론적으로 통일의 편익은 당연히 비용보다 크다고 할 수 있다. 비용 발생은 어느 시점이 되면 멈추는 데 반해 편익은 통일된 시점부터 영구적으로 계속되기 때문이다. 특히 남북한 통일의 경우 군사적 대치상황 종료에 따른 유무형의 비용절감 효과와 북한에 매장된 엄청난 규모의 광물자원, 그리고 양질의 저렴한 노동력 등의 효과가 지속적으로 작용한다면 통일의 편익은 비용을 충분히 상쇄하고도 남는다. 다만 비용과 편익의 발생에는 일정한 시차(time lag)가 존재하게 될 것이다. 즉, 통일이 되면 당장 막대한 규모의 비용이 소요되는 반면 편익은 훨씬 느린 속도로 나타날 가능성이 높다는 것이다.

최근 현대경제연구원이 발표한 보고서 〈남북통일, 편익이 비용보다 크다〉는 비용과 편익을 함께 고려했다는 점에서 기존 연구들보다 진전된 것이라고 할 수 있다. 이 보고서는 통일비용과 관련해 비용과 편익을 함께 고려한 '통일 순비용(Net Unification Cost)'을 추정하고 있다. 또 목표 소득액과 목표 시점을 3가지로 정해놓고 각각의 경우에 따른 통일비용과 통일편익을 추산하고 있다.

〈자료 1-12〉에 나타난 것처럼 이 보고서는 북한의 1인당 GDP를

〈자료 1-12〉 현대경제연구원의 통일비용/통일편익 추정 결과

목표소득		3,000달러 (10년)	7,000달러 (15년)	1만 달러 (18년)
통일비용(A)		1,570	4,710	7,065
통일편익 (B)	부가가치 유발	836	2,509	3,764
	국방비 절감	1,226	2,623	4,245
	국가위험도 감소 (외채조달비용 절감)	135	230	341
	소계	2,197	5,362	8,350
통일 순편익(B-A)		627	652	1,285

현대경제연구원으로부터 KSERI 작성. 단위는 억 달러.

3,000달러로 끌어올리는 데 10년 동안 1,570억 달러의 비용이 들 것으로 추산하고 있다. 또한 7,000달러에 도달하려면 15년 동안 4,710억 달러가, 1만 달러에 도달하려면 18년 동안 7,065억 달러가 각각 소요될 것으로 추정했다. 이와 함께 통일편익도 추정하고 있는데, 이는 통일에 따른 남한 산업의 부가가치 유발 효과, 국방비 절감액, 그리고 국가위험도 감소에 따른 외채 상환이자 부담 경감액을 추정하여 합산하고 있다. 이로부터 통일 순편익은 10년 동안 627억 달러, 15년 동안 652억 달러, 18년 동안 1,285억 달러에 이르게 된다. 즉, 어떤 경우에도 '플러스(+)'로 나타나는 것이다. 〈자료 1-12〉에 포함된 통일편익 항목에 개성공단 등 북한 인력 고용으로 인한 생산성 증가, 북한 내 관광자원의 활용 및 개발을 통한 관광 수입 증대 효과, 북한 지하자원의 개발을 통한 해외 자원의 수입 대체 효과 등이 포함되지 않은 점을 감안하면, 실제 통일 순편익은 이보다 더 커지리라는 것을 알 수 있다.

이처럼 통일비용에 관한 기존 연구들이 대부분 비용에 초점을 맞춘 데 반해, 현대경제연구원의 연구는 편익에도 주목했다는 점에서 확실히 이전보다 개선된 것이라고 할 수 있다. 그러나 사실 이들은 모두 심각한 문제점을 지니고 있다. 그것은 통일비용을 결정짓는 변수로 통일 이후의 상황만을 고려하고 있다는 점이다. 이 같은 관점에 따르면 통일 이전에 남북관계가 어떤 상황으로 전개되는지와 무관하게 통일비용 및 편익은 결정되어 있을 것이다. 그러나 통일의 비용과 편익은 통일 이전에 남한이 어떤 대북정책을 선택하는가에 따라 크게 달라진다.

간단한 예를 들어보자. 지금과 같이 대북강경책을 통해 남북경협을 중단하면 당장 북한에 들어가는 비용은 대폭 줄어들겠지만, 반대로 통일 이후에 들어가는 비용은 기하급수적으로 늘어날 것이다. 뿐만 아니라 남북한 대치로 인한 안보상황 악화는 추가로 발생하는 비용이라고 할 수 있다. 반대로 대북 협력정책을 통해 북한 주민들에게 식량 및 의료지원을 해주면 당장 들어가는 비용이 많아지게 된다. 그러나 이로 인해 북한 주민들의 건강 상태가 양호해지면 통일 후 북한 주민들을 위해 감당해야 할 의료지출이 대폭 줄어들 것이다. 또한 북한 주민들의 남한에 대한 정서 역시 호의적으로 변할 것이다. 북한 주민들의 대남 정서는 객관적으로 측정하기 어려운 비경제적 요소이지만, 독일 통일 과정에서 나타난 바와 같이 통일 이후 사회통합 과정에서 간과할 수 없는 요소라고 할 수 있다.

결국 이렇게 본다면 지금까지 대부분의 연구들이 통일비용을 통일 이후의 비용으로 국한한 것은 잘못된 것임을 알 수 있다. 통일비용은 현재부터 통일이 이루어지는 시점까지 남한이 어떤 식의 대북정책을 취하느냐에 따라 크게 달라지기 때문이다. 그런데 이는 너무나 당연한 이야기라고 할 수 있다. 통일 이전에 남한이 어떤 대북정책과 전략을 취하느냐에 따라 통일비용은 남한이 북한에게 일방적으로 지원해주어야 하는, 말 그대로 비용이 될 수도 있고, 개성공단 사업과 같이 정부 재정이 아닌 민간 투자 차원에서 남북한 간에 윈–윈 할 수 있는 사업 모델로 나타날 수도 있기 때문이다. 따라서 현재의 대북정책에 관한 고려 없이 통일비용에 관해 말하는 것은 설득력이 떨어지며, 앞서 기존 연구들이 제시한 통일비용 추정치 역시 마찬가지라고 할 수 있다. 통일비용은 남한 대북정책의 함수이며, 남한이 어떤 대북정책을 구사하느냐에 따라 달라지는 것이다. 대북강경정책을 구사했을 때와 대북협력정책을 구사했을 때 발생하게 될 통일비용은 엄청나게 차이가 날 수밖에 없다.

마지막으로 독일 통일 사례에서 얻을 수 있는 교훈을 간단히 살펴보자. 통일 전 서독은 동독에 대규모 경제지원을 해주었다. 동독이 심각한 대외채무 문제를 겪고 있는 상황에서 외국 은행들이 동독의 대외신용도 저하를 이유로 차관 제공을 거부하자 서독이 대규모 차관을 제공해주었으며, 통행 및 통신 부문에서 역시 서독에서 동독으로의 대규모 이전 지출이 있었다. 정세현 전 통일부 장관에 따르면 서독이 동독에 1980년대 10년 동안 지원한 액수는 2,000억 마르크(1,200억 달러)에 달했다고 한다. 물론 서독이 동독에게 아무런 반대급부 없이 경제지원을 해준 것은 아니었다. 동독에 차관을 제공한 대가로 동서독 간 국경선 통행 절차가 개선되었고, 서독 주민들의 동독 체류 허가 기간이 연장되었다. 또한 서독은 동독의 교통시설 건설에 참여해 고속도로와 철도, 운하 건설을 지원했는데, 이와 같은 투자는 단기적으로는 동독의 인프라를 확대시킨 것이었지만 장기적으로는 통일비용을 감소시킨 효과를 가져왔다. 뿐만 아니라 이를 토대로 서독 정부는 동독 주민들의 자유와 인권 신장을 위한 간접적인 노력을 지속적으로 전개했는데, 그 결과 1960년대 초부터 통일 직전까지 3만 명이 넘는 동독 정치범들이 석방되었다. 이 밖에도 서독은 동독에 대한 경제지원을 통해 상당한 정도의 반대급부를 얻어냈으며, 그로 인해 경제적·비경제적인 통일비용을 대폭 줄일 수 있었다.

그러나 서독의 이 같은 준비에도 불구하고 통일 이후 독일은 막대한 규모의 통일비용을 부담해야 했다. 통일 이후 2009년까지 서독에서 동독으로 보낸 이른바 통일비용은 1.3조~1.6조 유로에 달했는데, 이는 연도별로 환산하면 매년 서독(베를린 제외)˙ GDP의 4~5%에 해당하는 액수였다. 통일 당시 서독 정부가 예상했던 수치가 1.5%였던 점을 감안하면 두 배 이상 높은 수준이었다. 그나마 이는 공공 부문의 이전 지출만을 계산한 것으로, 민간 부문까지 합하면 GDP 대비 비율은 보다 높아진다.

이와 함께 많은 문제점들도 나타났다. 통일 직전인 1989년부터 동독 주민들은 헝가리, 체코 등 인접 국가를 통해 서독으로 대거 이주하기 시작했고, 1990년에 통일이 이루어지자 본격적으로 이주하기 시작했다. 이에 따라 1989년과 1990년 두 해에 각각 40만 명에 육박하는 동독 주민들이 서독으로 이주했다. 동독 주민들이 대거 서독 지역으로 이주한 것은 당연히 좋은 일자리와 높은 임소득을 위한 것이었다. 그런데 이와 같은 수치는 1991년부터 크게 줄어들기 시작했다. 급기야 1990년대 중반이 되면 연간 20만 명 아래로 떨어지기도 했다.

이처럼 동독 주민들의 이주가 줄어든 것은 화폐통합과 사회보장제도 통합 등으로 동서독 간의 경제수준 격차가 빠르게 줄어들었기 때문이

˙ 독일 통일 후에는 동서로 양분되어 있던 베를린이 통합되었기 때문에, 통일 이전의 동서독 지역에 정확히 맞는 통계는 존재하지 않는다. 그런데 통일 직전 베를린의 인구를 보면 서베를린이 2/3, 동베를린이 1/3이었다. 즉, 통일 이전 베를린의 경제적인 상황은 서독에 가까웠던 것이다. 이 때문에 통일 이후 베를린 지역은 경제성장률이 다른 동독 지역에 비해 상대적으로 낮게 나타났으며, 따라서 통일 이후 동독 지역의 경제성장은 베를린 지역을 제외하고 살펴볼 필요가 있다.

었다. 문제는 이 과정에서 적지 않은 부작용과 혼란이 나타났다는 점이다. 통일 이후 노동시장뿐 아니라 노사 관련 제도가 통합되면서, 서독 노조들은 동독 노동자들의 이주를 막기 위해 동독의 임금이 대폭 인상돼야 한다고 주장했고 이를 관철시켰다. 화폐통합 역시 같은 맥락이었다. 당시 독일연방은행과 대부분의 경제학자들이 반대했음에도 서독 정부는 동독 주민들의 이주를 억제하기 위해서는 동독 주민들의 생활 수준을 대폭 끌어올릴 필요가 있다고 판단했고, 이에 따라 통일 직전인 1990년 7월 1일에 화폐통합을 실시했다. 이 같은 조치는 동독 주민들의 자산과 소득가치를 단기간에 대폭 끌어올리는 효과를 가져왔으나, 원가상승으로 동독 기업들의 경쟁력이 저하되고 동독 주민들이 동독 제품 대신 서독 제품을 선호하게 되면서 동독 산업이 붕괴되는 결과를 초래했다.

사회보장제도 통합도 문제였다. 동독 주민들 입장에서는 연금이 올라가고 실업보험이 신설되는 혜택이 주어졌지만, 이러한 비용의 대부분을 감당해야 했던 서독 주민들에게는 큰 부담이 되었다. 더군다나 앞서 본 바와 같이 동독의 산업이 붕괴되면서 대량 실업 사태가 발생하자 사회보장지출은 당초 예상보다 훨씬 늘어났다. 이와 관련해 독일 정부는 1991년부터 서독 주민들에게 소득의 7.5%에 달하는 통일세(연대세)를 부과했는데, 통일세는 1993년에 일시적으로 폐지되었다가 1995년부터 5.5%로 낮추어 다시 시행되었다. 통일세로 마련된 재원의 절반은 동독 주민들의 연금이나 실업급여 등 사회보장성 지출에 사용되었다. 이로 인해 통일 이후 독일에서는 베시(wessi)와 오시(ossi)라는 신조어가

등장하기도 했다. 베스트(west, 서쪽)에서 유래된 베시(wessi)는 '거들먹거리는 서독 놈'을, 오스트(ost, 동쪽)에서 유래된 오시(ossi)는 '게으르고 멍청한 동독 놈'을 의미하는 비하적인 표현이다. 통일비용으로 인해 동서독 사람들 사이에 정서적인 갈등이 생긴 것이다.

　이처럼 독일 통일 과정에서는 예상치 못했거나, 예상했다 하더라도 어쩔 수 없이 겪어야 하는 문제들이 나타났다. 그런데 남북한의 통일 과정은 동서독 통일보다 더 어려운 과정을 겪게 될 것이라고 할 수 있다. 독일 통일 당시 동독의 1인당 GDP가 서독의 50% 내외 수준이었고 인구는 서독의 1/4에 지나지 않았던 반면, 현재 북한의 1인당 GDP는 남한의 6% 수준에도 미치지 못하고 인구는 남한의 절반가량이 되기 때문이다. 결국 앞에서 지적한 바와 같이 얼마가 될지 알 수 없는 통일비용을 미리 확정 짓고 통일을 기다리는 것보다는 적절한 대북정책을 통해 통일비용과 통일에 따른 충격을 최소화하고 통일 편익을 극대화할 수 있는 방법을 모색하는 것이 최선이라 할 수 있다.

2

북한 경제,
시장의 딜레마에 빠지다

plea
bargain

경제의 렌즈로 북한 바라보기
:어느 탈북자의 변화

북한 사회의 변화를 극적으로 보여주는 한 여성 탈북자의 경험담을 들여다보자. 이 탈북자의 이름은 송희숙이며, 원래는 북한 체제와 김일성에 대한 철저한 신봉자(true believer)였다.

송희숙은 2차 세계대전이 끝나던 해인 1945년 함경북도 청진에서 태어나 그곳에서 자랐다. 그러나 한국전쟁이 시작되자 그녀가 태어난 곳은 UN군의 주요 공격 목표가 되었다. 공산군의 보급과 통신선로를 끊기 위해 미군 군함과 전투기가 청진을 비롯한 해안도시들에 폭격을 퍼부었다. 어머니는 포탄을 피하기 위해 낮에는 자식들을 데리고 산 위로 올라갔고, 밤에는 다시 마을로 돌아와 이웃들이 집 밖에 파놓은 피신처에서 밤을 보냈다. 가족들은 추위에 떨며 지내야 했다.

어느 날 도심에 심한 폭격이 있어 철로 부품 공장이 파괴되었다. 어머니는 정비공이었던 아버지를 찾기 위해 아이들을 남겨놓고 홀로 나섰다. 그러나 어머니가 가져온 것은 아버지의 사망 소식이었고, 그 소식을 들은 온 가족은 서로 부둥켜안은 채 통곡했다. 이 일은 평생 동안 그녀의 마음속에 깊은 상처로 남게 되었고, 이후 그녀는 투철한 반미주의자가 되었다.

아버지의 죽음으로 인해 그녀는 공산주의자들로부터 신뢰를 얻었고, 그녀의 가족도 '조국해방전쟁의 순교자'라는 칭호를 받았다. 그녀는 얼마 후 조선노동당 관리를 소개받아 결혼을 하게 되었다. 사실 그녀는 조선노동당 관리가 아니면 결혼할 생각조차 하지 않고 있었다. 이 부부는 당의 결정에 따라 좋은 곳에 사는 특권을 갖고 청진에 정착하게 되었다.

청진은 현대적인 평양과는 거리가 있었으나 대규모 관청과 외국어대, 의대, 사범대, 극장, 박물관 등을 갖추고 있어 나름대로 번화한 도시였다. 그녀의 집은 엘리베이터가 없는 8층 아파트의 2층에 위치해 있었다. 그녀는 아파트에 실내 화장실이 있는 것을 보고 상당히 놀랐다. 왜냐하면 당시 보통 사람들에게 실내 화장실은 대단히 현대적인 시설이었기 때문이다. 아파트가 넓지 않아 많은 가구를 놓을 수는 없었지만, 분리된 두 개의 방을 가질 수 있었다. 하나는 그들 부부가, 다른 하나는 아이들이 사용했다. 그녀는 세 명의 딸과 한 명의 아들을 낳았다.

아이 넷을 낳고 집안일까지 해야 했음에도 불구하고, 일주일에 6일을 의류공장에서 사무원으로 일했다. 남성의 20% 정도가 군대에 있었기 때문에 1년 내내 일손이 부족했고, 여성들이 공장을 계속 돌려야 했다. 점심시간을 포함해 매일 8시간씩 일했고, 일과 후에는 공장 강당에서 몇 시간씩 사상교육을 했다. 강연 주제는 미 제국주의에 대한 투쟁, 김일성의 업적 등 다양했다. 집에 돌아오면 보통 밤 10시 반이 되었다. 집안일과 요리를 하고 잠자리에 들었으며, 다시 새벽에 일어나 오전 7시에 집을 나서야 했다. 5시간 이상 자본 적은 거의 없었다.

그녀는 스스로가 말한 것을 그대로 믿는 사람이었다. 수년간의 강연과 자아비판으로 인해, 저항한다는 것은 생각할 수도 없었고 김일성이 말하는 개조된 인간의 틀에 스스로를 맞췄다. 김일성의 목표는 단지 새로운 국가를 세우는 것이 아니었다. 보다 나은 인민들을 만들고 인간의 본성을 개조하는 것이었다.

그녀는 매일 저녁 공장 강당에서 외운 김일성의 가르침을 따라 살려고 애썼다. 그녀의 자녀들도 김일성으로부터 모든 것을 빚지고 있다는 것을 잊어서는 안 되었다. 북한 아이들은 자신의 생일은 그냥 지나가도 김일성과 김정일의 생일인 4월 15일과 2월 16일은 꼭 챙겼다. 이날에는 과자, 젤리, 초콜릿과 같은 특별 선물이 나왔다. 나중에 전력난이 심화되면서 이날은 전기가 들어오는 유일한 날이 되었다.

1990년이 되자 베를린장벽이 무너졌고 사회주의권이 붕괴됐다. 북한 언론들은 공산권 인민들의 나약함을 지적했고, 만약 김일성이 그들을 이끌었다면 사회주의권에서 공산주의가 더욱 번성했을 것이라고 주장했다. 그녀는 뭔가 잘못되고 있다는 것을 느꼈지만 애써 모른 척했다. 그러나 조금씩 문제가 생기기 시작했다. 전구가 몇 초간 깜빡이더니 얼마

안 있어 몇 분, 몇 시간 동안 불이 들어오지 않았다. 심지어 며칠간 꺼져 있기도 했다. 전기는 거의 사용할 수 없었고 수돗물도 잘 나오지 않았다. 가능한 물을 많이 받아놓으려고 했지만 언제나 부족하기만 했다.

1988년 초에 직물 수송이 지연되었을 때 위에서는 함흥에서 문제가 있다고만 할 뿐 명확한 설명은 하지 않았다. 직물이 없으면 유니폼을 만들 수가 없었기 때문에 재봉사들은 바닥과 장비를 닦고 직물을 기다렸다. 공장은 조용해졌다. 공장이 멈추자 공장 관리자들은 조금이라도 이윤을 내기 위해 '특별 계획'이라는 것에 착수했다. 사실 그것은 쓰레기 더미에서 돈이 되거나 음식과 교환할 수 있을 만한 것을 뒤지는 것이었다. 공장 근로자 여성들은 어떤 날은 비료로 사용될 개의 배설물을 수집했고, 다른 날은 고철을 수집했다. 처음에는 재봉사들만 나갔으나, 얼마 안 있어 그녀 역시 다른 여성들과 함께 투입되었다.

공장에서 급여마저 거의 받지 못하게 되자 모든 여성들은 이 일에서 빠져나갈 궁리를 했다. 그러나 감히 일을 그만두지는 못했다. 결근을 하게 되면 배급 쿠폰마저 받을 수 없기 때문이었다. 이유 없이 일주일간 직장에 출근하지 않으면 강제수용소에 보내질 수도 있었다. 그러자 집안에 급한 일이 생겼다며 변명을 지어내거나, 출근할 수 없다는 의사의 처방을 받아오는 사람들이 생겼다. 감독자들도 어차피 할 일이 없었기 때문에 크게 신경 쓰지 않았다. 그러나 그러한 행동이 부당하다고 여겼던 그녀는 그렇게 하지 않았다.

하루는 공장 지배인이 잡담이나 하자며 송희숙과 동료들을 불러내었다. 함흥으로부터 직물이 곧 수송될 것이라고 사람들을 늘 안심시켰던 지배인은 이번에는 상황이 금방 나아질 것 같지 않다고 말했다. 그 지배인 역시 그녀와 마찬가지로 북한 체제에 대한 철저한 신봉자로 그녀가 평소 존경해왔던 사람이었다. 지배인은 함께 모인 사람들에게 가족에게 가져다줄 음식을 마련할 다른 방법을 찾아봐야 할 것이라는 말도 했다. 그녀는 온몸에 소름이 끼치는 것을 느꼈다. 지배인이 말한 다른 방법이란 곧 암시장을 말하는 것이었기 때문이었다.

그녀는 암시장을 지저분한 곳이라고 생각해왔다. 행상인들은 대부분 늙은 여성들이거나 할머니들이었다. 그들은 대부분 웅크리고 앉아 지저분한 야채들을 팔았고, 가격을 흥정하며 소리를 질렀다. 심지어 일부 여성들은 담배를 피우기도 했다. 북한에서 여성 흡연은 금기사항이었다.

북한 사람들은 원래 쇼핑을 하지 않도록 되어 있다. 필요한 모든 것이 '김일성의 자비'라는 이름으로 정부에 의해 공급되었기 때문이다. 북한 사람들은 매년 의복 두 벌을 받게 되어 있다. 새 옷은 주로 김일성의 생일에 직장이나 학교에서 제공되었다. 쇼핑뿐 아니라 사실상 돈도 필요 없었다. 북한에서의 월급은 명목뿐인 것으로 용돈에 가까웠다. 송희숙의 월급은 북한 돈으로 64원, 공식 환율로 28달러였다. 그러나 실제로는 나이론 스웨터 하나 구입하기에도 모자란 액수였다.

그녀는 15일에 한 번씩 배급소에 갔다. 그녀가 배급통장과 소액의 돈, 그리고 공장에서 받은 쿠폰을 건네면, 사무원은 배급량을 계산했다. 그녀와 남편은 매일 700그램, 시어머니는 300그램, 집에 사는 아이들은 각각 400그램씩 받았다. 만약 가족 가운데 여행 중인 사람이 있으면 그만큼 차감되었다.

언제부터인지 배급소에서 식량을 담아주는 가방이 점차 가벼워졌다. 어느 달은 25일치의 식량만 받았고, 10일치만 받았던 달도 있었다. 김일성의 약속에도 불구하고 북한 주민들에게 쌀은 사치품이 되었다. 옥수수와 보리만 나오는 때가 잦았다. 식용유는 간간이 나오다가 아예 나오지 않게 되었다.

송희숙은 가족을 위해 식량을 구할 방법을 찾으려고 노력했다. 그녀가 일하던 의복 공장은 1991년에 완전히 멈추었고, 그녀는 1년 내내 한 푼도 받지 못했다. 배급소에 식량이 없어 무용지물이 된 배급 쿠폰만 받았다. 남편이 한때 초과근무 수당으로 기름, 크래커, 담배 등의 선물을 가져오곤 했으나 그마저 없어졌다. 국영상점의 선반은 텅 비었다.

공장이 문을 닫은 후 그녀는 암시장에서 장을 보는 것에 대한 양심의 가책을 버리기로 했다. 암시장에는 그나마 식량이 있었다. 때때로 쌀도 있었지만 엄두도 못 낼 정도로 비쌌다. 쌀 1kg이 북한 돈으로 25원이었다. 배급소보다 10배 비싼 가격이었다.

이 이야기는 바바라 데믹(Barbara Demick)이라는 로스앤젤레스타임즈 기자가 쓴 《Nothing to Envy》라는 책에 실린 실화이다. 바바라 데믹은 이 책을 쓰기 위해 7년 동안 북한 사람들, 주로 탈북자들과 인터뷰했다.

송희숙 씨의 삶은 북한 사람들이 경험한 북한의 변화와 그에 따른 내면적인 갈등을 압축적으로 보여준다. 전쟁의 경험과 김일성에 대한 존경심으로 북한 체제에 절대적인 믿음을 갖고 있던 사람들이 극심한 경제난을 겪게 되면서 당혹감과 혼란스러움을 느끼게 되는 것을 볼 수 있다. 고된 삶 속에서도 체제에 대한 자부심과 보다 나은 미래에 대한 희망으로 살아왔던 사람들이 그전까지의 믿음을 버리고 자구책을 모색해야 하는 선택의 기로에 놓이게 된 것이다.

자신이 익숙해져 있던 사회질서에 변화가 생기자 사람들은 극심한 혼란에 빠지게 되었다. 기존 질서에 익숙해져 있었거나 그것을 미덕이라고 생각했던 사람들과 빨리 새로운 질서에 적응함으로써 생존할 수 있는 방법을 모색하려 했던 사람들 사이에 갈등이 발생한 것이다. 이 이야기에 등장한 송희숙의 경우는 전자라고 할 수 있다. 안타까운 이야기이지만 1990년대 극심한 식량난을 겪으면서 죽었던 사람들 가운데 상당수는 전자에 해당하는 사람들이었다고 할 수 있다. 예전처럼 국가가 뭔가 해줄 것이라고 기대하면서 자구책을 마련하지 못했던 사람들은 살아남을 수 없었던 반면, 국가의 배급 능력에 대한 기대를 일찌감치 버리고 시장을 통해 어떻게든 생존할 수 있는 방법을 터득한 사람들은 살아남았던 것이다.

송희숙 씨의 이야기는 전기와 물이 나오지 않고 공장이 돌아가지 않으면서 생계에 위협을 느끼게 된 평범한 북한 사람의 이야기 같지만, 북한 내부의 변화와 관련해 두 가지 중요한 점을 보여준다. 하나는 북한 체제와 김일성에 대한 충성심을 갖고 있던 사람들이 '경제적 여건'의 변화로 기존의 사고와 행동양식을 바꾸게 되었다는 점이고, 다른 하나는 생존에 위협을 느끼게 된 사람들에게 '시장'이 유일한 탈출구가 되었다는 점이다. 정상적인 생활이 어려워지고 자신은 물론 가족의 생계마저 위협을 느끼게 되자 사람들은 변화하지 않으면 안 되는 상황으로 내몰리게 되었고, 점점 힘든 상황으로 몰리게 될수록 북한 체제가 그동안 불법적인 영역으로 터부시해온 '시장'에 의존하게 되었다.

이를 통해 북한을 바라보는 데 있어 '경제적인 관점'과 '시장에 대한 이해'가 대단히 중요해졌다는 것을 알 수 있다. 우선 '경제적인 관점'에 관해 살펴보자. 그동안 북한 체제의 특성상 정치나 이데올로기가 북한의 모든 사회 영역을 규정한다고 보는 시각이 지배적이었다. 김정일 정권이 모든 권력을 독점한 채 주민들을 통제하고, 주민들 역시 이에 저항할 수 있는 별다른 수단을 갖고 있지 못한 북한의 현실을 감안하면 이러한 시각은 지극히 자연스러운 것이라고 할 수 있다. 이에 따라 학자들을 포함한 일반인들도 대부분 북한을 정치적이거나 이데올로기적인 관점에서 바라보고 판단해왔다.

그러나 극심한 경제난이 지속되고 북한 체제의 생존을 위협할 정도가 되자 북한 당국도 경제적인 상황과 제약조건을 고려하지 않을 수 없게 되었다. 북한 체제에서 김정일이 아무리 절대적인 권력을 행사한다 하더라도 북한 당국의 명령대로 되지 않는 부분이 생겨나게 되었으며, 주민들의 행동양식에도 일정한 변화가 생기게 된 것이다. 오히려 북한 주민들에 의해 만들어진 경제적인 변화가 북한 당국의 정책에 영향을 미치는 경우도 발생하게 되었다. 작년과 올해 신년공동사설에서 북한 당국이 주민생활과 직결된 경공업을 강조한 것이나 서문에서 소개한 종합시장 폐쇄 조치 철회는 대표적 사례라 할 수 있다.

앞의 이야기에서도 나타난 바와 같이 현재 북한의 변화는 경제→사회→정치의 영역으로 전이되고 있다. 경제적 여건의 변화가 북한 주민들의 행동양식에 변화를 주었고 정치 부문에까지 영향을 미치고 있는 것이다. 따라서 경제에 관한 문제를 빼고서는 북한의 실상을 파악하는 것은 물론, 북한의 변화 역시 설명할 수 없는 상황이 되었다.

다음으로 '시장에 대한 이해'에 관해 살펴보자. 앞의 이야기에서 등장한 '암시장'은 북한 주민들이 식량난을 해결할 수 있는 유일한 탈출구이자 북한 당국이 가장 골머리를 썩이는 부분이다. 북한 당국의 명령이나 정체성에 반하는 요소임에도 통제하지 못하기 때문이다. 북한 당국이 목표로 하는 사회주의 계획경제의 완성을 위해서는 북한 사회 곳곳에 횡행하고 있는 시장을 없애야 하지만, 국가가 물자배급 능력을 상실한 상황에서 주민들의 생존수단인 시장마저 없애버리면 북한 체제와 정권 자체가 흔들릴 것이기 때문에, 암묵적으로 이를 용인할 수밖에 없는 상황이다. 따라서 북한 당국에게 시장이란 암환자가 받는 항암치료와 비슷하다고 할 수 있다. 자신에게 독이 되는 것을 알면서도 생존을 위해 받아들일 수밖에 없는 것이기 때문이다.

북한 경제는 크게 계획 부문과 시장 부문으로 이루어져 있다. 이에 따라 북한 경제 상황을 파악하는 데 중요한 지표인 가격과 환율 역시 각각 두 가지씩 존재한다. 즉, 가격은 국정가격과 시장가격으로, 환율은 국정환율과 시장환율로 나뉘는 것이다. 국정가격과 국정환율은 국가가 관리하는 부분으로 변화가 거의 없는 반면, 시장가격과 시장환율은 시장에서 통용되는 것으로 수요-공급 상황이 그대로 반영된다.

사회주의 계획경제 체제가 정상적으로 작동하는 상황이라면 계획 부문이 현격한 우위를 차지하게 되어 국정가격과 국정환율이 중요한 지표가 될 것이다. 그렇지만 현재 북한의 상황은 정반대라고 할 수 있다. 계획 부문이 유명무실해진 반면, 시장 부문이 훨씬 중요해진 것이다. 따라서 시장가격과 시장환율이 압도적으로 중요해졌다. 뒤에서 자세히 살펴보겠지만, 최근 북한 경제가 겪고 있는 가장 심각한 문제 가운데 하나는 시장 부문에서 발생하고 있는 하이퍼 인플레 현상이다. 이 문제는 북한 체제 유지를 위협할 정도로 심각한 문제이다.

이처럼 북한의 경제상황은 북한 체제의 지속가능성을 좌우할 수 있는 결정적인 변수가 되었다. 최근 북한은 수도 평양시의 절반 이상을 황해북도로 편입시켜 행정구역을 대폭 축소한 것으로 알려졌다. 평양이 북한의 핵심계층이 모여 사는 지역이고, 평양 시민들이 배급 등에 있어서 특별한 대우를 받아왔던 점을 감안하면 북한 당국이 그만큼 경제난에 큰 부담을 느끼고 있다는 것을 알 수 있다. 뿐만 아니라 최근 들어 극심한 식량난에 따른 주민들의 반발이 표면화되었다는 소식도 자주 들리고 있다. 이처럼 북한이 당면한 경제난을 근원적으로 해결할 방안을 마련하지 못하면 체제유지에 상당한 어려움을 겪게 될 것이다.

물론 북한에서 극심한 경제난이 지속되고 주민들의 불만이 커졌다고 해서 북한 체제가 당장 무너지리라고 보기는 어렵다. 시장의 확산 역시 북한 당국이 오히려 이를 양성화하는 대신 세금을 거둬 재정에 충당하는 형태로 이용하는 모습을 보이고 있어 체제붕괴 요인으로만 보기에는 어려운 면이 있다. 그럼에도 불구하고 계획과 시장의 이른바 '불안정한 동거 상태'는 장기간 지속되기 어렵다는 한계를 지니고 있다.

마지막으로 북한을 바라보는 데 있어 경제적 관점이 중요한 이유는 한반도 통일에 있어서도 경제가 매우 중요한 문제이기 때문이다. 대한민국 구성원으로서 통일의 당위성을 부정하는 사람은 거의 없을 것이다. 그러나 지금과 같은 상황에서 진행되는 통일은 남북한 모두에게 재앙이 될 가능성이 높다. 이는 과거 독일 통일의 경우와 비교해봐도 쉽게 알 수 있다. 앞에서 언급한 바와 같이, 독일 통일 당시 동독의 1인당 GDP는 서독의 50% 내외 수준이었음에도 서독은 원래 예상했던 것보다 훨씬 큰 규모의 통일비용을 장기간 부담했다. 당시 동독 인구는 서독 인구의 1/4에 지나지 않았다. 반면 북한의 1인당 GDP는 남한의 6% 수준에도 미치지 못하지만, 북한의 인구는 남한 인구의 1/2이나 된다. 한마디로 서독에 비해 훨씬 열악한 상황에서 통일을 맞게 되는 것이다.

한국에서 이미 저출산·고령화 문제가 표면화되어 향후 복지비용이 급격히 늘어날 것으로 예상되고, 공공 부문의 재정적자가 위험 수준임을 감안하면 한국이 독일보다 통일에 잘 대처할 수 있으리라고 보는 것은 지나친 낙관론이라 할 수 있다. 북한의 극심한 경제난이 전적으로 북한 당국의 정책적 무능함에 의한 것이라 할 수 있음에도 불구하고 남한이 한반도 상황을 관리해야 하는 이유인 것이다.

결국 북한의 변화 여부를 살펴보기 위해서는 경제를 통해, 변화의 내용을 구체적으로 확인하기 위해서는 시장을 통해 북한을 바라볼 필요가 있다는 것을 알 수 있다. 북한 주민들에 의해 자생적인 동력을 갖고 진행되는 시장화 움직임이 북한 당국의 변화를 유도하는 모습이 나타나고 있으며, 심지어 북한 당국이 이러한 움직임에 적응하는 모습도 나타났기 때문이다.

북한 경제 실패의
3가지 원인

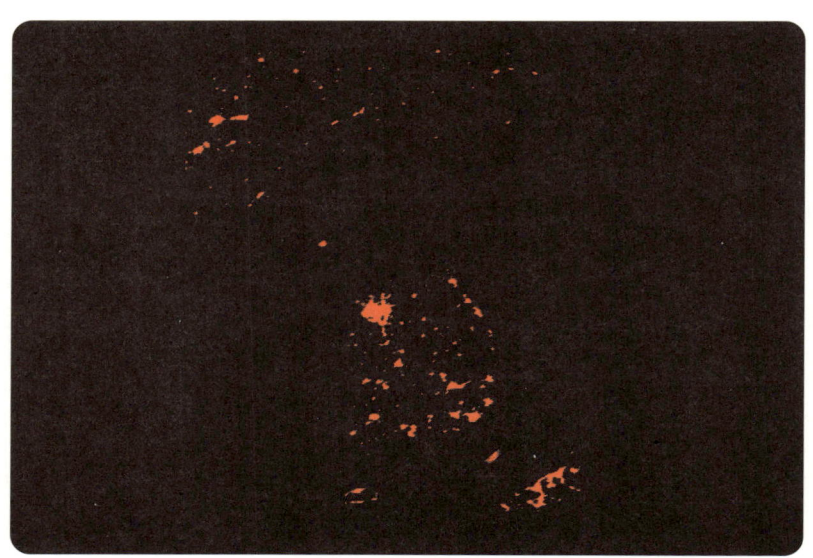

앞의 사진은 미항공우주국(NASA)에서 위성으로 찍은
한반도의 밤 풍경이다. 검은색 바탕에 밝은색 점들로만 이루어진 사진
이다. 처음 본 사람이라면 윤곽을 구분하기가 쉽지 않을 것이다.이 사
진만큼 한반도의 상황을 극명하게 보여주는 것도 드물 것이다. 남북한
의 대조적인 전력 사정과 경제상황을 그대로 보여준다. 불빛이 밝은 남
한 지역은 밤인데도 불구하고 국토의 윤곽을 비교적 선명하게 알아볼
수 있는 반면, 북한 지역은 육지와 바다를 분간하기 어려울 정도로 어
두운 모습을 보이고 있다. 가장 밝은 평양을 비롯해 불빛을 볼 수 있는
곳이 손에 꼽힐 정도이다. 실제로 북한은 현재 극심한 전력난을 겪고
있으며 이로 인해 최근 김책제철소의 전력 공급이 중단되어 쇳물이 굳
어버리는 일이 발생하기도 했다.

위 사진으로부터 알 수 있듯이 북한 경제는 현재 심각한 상황에 빠져
있다. 전력난과 자재 공급 부족 등으로 인해 공장 가동률은 최저 수준
으로 떨어졌고, 정상적으로 가동되는 산업 부문 역시 거의 찾아보기 힘
든 상황이다. 북한 경제가 왜 이렇게 되었을까?

물론 현재의 관점에서 생각하면 북한의 경제난은 당연한 것처럼 여
겨질 수도 있다. 그러나 1960~70년대만 해도 북한이 남한보다 경제적
으로 앞서 있었다는 점, 지금도 북한의 광물자원이 남한에 비해 30배
가량 많다는 점 등을 감안하면 북한 경제의 침체 원인에 의문이 생기기
도 한다. 사실 이러한 북한 경제 실패의 원일을 알아야, 최근 화폐개혁
과 같이 북한 당국이 취한 정책이 어떤 의미를 지니고 북한의 체제 안
정성에 어떤 영향을 미칠 수 있는지를 파악할 수 있다. 그리고 남한 정

부가 어떤 방향으로 북한의 변화를 유도해야 하는지에 관한 시사점도 얻을 수 있다.

북한 경제가 겪고 있는 어려움은 크게 두 가지의 역설로 정리할 수 있다. 하나는 경제성장 속도를 가속화시킬수록 경제성장 잠재력이 저하된다는 점이고, 다른 하나는 계획경제의 정상적인 운영을 추구할수록 시장화가 진행된다는 점이다.

북한 당국의 입장에서는 답답함을 느낄 수밖에 없는 상황이라 할 수 있다. 지표상으로나 실질적으로 보다 진전된 상황을 만들기 위해 경제성장률을 높여보려는 시도를 하지만 단기적인 성과도 좀처럼 나타나지 않을뿐더러 얼마 가지 않아 경제상황이 더 악화되기 때문이다. 또한 북한 당국이 목표로 삼고 있는 사회주의 계획경제를 완성하기 위해 계획부문을 정상화시키려 할수록 오히려 전체 경제가 시장 부문에 잠식되는 현상이 발생한다. 체제를 유지하기 위해 반드시 이루어야 하는 목표를 추구하면 할수록 의도와 반대되는 현상들이 계속 발생하는 것이다. 이는 사회주의 경제체제의 내재적인 모순과 북한 당국의 정책적 무능함이 복합적으로 작용한 결과라 할 수 있다. 따라서 여기에서는 북한 경제체제의 핵심적인 문제점을 구조적인 측면에서 살펴보고자 한다.

❶ 중공업 우선 정책

북한은 소련과 마찬가지로 '중공업 우선주의 노선'을 경제발전 전략으로 채택해왔다. 여기에서 소련의 경우를 잠시 살펴볼 필요가 있다. 북한을 포함한 대부분의 사회주의 국가들이 소련의 경험을 답습했기 때문이다.

제1차 세계대전이 끝난 후 소련 경제가 엄청난 곤경에 빠지게 되자 소련 내에서는 경제발전 전략에 관한 다양한 논쟁이 나타나게 되었다. 이들을 단순화하면 프레오브라젠스키(E. A. Preobrazhensky)와 부하린 (Nikolai Bukharin) 간의 논쟁으로 정리할 수 있다.

프레오브라젠스키는 소련 경제를 발전시키기 위해 제조업 부문 투자를 늘려야 한다고 주장했다. 당시 소련 경제에서 절대적인 부분을 차지하고 있던 농업 부문이 잉여 생산물을 사실상 거의 모두 소유하고 있었기 때문에 투자를 늘리기 어려우며, 따라서 농촌의 사유재산과 시장을 폐지해야 한다는 것이었다. 이는 농업 부문의 잉여 생산물을 쥐어짜내 제조업 부문에 투자해야 한다는 것을 의미했다.

이에 대해 부하린은 프레오브라젠스키의 주장이 황금알을 낳는 거위를 죽이는 결과를 초래할 것이라고 반박했다. 그는 농촌 지역에서 토지와 가축에 대한 사유재산을 인정하는 것이 공산주의의 기본 취지에는 어긋나지만, 일방적인 공업 중시 투자정책이 경제 부문 간의 연관효과를 파괴할 것이라고 주장했다. 프레오브라젠스키의 주장이 급진적인 불균형 성장을 표방한 것이었다면, 부하린의 주장은 점진적이고 균형적인 성장을 표방한 것이었다고 할 수 있다.

이와 같은 정책의 대립 구도에서 스탈린은 급진적인 불균형 성장을 선택했다. 부농의 토지를 몰수하고, '농업 집단화'를 통해 농촌 지역을 국가의 통제하에 귀속시켰다. 그러나 이와 함께 제조업 부문 노동자들에게 생계비 이하의 임금을 지급함으로써 도시 여성들까지 공장에서 일하도록 만들었다. 급진적인 불균형 성장을 택했으나 프레오브라젠스키의 주장을 그대로 받아들인 것도 아니었던 것이다.

이 같은 스탈린의 정책은 소련의 제조업 기반이 신속하게 성장하는데 기여했다. 그러나 동시에 엄청난 부작용을 낳았다. 예컨대 자기 가축이 몰수당할 것을 우려한 농민들이 미리 가축을 도축해버리고 농업 집단화에 저항하던 수백만 명의 농민들이 노동수용소에 끌려가는 등의 상황이 발생하면서 농업 부문이 와해되어버렸다. 이는 심각한 기근으로 이어졌고 결국 수백만 명이 사망하는 결과를 초래했다.

북한의 김일성 역시 스탈린과 마찬가지로 중공업 우선주의 노선을 선택했다. 김일성은 중공업 우선주의 노선을 강하게 추진했을 뿐 아니라, 심지어 스탈린이 사망한 이후 소련에서 스탈린 격하운동이 일어났을 때에도 오히려 소련 내에서 벌어지고 있었던 움직임을 비판하면서 중공업 우선주의 정책을 계속 지지했다.

사실 북한 내에서도 중공업 우선주의 노선의 채택과 관련해 상당한 갈등이 있었다. 경제발전 전략에 관한 입장은 결국 한정된 재원을 어디에 우선적으로 투입할 것인가에 관한 문제였기 때문에, 인민생활 개선을 위해 경공업을 먼저 발전시켜야 한다고 생각했던 사람들이 김일성에 반기를 든 것이었다. 이러한 갈등은 1956년 8월 종파사건을 계기로 폭발하게 되었다. 흔히 이 사건은 김일성 개인숭배 비판을 둘러싼 권력투쟁의 일환으로 알려져 있지만, 그 배경에는 이와 같은 경제적 노선을 둘러싼 갈등이 있었다.

결과적으로 김일성은 이러한 도전들을 막아냈고 중공업 우선주의 정책을 관철시켰다. 전체 공업 부문 투자액에서 중공업 투자는 1954년에 이미 81%를 차지하고 있었지만, 해가 갈수록 증가하여 1970년에는 무려 88.8%에 달하게 되었다. 반면 경공업 투자의 비중은 같은 기간 동안 19%에서 11.2%로 떨어져 중공업 부문에 대한 일방적인 쏠림 현상이 심화되었다.

앞서 소련의 경우와 마찬가지로 이와 같은 급진적 발전 전략은 단기적으로 상당한 성과를 낳았다. 예컨대 제1차 5개년 계획 기간이었던 1950년대 말 북한의 공업생산 증가율은 무려 40%를 넘는 경이적인 수치를 기록했다. 한국전쟁 등으로 인해 기본적인 공업 기반이 낮은 수준에 있었기 때문에 상대적으로 높은 수치가 나올 수 있었다 하더라도 같은 시기 체코, 동독, 폴란드 등과 같은 동유럽 상호원조회의 국가(CMEA)들의 성장률이 10% 미만이었던 점을 감안하면 월등히 높은 수치였다.

그러나 시간이 지나면서 점차 부작용들이 나타나기 시작했다. 우선 산업 부문 간 불균형과 거시경제의 왜곡이 일어나면서 1960년대에 20~30%에 달했던 경제성장률이 1970년대 중반부터 5% 미만으로 급감하기 시작했다. 불균형 성장 정책의 원래 목표는 중공업 부문의 우선적 성장을 통해 다른 부문도 함께 성장하도록 하는 것이었지만, 실제로는 그러한 효과가 발생하지 않으면서 북한 경제의 잠재성장력 역시 심각하게 훼손되었다. 북한이 이러한 문제점을 해결하지 못한 채 중공업 우선 정책을 지속한 것은 단기적인 성과는 가능하게 했을지 몰라도 장기적으로는 경제가 침체를 거듭하게 된 구조적 원인이 되었다.

또한 중공업 부문에 국가 재원의 대부분을 쏟아 넣는 것은 생활수준을 희생시키는 것이었기 때문에 격렬한 당내 갈등과 주민들의 불만을 불러일으켰다. 북한 당국은 이를 통제하기 위한 국가기구를 강화하게 되었다. 급진적 불균형 성장 정책이 가져온 일종의 비용인 셈이었다. 이러한 부작용은 경제성과가 부진하고 주민들의 생활수준이 하락할수록 커지게 되었다.

이와 함께 중공업 우선의 불균형 발전 전략이 가져온 보다 근본적인 문제가 있었다. 일반적으로 중공업 부문에 자본을 우선적으로 투입한 사회주의 국가는 식량 및 소비재 부족 현상에 직면하게 된다. 이것이 인민생활과 직결된 중요한 문제임에도 불구하고 사회주의 국가는 발전 전략을 수정해 문제를 근원적으로 해결하는 것이 아니라 일종의 편법을 사용하게 된다. 계획경제 범주 바깥에 제한적으로 사적 생산을 허용하여 인민들이 자급자족할 수 있도록 하는 것이다. 그런데 인민들의 사적 생산은 필연적으로 초보적인 시장의 형성으로 이어지게 된다. 즉, 사회주의 체제임에도 시장을 간접적으로 허용할 수밖에 없는 상황이 되는 것이다. 북한 역시 마찬가지였다. 외연적인 경제성장에 치중하고 주민들의 생활수준이 낮아질수록 시장에 대한 의존도는 커졌으며, 이는 북한 당국을 계속해서 괴롭히는 아킬레스건이 되었다.

이러한 문제점들이 나타났음에도 불구하고 북한이 계속해서 중공업 우선주의 노선을 지속하고 있는 가장 큰 이유는 군사적인 측면이라 할 수 있다. 군수산업을 발전시키기 위해서는 중공업 발전이 필수적이었던 것이다. 결국 경제정책을 정치 · 군사적인 목적에 종속시킨 것은 북한 경제가 저효율과 저성장의 늪에서 헤어나오지 못하게 한 주요한 원인이 되었다.

❷ 계획의 무계획성

사회주의 계획경제의 가장 근본적인 문제점은 '계획의 무계획성'이라 할 수 있다. 이론적으로는 중앙이 각 부문을 조정하는 데 필요한 모든 정보를 갖고 하부단위에 계획을 하달해야 하지만 현실적으로 이를 실행하는 것은 불가능한 것이다. 이에 대해 우크라이나의 한 수학자는 우크라이나의 연간계획을 완벽하게 수립하려면 전 세계 인구를 모두 동원해도 천만 년이 걸릴 것이라는 주장을 내놓기도 했다.

특히 중앙과 하부단위 사이에 정보가 전달되는 과정에서 다양한 방식의 왜곡이 발생한다. 예컨대 중앙에서 하부단위에게 모든 생산품에 대한 구체적인 계획을 하달해야 하는데, 현실적인 계산 능력의 한계로 인해 그렇게 할 수 없기 때문에 현물 지표 대신 현금 지표를 제시하게 된다. 원칙적으로는 어떤 규격과 강도의 제품들을 만들어야 하는지 일일이 지정해주어야 하지만 셀 수 없이 많은 수의 제품 및 그 제품에 들어가는 부품 하나하나에 대한 생산량을 모두 제시하는 것이 현실적으로 불가능하기 때문에 금액을 기준으로 지표를 제시하는 것이다. 이렇게 되면 하부단위 공장에서는 점차 시간과 비용이 많이 드는 품목은 적게, 쉬운 품목은 많이 생산하여 어떻게든 금액을 맞추려는 데에만 급급하게 된다. 당연히 생산된 제품의 질도 떨어지게 된다.

이러한 현상이 어떻게 나타나는지를 보기 위해 북한의 제1차 5개년 계획 기간에 발생했던 실제 사례를 잠시 들여다보자. 앞에서 언급한 바와 같이 제1차 5개년 계획은 북한에서 실시된 경제계획 가운데에서도 가장 성공적인 사례로 알려져 있다. 원래 책정되었던 공업 연평균 성장률 목표인 22%도 상당히 높은 수치였지만, 1957~1959년의 3년간 실제로 달성된 성적은 각각 44%, 42%, 53%로 계획보다 두 배 이상 높게 나타났으며, 이로 인해 계획 기간 역시 3년으로 단축되었다. 놀랄 만한 성과라고 하지 않을 수 없다.

그러나 제1차 5개년 계획의 내막을 들여다보면 계획의 성공이 장기적으로는 오히려 북한 경제에 걸림돌로 작용하게 되었다는 것을 알 수 있다. 이와 같은 역설은 앞에서 언급한 북한 당국의 현실적인 계산 능력의 한계와 정보왜곡 현상 때문에 발생한 것이었다.

북한 문헌에 기록되어 있는 실제 사례를 들어보자. 1958년 금속공업성 산하 일부 금속 공장들은 적지 않은 품종의 공급계획을 달성하지 못했을 뿐 아니라 규격도 지키지 않았다. 환강(자른 면이 둥근 강철 막대기)의 전체적인 공급률은 89%였으나, 절실히 요구되었던 소형 환강(6~8mm)은 겨우 62.8%밖에 공급하지 못했다. 그런가 하면 산형강 공급은 127%로 초과달성되었고, 공형강과 구형강 공급은 미달되었다.

이렇게 되면 심각한 문제가 발생한다. 예를 들어 어떤 공장이 A라는 제품을 완성하는 데 50가지의 원자재와 부품이 들어간다고 가정해보자. 각각의 구성품은 국가계획에 따라 다른 공장들로부터 공급받기로 되어 있다. 그런데 이 중 30가지는 계획의 100%를, 15가지는 80%를, 5가지는 30%를 공급받았다면 A제품은 계획의 몇 %가 완성될까? 당연히 30%밖에 완성될 수 없을 것이다. 자본주의 시장경제체제에서는 원자재나 부품이 부족해지면 시장을 통해 다른 경로로 구하면 되지만, 사회주의 계획경제에서는 특정 원자재나 부품을 공급받을 수 있는 경로가 정해져 있어 달리 구할 방법이 없기 때문이다. 결국 생산하기 어렵고 까다로운 원자재나 부품이 얼마나 공급되느냐에 따라 최종 완제품의 생산량이 결정된다고 할 수 있다. 여기에서 한 가지 중요한 문제가 더 발생하게 된다. 그것은 완성품 조합을 만들어내지 못한 원자재와 부품들은 쓸모가 없어져 사장된다는 것이다. 즉 엄청난 자재 낭비가 발생하게 되는 것이다.

앞의 사례에서 반드시 필요했던 소형환강이 62.8%밖에 공급되지 못했다는 것은 이 제품이 반드시 필요했던 완제품 역시 계획의 62.8%밖에 생산되지 못했다는 것을 의미한다. 물론 다른 원자재들이 정상적으로 공급되었다는 전제하에 그렇다. 이와 함께 26%나 초과 공급된 산형강의 경우 심각한 낭비가 발생했음을 알 수 있다.

북한 당국도 이러한 문제를 알고 있었다. 당시 북한 자료들을 보면 이러한 행위를 '극단의 불순한 범죄적 행위'로 규정해 강력히 대처하고자 했던 것을 볼 수 있다. 그러나 계획경제의 구조적인 모순으로 인해 북한 당국이 명시적이고 구체적인 계획을 할 수 없었고, 관리자들은 현상유지에 급급했으며, 노동자들 역시 가능한 노동 부담을 줄이고자 하는 상황이었다. 당국이 강압적인 방법을 사용한다고 해도 해결할 수 있는 문제가 아니었다.

이러한 문제는 한 가지 예에 불과했다. 북한 당국이 1959년에 발기한

'공작기계 새끼치기 운동' 역시 심각한 부작용을 초래했다. 이 운동은 쉽게 말해 공작기계의 보유 대수를 1년 내에 배로 늘리자는 운동이었는데, 이로 인해 단기간 내에 엄청난 숫자의 공작기계를 추가로 생산할 수 있었다. 그러나 질적인 면에서 문제점이 나타났다. 속도에 초점을 맞추다 보니 정작 기준에 부합하는 정밀도를 갖춘 공작기계는 많지 않았던 것이다.

보다 심각한 문제는 불량 공작기계로 만들어진 부품들이 다른 생산 수단 또는 제품에 투입되어 또 다른 불량품을 만들어냈다는 것이었다. 이는 잦은 고장을 발생시키고, 유지·보수에 따른 비용을 증가시키는 등 갖가지 부작용을 낳았다.

❸ 연성예산제약과 재정 적자

사회주의 계획경제가 갖는 또 하나의 중요한 문제는 헝가리 출신의 경제학자인 야노스 코르나이가 소개한 개념인 '연성예산제약(Soft-Budget-Constraint)'으로 인해 나타나는 현상이다. 다소 생소한 용어 같지만 사실 간단한 개념이다.

자본주의 경제체제에서는 기업이 예산 범위를 초과해 지출을 계속할 수 없다. 지출이 예산을 초과하게 되면 차입 등 외부로부터 자금을 조달해야 하는데 이 경우 상환의 의무를 지게 되고, 만약 상환 의무를 이행하지 않을 경우 기업은 파산하게 된다. 이것이 '경성예산제약(Hard-Budget-Constraint)'이다.

반면 북한과 같은 사회주의 체제의 경우 기업의 지출이 예산을 초과

해도 파산하지 않는다. 국가의 보조금을 통해 계속 생존할 수 있기 때문이다. 이 경우 예산제약은 사실상 예산제약이라 할 수 없으며 이를 '연성예산제약'이라고 한다.

예산제약의 성격에 따라 기업이 행동하는 방식도 달라진다. 전자의 경우 기업은 파산하지 않고 이윤을 극대화하기 위해 신제품을 개발해 수입을 늘리거나, 생산단가를 낮추고 지출을 줄이는 등 경영 효율성을 높이기 위한 노력을 하게 된다. 이를 위해 예산이 허용하는 수준에서 노동력과 자재를 보유하려고 하게 된다.

그러나 후자의 경우 기업의 생존 및 성장은 중앙으로부터 자재와 노동력, 그리고 재정적 보조금을 얼마나 확보하느냐에 달려 있다. 또한 기업의 계획 수치는 항상 이전에 달성된 것보다 높은 수준으로 제시되기 때문에, 기업은 계획의 증가분을 가급적 최소화하려고 하는 한편 노동력과 자재 신청은 최대화하려는 경향을 보이게 된다. 자원을 최대한 보유함으로써 생산활동을 쉽게 하려는 것이다.

이러한 경향은 여러 가지 문제점을 낳게 된다. 우선 기업 책임자에게 우선순위는 효율성을 높이는 것이 아니라 생산량 목표를 완수하는 것이기 때문에 심각한 자원 낭비가 발생한다. 또한 기업에서 노동력과 자재 등 자원을 은밀히 과잉 비축하려고 하기 때문에 계획을 위한 정확한 계산이 불가능해질 뿐 아니라 기업들이 만성적인 자재 부족을 겪게 된다. 국가 전체적으로 자재가 충분히 공급되었더라도 개별 기업들은 자재 부족 현상을 겪게 되는 것이다. 이에 따라 북한 내에서는 기업들 간에 부족한 자재를 확보하기 위한 물물교환 방식의 뒷거래가 존재해왔다.

이러한 상황에서 경제위기가 오면 문제는 보다 심각해진다. 사회주의 체제에서 경제위기는 곧 재정위기로 이어지기 때문에, 재정위기가 심화되면 국가는 재정개혁을 시도하게 된다. 즉, 국영기업과 주민에 대한 지원 등 세출을 줄이는 대신 더 많은 세금을 거두어들여 세입을 늘리고자 하게 되는 것이다. 이에 따라 현물 지표보다 현금 지표를 보다 더 중요시하게 되고 현금 지표를 충족시킬 수 있도록 기업에게 상당한 자율성을 허용하게 된다.

경제난이 심화되어 국가 재정위기가 자재 공급 시스템 붕괴로 이어지면 앞서 언급한 물물교환 방식의 자재 뒷거래는 현금을 매개로 한 생산재 시장으로 발전하게 된다. 중앙에서 자재가 공급되지 않는 상황에서 하달된 지표를 충족시키려다 보니 어떻게든 자체적으로 자재를 구해야 하기 때문이다. 그리고 시장에서 유통되는 자재의 가격이 국정 유통망에서 거래되는 가격보다 높기 때문에 자재는 시장으로 몰리게 된다. 기업들 입장에서는 자재를 시장에서 구할 수 있을 뿐 아니라, 초과 보유하고 있는 자재를 시장에서 보다 비싼 가격에 팔 수 있으므로 국정 유통망은 점점 축소되고 시장은 점점 확대된다.

역설적인 것은 기업들의 이와 같은 시장친화적인 행동들이 북한의 체제유지에 도움을 준다는 점이다. 사회주의 체제가 정상적으로 유지되기 위해서는 국가의 재정 능력이 필수적이고, 국가 재정 능력을 확보하기 위해서는 주요 재정 수입원인 국영기업 순소득을 정상화해야 하는데, 국가가 자재나 현금과 같은 자원을 공급해주지 못하는 상황에서 국영기업이 현금 지표를 채울 수 있는 유일한 방법은 시장밖에 없기 때문이다.

주민들의 생활 역시 문제가 된다. 가뜩이나 궁핍한 생활을 하던 주민들은 경제위기로 국가로부터의 배급이 단절되면 당장 살길이 막막해지게 된다. 국가가 담당했던 식량 및 생필품 공급이 중단되고 공장 가동이 중단됨에 따라 월급마저 나오지 않게 되면, 생존을 위해 필사적으로 방법을 모색하게 되며 이 경우에도 시장은 유일한 탈출구가 된다. 북한 당국으로서도 시장을 용인할 수밖에 없게 되는 것이다. 국가가 아무것도 해주지 못하는 상황에서 그나마 시장으로 인해 체제의 한 축이 유지되고 있으니 북한 당국으로서는 혼란스러운 눈으로 시장을 지켜볼 수밖에 없다.

일단 체제 내에서 시장이 자리를 잡게 되면 시간이 지날수록 시장의 힘은 커질 수밖에 없다. 북한 당국이 가장 두려워하는 것도 이러한 현상이라고 할 수 있다. 체제유지에 도움을 주고 북한 당국의 기득권에 위협이 되지 않을 정도로만 시장을 유지하고자 하지만, 시장은 마치 살아 있는 생물처럼 자가발전 하면서 세력을 확장해간다. 심지어 당의 간부들마저 시장과 관련된 이권에 관여하게 되어 이해 당사자의 일부가 된다.

상황이 이렇게 되면 북한 당국은 점점 커지는 시장 세력을 억누르기 위해 강압적인 조치를 취하게 된다. 문제는 강압적인 조치가 일시적인 억제책은 될 수 있으나, 주민들의 아사와 공장 가동 중단을 막을 수 있는 근원적인 해법은 절대 될 수 없다는 점이다. 따라서 북한 당국은 팽창하는 시장을 다루기 위한 여러 가지 방안을 모색하게 된다. 여기에서 주목할 만한 점은 북한 당국이 시장을 무조건 억압하려고만 한 것이 아니라 경우에 따라서 시장에 적응하는 모습을 보이기도 했다는 것이다.

　지금까지 북한 경제의 특징들을 간단히 살펴보았다. 북한 경제의 단면을 다소 일반적이고 추상적으로 설명한 것이긴 하지만, 이를 통해 왜 북한 당국이 경제성장 속도를 가속화시키고자 할수록 성장 잠재력이 저하되고, 계획경제를 정상적으로 운영하고자 할수록 시장화가 진행되는 역설적인 현상이 발생하는지를 충분히 이해할 수 있을 것이다. 지금부터는 이와 같은 현상이 두드러지기 시작한 1990년대 이후의 북한 경제를 본격적으로 살펴보고자 한다

美 NOAA 야간 위성사진으로 분석한 북한의 경제상황

앞에서 NASA가 찍은 한반도의 밤 풍경 사진을 소개했는데, 이와 관련해 흥미로운 기사가 있어 소개하고자 한다. 최근 북한이 세계 각국에 식량 원조를 요청하면서 북한의 식량 사정에 관한 많은 논란이 있었다. 식량 사정이 정말로 나쁜 것인지, 식량이 있음에도 불구하고 2012년 '강성대국의 해'를 준비하기 위해 북한 당국이 일부러 주민들에게 내놓지 않고 있는 것인지에 관한 논란이었다. 뿐만 아니라 북한의 실제상황이 어느 정도인가에 관한 논란도 있었다. 문제는 북한이 워낙 외부로부터 고립된 체제이다 보니, 실증적으로 확인할 방법이 마땅치 않다는 것이다. 물론 과거에 비해 북한의 내부상황을 파악할 수 있는 방법론이 많이 정교해졌지만, 여전히 많은 의문점들이 남아 있는 것이 사실이다.

이와 관련해 미국 해양대기청(NOAA)은 색다른 방법을 제시하고 있다. 최근 《신동아》는 NOAA와의 인터뷰를 통해 이 조사결과를 기사화했다. 2011년 4월 25일자로 실린 '美 NOAA 야간 위성사진으로 분석한 북한의 경제상황'이라는 기사가 그것이다. 다음은 기사의 일부를 정리한 것이다.

미국 해양대기청(NOAA) 산하 지구물리자료센터는 1992년부터 최근까지 매일 저녁 8시30분부터 10시 사이에 북한을 촬영했다. 도널드 럼스펠드 전 미 국방장관이 집무실 벽에 붙여놓았다고 해서 유명해진 이들 사진은, 총 다섯 개의 미국 기상관측위성이 매일 지구 주위를 돌며 촬영한 것 가운데 구름 등의 방해물이 없는 것만 모아놓은 방대한 분량의 자료이다. NOAA는 매년 이렇게 축적된 수백 장의 야간 사진 속 불빛의 개수를 추출해 연 단위로 합성한 뒤, 이를 세계 전체 지도의 형태로 공개하고 있다.

이렇게 만들어진 불빛 개수 데이터는 각국의 경제상황을 매우 정확하게 보여준다는 것이 그간 미국 측 전문가들의 연구 결과이다. 즉 NOAA의 위성사진 합성본에 나타난 나라별 불빛 개수 증감이 해당 국가의 GDP 추이와 딱 맞아떨어진다는 것이다. 연구진들은 이러한 방법을 통해 통계가 부실하거나 제대로 축적되지 않은 제3세계 국가들의 경제상황을 확인할 수 있다고 설명한다. 뿐만 아니라 이러한 접근 방식은 군사경제나 지하경제 등 통계에 잡히지 않는 부분까지 포착한다. 쉽게 말해 직접 들어갈 수 없는 나라의 경제 형편을 우주 밖에서 들여다볼 수 있다는 것이다.

NOAA 측이 제공한 자료는 1992년부터 2009년까지 일기가 좋지 않아 불빛을 확인할 수 없는 경우를 뺀 200~300장의 사진을 합성해 연도별로 정리해놓은 데이터이다. 한 해에 두 개 이상의 위성이 촬영을 진행한 경우에는 평균치를 적용하고, 달이나 별이 호수나 강에 반사돼 촬영된 경우는 디지털 작업으로 제외하는 등 매우 정교한 과정을 거친 결과물이다. 이렇게 만들어진 합성본에서 반복적으로 나타나는 불빛 픽셀의 숫자를 확인한 뒤 여기에 63단계의 밝기별 가중치를 곱한 다음, 이를 모두 합하면 북한 영토 안에서 인공조명의 숫자가 매년 어떻게 증감하는지를 확인할 수 있게 된다. NOAA 측이 SOL(Sum of Lights)이라고 부르는 이 수치가 북한 경제의 실상을 엿볼 수 있게 해주는 수단이 되는 것이다.

이렇게 추출된 북한의 SOL을 살펴보면 가장 먼저 눈에 띄는 특징은 일단 그 숫자가 매우 적다는 점이다. 3만~5만대에 불과한 수치는 170만~270만에 달하는 남한 SOL의 2% 내외에 불과하다. 육안으로 비교해보면 남한이 온통 빛으로 뒤덮여 있는데 비해 북한은 몇몇 대도시를 빼고는 밝은 픽셀을 찾기가 쉽지 않다.

북한 측 수치를 시기순으로 늘어놓고 살펴보면 SOL의 변동 폭이 매우 심하다는 점을 알 수 있다. 총 18년 치 데이터 가운데 최저치가 최고치의 60%에 불과할 정도로 편차가 크고, 그나마 일관된 상승 혹은 하락세가 아니라 엎치락뒤치락을 반복하는 형태이다. 사회주의권 붕괴 이후 최근까지 북한의 불안정한 경제상황을 반영하는 것으로 보이는 이러한 급등락은 다른 나라의 SOL 데이터에서는 유사한 사례를 찾기 쉽지 않을 정도로 특이한 패턴이다. NOAA의 크리스토퍼 엘빗지 박사는 "케냐, 방글라데시, 미얀마, 브룬디 정도만이 북한처럼 극심한 변화를 보인다"고 말했다.

한 가지 짚고 넘어가야 할 점은 한국은행이 매년 발표하는 북한의 경제총량 추정치 통계가 야간 위성사진을 통해 도출된 경제상황 변화와 차이를 보인다는 것이다. 예를 들어 북한의 SOL이 급감한 2008년의 경우, 한은은 북한의 국내총생산(GDP)이 2007년에 비해 3.1% 증가했다고 밝힌 바 있다. 1990년대 후반의 극심한 경제난과 2000년대 중반의 꾸준한 성장, 2008년 이후의 상황 악화 등 큰 틀의 흐름은 일정부분 맞아떨어지지만 세부사항에서는 적지 않은 차이를 보이는 것이다. 폐쇄국가인 북한을 들여다보는 작업이 얼마나 많은 한계를 갖고 있는지 새삼 절감할 수 있는 대목이다.

또한 이 자료는 최근 논란이 되고 있는 북한의 경제상황에 관해서도 중요한 시사점을 제공한다. 위성사진 데이터를 통해 확인된 2009년의 사정은 1990년대 중후반의 고난의 행군 시기보다 열악한 것으로 나타났다. 이는 "최근 북한의 식량 사정이 나쁘지 않으나 내년을 위해 쌓아놓고 있는 것"이라는 정부 당국자들의 발언이 잘못된 것임을 확인시켜준다.

이와 함께 국제사회와 남한의 대북 경제제재 이후 급속도로 악화되고 있는 SOL 수치는 "중국과의 경제협력이 강화됐으므로 제재는 사실상 무의미해진 것 아니냐"는 그간의 추측이 사실과 다를 수 있음을 시사한다. 이후 북한 경제가 상당한 타격을 입었고, 최근 몇 년이 사회주의권 붕괴 이래 북한 역사상 최악의 경제위기일 수도 있음이 확인됐기 때문이다. 이에 따라 아직 발표되지 않은 2010년의 SOL 데이터는 이후 북한의 상황을 판단할 수 있는 중요한 자료라고 할 수 있다.

1990년대
: 모든 것이 최악, 희망은 없었다

1990년대 북한이 극심한 어려움을 겪었다는 사실을 모르는 사람은 거의 없을 것이다. 사실 북한에게 90년대는 가장 잔인한 10년이었다고 할 수 있다. 소련을 비롯한 동구 사회주의권이 붕괴되고, 김일성이 사망했으며, 자연재해와 극심한 식량난으로 인한 대량 아사자가 발생하는 등 엄청난 악재들이 이어졌기 때문이다. 이들 중 한 가지만으로도 북한 체제가 붕괴될 수 있는 상황이었다. 오히려 이러한 사건들이 연달아 일어났음에도 불구하고 북한 체제가 붕괴되지 않고 남아 있다는 것이 이상하게 느껴질 정도였다. 실제로 김일성이 갑작스럽게 사망했을 당시 수많은 외부 전문가들은 북한의 붕괴를 월 단위로 예상하기도 했다. 그렇다면 90년대에 발생했던 이와 같은 사건들로 인해

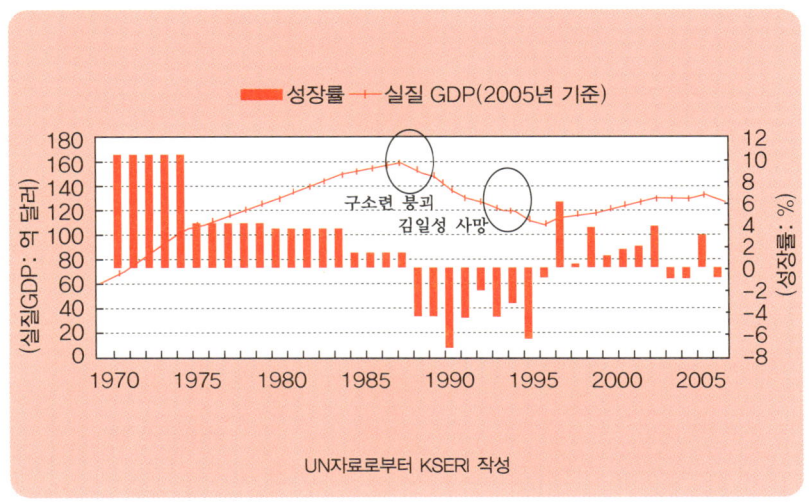

〈자료 2-1〉 북한의 실질GDP 추이

성장률 ─┼─ 실질 GDP(2005년 기준)

(실질GDP : 억 달러)
(성장률 : %)

구소련 붕괴
김일성 사망

UN자료로부터 KSERI 작성

북한 내부상황은 어떻게 달라졌을까?

〈자료 2-1〉에서 북한의 실질GDP는 80년대까지 증가하다가 90년대 들어 감소세로 돌아섰다. 이러한 추세는 90년대 내내 지속되었는데, 이는 북한이 90년대에 상당히 심각한 경제난을 겪었음을 보여준다.

사실 북한 경제는 앞에서 살펴본 구조적인 문제들로 인해 1990년대 이전부터 이미 침체되기 시작했다고 할 수 있다. 1970년대 들어 실시한 6개년 계획과 제2차 7개년 계획에도 불구하고 성장률은 갈수록 낮아졌고, 1987년에는 국민소득 1.7배, 공업총생산 1.9배, 농업총생산 1.4배 등을 목표로 제3차 7개년 계획을 실시했으나 이 역시 성장률을 끌어올리지 못했다. 뿐만 아니라 1980년대 이후 생필품 부족이 만연하자 주민 생필품 증산을 목적으로 1989년부터 경공업발전 3개년 계획을 실시했는데, 이것 또한 실패로 돌아갔다. 수치상으로나마 큰 성공을 거두었던 1950년대의 제1차 5개년 계획을 제외하면, 이후에 성공적으로 수행된 경제계획은 하나도 없었던 것이다. 이후의 경제계획은 가시적인 성과를 내려고 할수록 성장률이 하락하는 상황이 계속되었다.

이러한 상황에서 1990년을 전후로 나타난 소련 및 사회주의권의 붕괴는 북한에 큰 충격을 줄 수밖에 없었다. 이들이 북한의 대외교역에서 압도적인 비중을 차지하고 있었기 때문이었다. 소련이 붕괴하기 직전인 1990년 소련에 대한 수출 비중은 북한 전체 수출의 57%를 차지했고, 동구 사회주의권을 포함하면 62%에 달했다. 그나마 당시 북한이 사회주의 국가들에 수출하고 있었던 상품의 대부분은 비내구재 경공업 제품들로서 품질 면에서 경쟁력이 없어 자본주의 국가에는 팔리기 어려운 것들이었다. 소련에 대한 북한의 수출은 1990년 10.5억 달러에서 1992년 1.7억 달러로 급감했고, 전체 교역에서 차지하는 비중 역시 57.0%에서 17.2%로 떨어졌다. 수입 역시 같은 기간 동안 55.3%에서 10.2%로 떨어졌다.

뿐만 아니라 1990년 7월 소련을 비롯한 사회주의 국가들이 바터무역(barter trade)을 폐지하고 달러 결제 방식을 요구하면서 어려움이 더욱 커졌다. 물물교환 방식이던 바터무역 시절에는 사전에 계약된 물량만 생산해서 보내면 제품의 질은 크게 문제가 되지 않았다. 소련이 주도하던 사회주의 분업체제하에서는 각국이 특정 제품에 대한 독점적 공급자였기 때문이었다. 그러나 달러 결제 방식하에서는 수입을 하려면 달러가 있어야 했고, 달러를 얻기 위해서는 수출을 해야 했기 때문에, 분업체제가 무너진 상황에서 기존의 열악한 품질로는 수출을 할 수가 없게 되었다. 북한이 표면적으로는 소련을 비롯한 사회주의 국가들의 변절을 강도 높게 비난하고 '우리식' 대로 살아갈 것을 자신 있게 강조했지만, 실제로는 엄청난 충격을 받을 수밖에 없었던 것이다.

경제난이 본격화되자 재정난으로 이어졌다. 〈자료 2-2〉에서 볼 수 있듯이 북한의 재정 규모는 90년대 중반 이후 절반 수준으로 급감했다. 90년대 중반까지는 그나마 완만한 상승세를 보이며 94년에 북한 원화로 414억 원을 기록했지만, 99년에는 204억 원으로 대폭 줄어든 것을 볼 수 있다. 이와 같이 재정상황이 어려워지자 북한은 재정 규모를 아예 발표하지 않기도 했다. 1995~98년에 북한은 재정 규모와 관련된

〈자료 2-2〉 북한의 재정 규모 추이

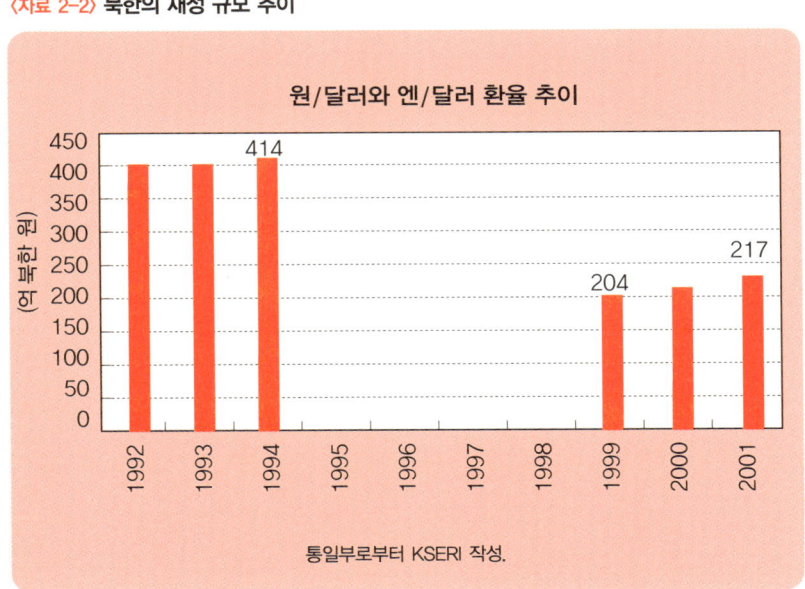

통일부로부터 KSERI 작성.

자료를 내놓지 않았는데, 이는 이 시기에 북한 당국이 심각한 재정난을 겪었음을 나타낸다. 일반적으로 북한은 매년 3~4월경 최고인민회의를 통해 전년도 결산 및 당해 연도 예산을 발표하지만, 경제상황이나 정치적 필요에 따라 발표 내용과 형식을 바꾸면서 부분적으로만 공개하는 경우가 있다. 예를 들어 정확한 액수를 공개하지 않고 '지난해의 103.2%' 같은 식으로 발표하는 것이다. 특히 경제상황이 어려워질수록 이런 경향이 두드러지는데, 이로 인해 외부에서 북한의 정확한 재정 규모를 파악하는 데 어려움을 겪게 된다.

앞에서 살펴본 바와 같이 북한과 같은 사회주의 계획경제체제하에서는 원칙적으로 국가가 기업의 생산과정에서 소요되는 모든 자금(원료비, 인건비, 투자 자금 등)을 지원하기 때문에 국가경제 운용에 있어 재정 상황이 절대적으로 중요하다. 따라서 재정에 심각한 문제가 생겼다는 것은 기업들의 생산활동 역시 심각한 타격을 받게 되었다는 것을 의미한다.

상황이 이렇게 되자 북한은 석탄, 전력, 기계 등 주요 산업에 대해서만 자금을 지원하고, 주민 생활과 관련된 경공업 부문 등의 기업에 대해서는 '자력갱생' 하도록 하면서 사실상 방치하기 시작했다. 중요한 점은 북한 당국이 자금 및 자재 공급은 포기했음에도 불구하고 생산계획은 포기하지 않았다는 것이다. 따라서 국가계획위원회 산하 '중앙자재연합상사'로부터의 자재 공급체계가 붕괴되었음에도 불구하고, 생산계획을 달성하기 위해 공장 및 기업소에서는 자체적으로 자재공급 문제를 해결해야 했다. 자연히 기업소를 책임지고 있던 지배인이 뇌물이나 물물교환 등을 통해 부족한 자재를 외부로부터 얼마나 조달하느냐에 따라 생산량이 결정되었으며, 이는 시장을 통해 이루어질 수밖에 없었다. 이른바 '계획 없는 계획경제'가 나타나게 된 것이다.

그 결과 1990년대 북한의 주요 산업 생산량 및 공장 가동률은 곤두박질치게 되었다. 예컨대 라남탄광기계련합기업소 단조직장의 경우 한 달 평균 가동일이 1995년 말에 20여 일이던 것이 1998년경에는 10여 일로 줄어들었으며, 2000년 겨울에는 아예 조업을 중단하게 되었다. 이와 같이 이 시기 북한의 주요 산업 생산량은 밑바닥까지 떨어졌으며, 심지어 북한 당국이 지원을 포기하지 않았던 석탄 부문조차 생산량이 절반 수준으로 급감했다. 한국은행 자료에 따르면 1990년에 3,315만 톤에 달했던 북한의 석탄 생산량은 98년에 1,860만 톤으로 최저치를 기록했고, 시멘트 생산량 역시 같은 기간 동안 613만 톤에서 315만 톤으로 급감했다.

물론 북한의 공장 가동률 하락이 90년대 들어 갑자기 발생한 문제는 아니었다. 이 문제는 적어도 60년대부터 제기되기 시작했다. 그러나 내부적으로 문제점들이 누적된 상황에서 사회주의권 붕괴라는 외부충격을 만난 북한 경제는 그대로 무너져내렸다.

하지만 이 시기 무엇보다 심각했던 문제는 식량난이었다. 〈자료 2-3〉에서 1990년대 북한의 식량상황을 보면 92년에 443만 톤이었던 식량 생산량은 96년에 345만 톤에 그쳤다. 이와 같이 92년에서 99년까지 북한의 식량생산량은 총수요량에 비해 133~233만 톤의 부족 상태를 보였는데, 수입과 외부지원 등 외부도입량을 합하더라도 부족분은

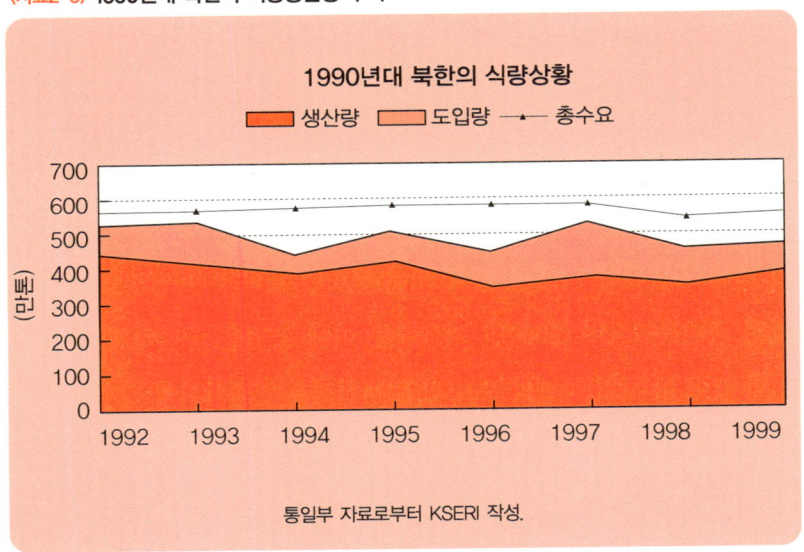

<자료2-3> 1990년대 북한의 식량공급량 추이

1990년대 북한의 식량상황

생산량 도입량 —▲— 총수요

(만톤)

33~128만 톤에 달했다.

만성적인 식량부족 상태가 계속되자 아사자가 속출했다. 정확한 파악은 어렵지만 '고난의 행군' 시기 식량난으로 인해 북한에서 사망한 사람은 수십에서 수백만 명에 이르렀던 것으로 보이다. 국정원은 1995~1998년의 4년간 300만 명의 아사자가 발생했다고 발표하기도 했다.

이렇게 되자 북한 당국에게는 각 공장이 노동자들의 식량 문제를 자체적으로 해결하고 출근을 통제하도록 하는 것이 시급한 과제가 되었다. 그러나 김책제철련합기업소, 라남탄광기계련합기업소, 신의주신발공장 등과 같은 중앙공장기업소들을 제외하면 이러한 통제는 거의 이루어지지 않았다. 중소 지방산업공장들은 대기업소들과 달리 자체적으로 식량배급을 해결할 능력이 없었으므로 노동자들의 출근을 강제할 수 없었으며, 심지어 다수의 노동자들이 공장을 그만두는 현상도 나타났다. 북한에서 공장이 생산조직이면서도 당의 사상과 정책을 관철시키는 정치적 조직이었던 점을 감안하면 당의 위상에 엄청난 변화가 생긴 것이었다. 당연히 지방에 대한 중앙의 통제와 지도 역시 제대로 작동하지 않게 되었다.

공장, 기업소가 몰락하고 국가의 독점적 배급체계가 붕괴되자 북한 주민들은 최소한의 식료품마저 자체적으로 조달해야 하는 상황에 몰리게 되었고, 국가에 대한 의존도 역시 현저히 낮아졌다. 일반 주민들은 기존의 규율에서 이탈하지 않으면 생존할 수 없게 되었다. 공장 노동자들은 기업소에서 생필품을 제작하여 장마당으로 유출시키거나, 공장으로부터 원자재 및 설비를 절취하여 자체적으로 생산한 제품을 팔기도 했다. 이에 따라 장마당과 같은 '제2경제'가 급속히 활성화되었다.

사실 북한 경제를 이해하는 데 있어 '제2경제'는 빼놓을 수 없는 부분이라 할 수 있다. '제2경제'는 앞에서 언급한 '시장 부문'을 포괄하는 용어로 '비공식 경제', '지하경제', '그림자 경제' 등으로 불리기도 한다. 〈자료 2-4〉에서 보는 것과 같이 북한 경제는 계획 영역에 속하는지의 여부와 합법성의 여부에 따라 크게 네 가지 영역으로 구분할 수 있다. 즉 '계획경제' 영역, '합법적 사적 경제활동' 영역, '계획경제 내 불법적 경제활동' 영역, '불법적 사적 경제활동' 영역이 그것이다. 넓은 의미에서 '제2경제'는 '계획경제' 영역을 제외한 나머지 세 영역을

	계획/공공무역	비계획/사적무역
합법	계획경제	합법적 사적 경제활동
불법	계획경제 내 불법적 경제활동	불법적 사적 경제활동

《북한의 산업화와 경제정책》, 김연철

포괄하는 영역이라 할 수 있다.

'제2경제'에 속하는 각각의 영역을 이해하기 쉽게 좀 더 자세히 설명하면 다음과 같다. 우선 '합법적 사적 경제활동'에는 텃밭이나 개인 부업밭 등의 사적 경작, 8·3인민소비품생산운동의 가내작업반과 부업반 등 준 사적 생산, 그리고 가내수공업과 개인 서비스 활동 등이 포함된다. '계획경제 내 불법적 경제활동'에는 공식 부문에서의 절취 행위, 규정된 근무 시간 내의 제2경제 활동, 기업소 간 뒷거래 등이 포함된다. 마지막으로 '불법적 사적 경제활동'에는 개인 뙈기밭 경작과 소규모 지하공장, 밀무역, 사금융, 외환 암거래 및 주택거래 등이 포함된다.

1990년대 북한의 비공식 경제 규모가 어느 정도였는지 파악하기란 쉽지 않다. 기본적으로 비공식 경제의 대부분이 불법적인 활동이었기 때문이다. 다만, 탈북자들을 통해 조사한 바에 따르면 당시 식량을 포함한 일상 생활용품의 50~90%를 비공식 경제 부문에서 물물교환 내지는 현금 구입의 방식으로 확보했다는 조사 결과가 있으며, 국정원은

1997년 10월 현재 북한의 지하경제 규모가 북한 GNP의 약 30%에 달한다고 발표하기도 했다. 이는 북한 주민들이 생계비 부족분을 장사나 불법행위 등 '제2경제'를 통해 메웠음을 의미한다. 시간이 갈수록 북한 주민들은 더 이상 합법적인 방법을 통해서는 도저히 생존해나갈 수 없게 되었고, 북한의 비공식 경제 부문 규모 역시 북한 당국이 무시할 수 없는 수준이 되었다.

물론 이러한 변화에 대해 북한 당국이 수수방관하지만은 않았다. 당의 위상과 통제력이 약화될 조짐이 보이자 북한 당국은 정치적 범죄나 일반 형사범과 같은 전통적 유형 이외에 경제 관련 사범에 대한 단속 및 처벌을 한층 강화했으며, 공개 처형, 집단수용소 강제수용 등을 통해 '비사회주의 범죄'에 대처했다. 또한 기존의 국가보위부, 사회안전부 등의 정규 공안조직을 강화했으며, 여러 형태의 비정규 공안조직을 신설해 운영했다. 그럼에도 불구하고 북한 당국은 북한 사회 곳곳에 만연하게 된 '제2경제' 부문을 마냥 억누를 수만은 없었다. 북한 당국 역시 이러한 변화에 적응해야만 했다.

2000년대 초반
:시장이라는 독배를 마신 김정일

2000년대 초반은 북한 경제의 중요한 분기점들 가운데 하나이다. 북한이 시장과 관련한 여러 가지 획기적인 개혁조치들을 시도했기 때문이다. 사실 이 시기는 북한 당국이 개혁을 추진하기에 좋은 상황은 아니었다. 1990년대 중반 이후 극심한 경제난이 계속됨에 따라 기업과 주민들이 계획 부문에서 이탈하는 현상이 뚜렷해졌고 당의 위상과 통제가 지속적으로 약화되고 있었기 때문이다. 북한 체제가 기본적으로 조선노동당에 의한 일당독재체제이고 90년대 말 북한 당국이 '고난의 행군'을 극복했다고 선언했던 점 등을 감안하면, 이후에는 그동안 느슨해졌던 주민들에 대한 통제를 강화하고 북한 사회 내에 만연해 있던 시장을 압박하는 조치를 취하는 것이 보다 자연스러운 움직임이었다고 할 수 있었다.

그러나 북한은 반대로 행동했다. 강압적인 조치로 시장을 압박하기는커녕 '7·1경제관리개선조치'에서 나타난 바와 같이 가격 현실화 등 합리적인 방법을 통해 시장에 대처하려는 모습을 보인 것이다. 특히 주목할 만한 점은 북한 당국이 이와 같은 개혁조치들을 수동적인 입장에서 마지못해 취하기만 한 것은 아니었다는 것이다. 2002년 신의주 특별행정구역 설치와 2003년 종합시장 개설에서 볼 수 있는 것과 같이 오히려 상당히 적극적인 태도로 개혁조치들을 단행했다.

물론 이러한 조치들의 궁극적인 목적은 사회주의 계획경제를 복원하는 것이었다. 경제난 속에서 확대된 제2경제를 공식 경제 부문으로 끌어들이고, 그동안 제2경제로 유출된 자본을 다시 중앙으로 끌어들여 국가의 공급 능력을 복원하려는 것이었다. 문제는 수단이 목적을 압도해버렸다는 데 있었다. 국가의 공급 능력이 고갈되어버렸기 때문에 북한은 일시적으로나마 강압적인 방법이 아니라 시장에 적응하는 방식을 택할 수밖에 없었다. 그러나 이러한 조치는 시장을 소멸시킨 것이 아니라 오히려 시장에게 계획 부문과 공존할 수 있는 지위를 부여하는 결과를 초래했다. 보다 심각한 문제는 시장화와 관련된 변화가 속성상 불가역적이라는 점이었다. 국가가 생존을 유지하는 데 필요한 최소한의 물자를 공급할 것이라고 믿었다가 죽음의 문턱까지 맛본 사람들은 돈과 물건을 구할 수 있는 시장을 포기할 수 없었다. 이는 북한 당국 역시 마찬가지였다. 궁극적으로는 제거해야 할 대상이었지만, 국가가 못하는 역할을 대신해주고 있다는 점에서 시장은 북한 당국에게도 꼭 필요한 존재였던 것이다. 아래에서는 북한이 2000년대 초반에 취한 개혁조치 들에 관해 살펴보겠다.

2002년 7월 1일, 북한은 획기적인 변화를 시도했다. '7·1경제관리 개선조치(이하 '7·1조치')'가 그것이었다. 이 조치는 가격, 환율, 임금, 재정, 기업 관리, 시장 등 경제 전반에 관한 폭넓은 변화를 담고 있었는

〈자료 2-5〉 **7·1조치 이후 북한의 물가인상**

품목	인상 전	인상 후	인상 폭(배)
쌀	(수매가)80전/kg	(수매가)40원/kg	50
	(판매가)8전/kg	(판매가)44원/kg	550
옥수수	(수매가)49전/kg	(수매가)20원/kg	41
	(판매가)6전/kg	(판매가)24원/kg	400
콩		(수매가)40원/kg	
돼지고기	(수매가)7원/kg	(수매가)170원/kg	24
닭고기		(수매가)180원/kg	
평양-청진 철도 요금	16원	590원	37
버스·지하철 요금	10전	2원	20
전차 요금	10전	1원	10
무연탄	34원/톤	1,500원/톤	44
전력	35원/천kw	2,100원/천kw	60
코크스탄, 전등, 강판, 생고무			45
휘발유	923원/톤	64,600원/톤	70
남자운동화	18원/컬레	180원/컬레	10
세숫비누	3원/장	20원/장	6.7
빨랫비누	50전/장	15원/장	30

각종 자료로부터 KSERI 작성.

데, 북한 스스로도 1940년대의 토지개혁(무상몰수, 무상분배를 통해 지주제를 철폐하기 위한 북한의 조치)에 버금가는 사건이라고 평가할 정도였다.

'7·1조치'에서 가장 주목할 만한 부분은 가격에 관한 개혁이었다. 국정가격을 시장가격 수준에 맞춰 대폭 인상한 것이었다. 이에 따라 상당수 품목의 가격이 큰 폭으로 올랐다. 그중에서도 쌀 가격이 가장 많이 인상되었는데, 〈자료 2-5〉에서 보는 바와 같이 수매가는 kg당 80전에서 40원으로 50배 인상되었고 판매가격은 무려 550배나 인상되었다. 참고로 식량이 귀한 북한에서 쌀은 준화폐로 통용된다. 옥수수 또한 수매가는 41배, 판매가는 무려 400배나 인상되었다. 인상폭이 공개되지 않은 품목도 있지만, 당시 북한 문헌을 보면 전체적으로 약 25배 인상된 것으로 보이다.

이러한 조치가 얼마나 충격적인지 상상하는 것은 어렵지 않다. 최근 우리나라에서 물가가 큰 폭으로 올라 서민들이 크게 고통받고 있는데, 8월에 나타난 통계상의 물가상승률이 고작(?) 5%대였다. 만약 우리나라에서 정부가 북한과 같은 수준의 물가상승을 인위적으로 시행했다면 아마 폭동이 일어났을 것이다. 물론 뒤에서 보겠지만 북한 당국이 물가만 인상한 것은 아니었다. 근로자들에게 제공하는 임금도 인상했다. 그럼에도 불구하고 이와 같은 인위적인 조치로 인해 경제시스템이 큰 충격을 받는 것은 불가피한 일이었다.

그런데 사실 이렇게 설명해도 북한 당국이 왜 이런 조치를 취하게 됐는지, 이런 조치를 통해서 무엇을 하려고 하는지 선뜻 이해하기가 어려울 것이다. 기본적으로 남북한이 전혀 다른 경제구조를 갖고 있기 때문이다. 북한이 이와 같은 조치를 취한 배경을 이해하기 위해서는 우선 북한의 유통체계를 살펴볼 필요가 있다. 참고로 북한에서의 유통 개념은 남한과 같은 시장경제체제에서의 개념과 다르다. 즉 시장경제체제에서 유통이 생산 및 소비와 분리된 독자적인 중간단계로 기능하는데 반해, 북한에서는 국민경제 관리체제의 하위개념으로만 인식된다.

사회주의 계획경제가 정상적으로 작동하는 경우라면 〈자료 2-6〉에서 보는 바와 같이 소비자인 북한 주민들은 생활에 필요한 대부분의 상품들을 국영유통망을 통해 구할 수 있다. 소비재생산기업소와 생산재생산기업소에서 생산된 상품들은 협동단체 산업기관과 백화점, 지방종합상점 등 각종 국가상업기업소를 통해 주민들이 저렴한 국정가격으로 구입할 수 있다. 또한 협동농장에서 생산된 식량 역시 배급소 및 사회급양기관을 통해 국정가격으로 살 수 있다. 명칭이 생소해 복잡하게 느껴질 수도 있지만, 간단히 말하면 정상적인 경우에 주민들이 소비재/생산재생산기업소와 협동농장 등에서 시작되는 국영유통망을 통해 물건을 살 수 있다는 뜻이다.

그러나 경제난으로 국영기업들이 가동을 중단하게 되자, 국영유통망에 물자가 절대적으로 부족해지고 사람들이 시장으로 몰리게 되었다. 이와 함께 국정가격과 시장가격 간의 괴리는 갈수록 커지게 되었다. 국정가격은 낮게 고정되어 있었지만 국영유통망에 물건이 없어 사실상 유명무실해진 반면, 시장가격은 이보다 훨씬 높고 가변적이었음에도 생필품을 구할 수 있다는 점에서 실질적으로 통용되었던 것이다. 급기야 국영유통망에서 싼 가격으로 물건을 사 시장에서 비싼 가격으로 파

<자료 2-6> 북한의 유통체계와 가격

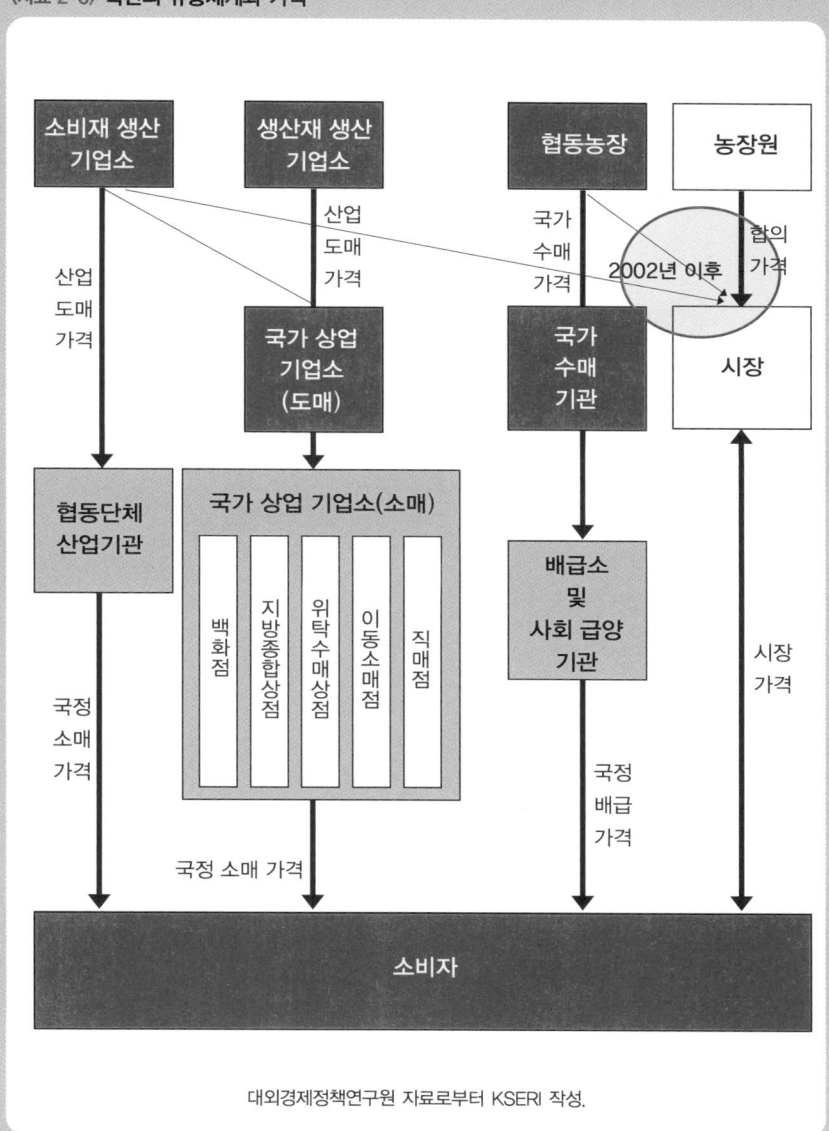

대외경제정책연구원 자료로부터 KSERI 작성.

는 현상마저 생기면서, 돈과 상품은 시장으로 급격히 쏠리게 되었다.

가격인상 조치는 이러한 이중가격의 문제를 해결하기 위한 것이었다고 할 수 있다. 북한 당국이 당시에 배포한 문건에서 밝힌 바와 같이, 국정가격을 올림으로써 시장가격과의 차액을 줄여 이중가격을 무력화시키면 시장으로의 쏠림현상이 사라지리라고 본 것이다.

하지만 이 같은 조치의 효과는 오래가지 않았다. '7·1조치' 이후 잠시 안정되는 것처럼 보였던 시장가격은 다시 무서운 속도로 상승하기 시작했다. 〈자료 2-7〉에서 보는 바와 같이 kg당 쌀의 시장가격은 2002년 3분기에 68원이었으나 2003년 말에는 220원, 2004년 말에는 690원까지 올랐으며, 2008년 3분기에는 국정가격에 비해 무려 57배나 높은 2,500원을 기록했다. 이는 명백한 하이퍼 인플레이션이었다. 뒤에서

〈자료 2-7〉 **북한의 쌀 가격 추이**

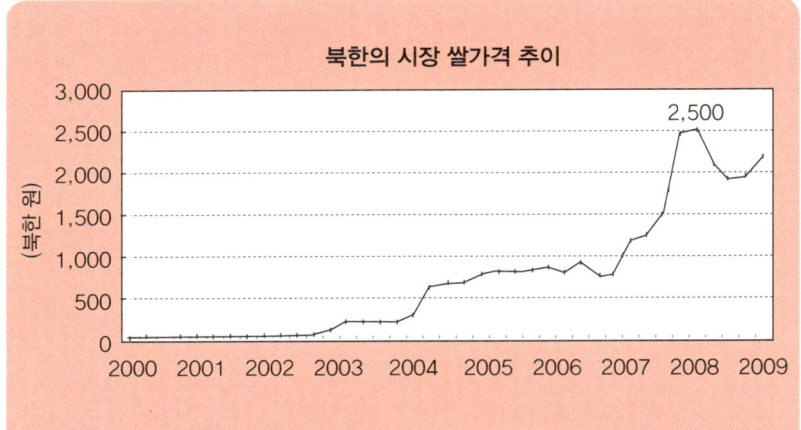

《북한 정책결정과정의 조직행태와 관료정치》, 한기범

보겠지만 이와 같이 높은 수준의 인플레이션은 재정적자 문제와 함께 북한 당국을 지속적으로 괴롭히는 문제가 된다.

가격개혁과 함께 북한 당국은 근로자들의 임금도 인상했다. '7·1조치 강연자료'에 따르면 근로자 임금은 '7·1조치' 이전에 비해 평균 18배 인상되었다. 그러나 임금인상폭은 직종에 따라 많은 차이를 보였다. 북한이 임금인상 조치를 위한 것은 기본적으로 북한 주민들이 임금에 의존해 생활하도록 하기 위한 것이었다. 즉 90년대 경제난을 겪으면서 생계를 위해 직장을 이탈했던 주민들을 계획 부문으로 원상 복귀시키기 위한 조치였다. 그러나 이 부분 역시 성공을 거두기 어려웠다. 이러한 조치가 효과를 얻기 위해서는 정상적인 임금 지급과 함께 원활한 상품 공급이 선행되어야 했지만, 어느 하나 제대로 이루어지지 않았던 것이다. 뿐만 아니라 북한 당국은 상품 가격과 함께 임금을 올리면서 인플레를 막기 위해 임금인상폭(평균 18배)을 가격인상폭(평균 25배)에 비해 낮게 설정했는데 이 역시 현실과 거리가 먼 조치였다. 당시 북한 주민들이 생계비의 상당 부분을 시장으로부터 충당하고 있었기 때문이었다.

또한 '7·1조치'에는 환율인상도 포함되어 있었다. 북한의 환율은 크게 국가가 정하는 공식환율과 시장에서 자율적으로 통용되는 시장환율의 두 가지가 존재한다. 그런데 가격의 경우와 마찬가지로 시장환율이 공식환율에 비해 훨씬 높은 수준을 유지해왔다. 〈자료 2-8〉에서 나타난 바와 같이 공식환율은 북한 돈으로 달러당 2.2원대 전후를 유지해온 반면, 시장환율은 90년대 초에 이미 달러당 80~100원 수준이었던 것이다. 이에 따라 앞서 상품과 마찬가지로 시장 부문으로의 달러화 유출이

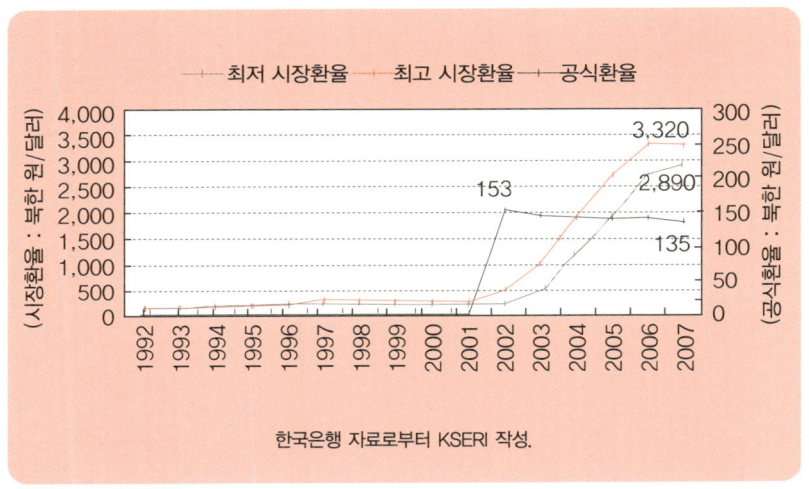

〈자료 2-8〉 **북한의 공식/시장환율 추이**

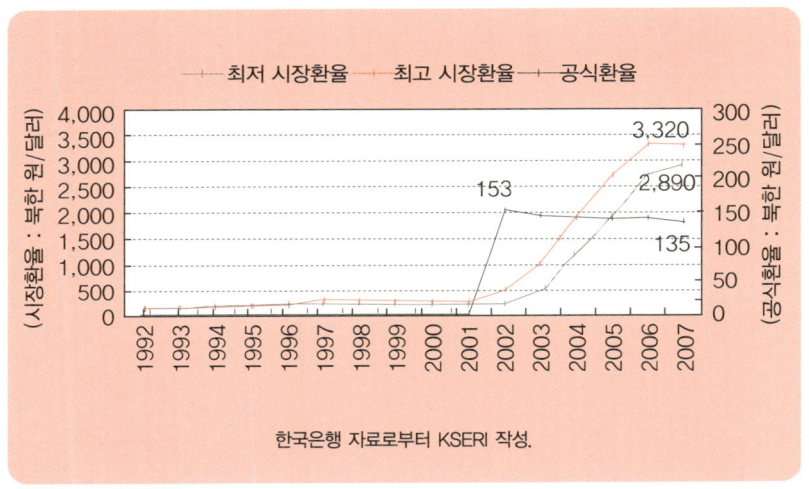

최저 시장환율   최고 시장환율   공식환율

3,320

2,890

153

135

한국은행 자료로부터 KSERI 작성.

계속되었다. 북한 당국이 '7·1조치'를 통해 (공식)환율을 달러당 153원으로 70배 가까이 인상한 것은 이와 같은 상황을 막기 위한 것이었다고 할 수 있다.

　그러나 이러한 조치에도 불구하고 공식환율과 시장환율의 차이는 갈수록 벌어졌다. 2007년 현재 시장환율은 2,890~3,320원으로 공식환율과 21~25배 정도의 차이를 나타내고 있다. 상황이 이렇게 되자 북한 당국은 2003년 6월부터 외화교환소를 운영해 암시장환율로 외화를 교환해주기도 했다. 이에 따라 북한에는 공식환율, 외화교환소의 교환환율, 시장환율 등 3개의 환율이 존재하게 되었다.

　여기에서 북한 경제가 지닌 심각한 문제점 한 가지를 지적하고자 한다. 그것은 북한의 화폐가치가 지속적으로 하락하고 있다는 점이다. 이는 북한 정책당국이 자국의 화폐가치를 전혀 방어하고 있지 못한다는 것을 의미한다. 북한에서 환율이 적용되는 범위가 남한과 다르긴 하지만, 가파른 환율상승은 북한 화폐가치의 급격한 하락을 단적으로 보여주는 예라고 할 수 있다. 물자부족이 주된 요인이긴 하지만 극심한 인플레 역시 화폐가치 하락을 나타내는 현상이다.

자본주의체제든 사회주의체제든 경제체제의 성격을 불문하고 화폐가치가 하락하면 대다수 국민들은 고통을 겪게 되며, 화폐가치 하락의 정도가 커질수록 고통도 커지게 된다. 결과적으로 인플레라는 형태로 나타나 국민들의 생활비 부담이 커지기 때문이다. 뿐만 아니라 이러한 현상이 지속될 경우 국민들의 불만이 커져 정권유지에도 상당한 부담을 느끼게 된다.

북한 역시 마찬가지라고 할 수 있다. 인플레가 만성화된 탓에 북한 주민들은 생존에 극심한 어려움을 겪게 되었고, 독점적인 권력을 행사하는 북한 당국조차 상당한 위협을 느끼게 되었다. 최근에 갑작스레 단행한 화폐개혁은 이러한 문제에 대한 대응이라 할 수 있다. 결과적으로 이러한 대응은 북한 경제의 구조적이고 근원적인 문제에 대한 눈가림식 처방이었기 때문에 상당한 부작용을 만들어냈지만, 다른 한편으로는 북한 체제가 북한 당국조차 마음대로 할 수 없을 만큼 시장경제의 논리에 이미 상당한 정도로 노출되어 있음을 보여준 것이었다.

앞에서 본 바와 같이 '7·1조치'와 관련해 북한 당국이 시장에 순응하는 조치를 취했다는 것은 주목할 만한 점이라 할 수 있다. 시장가격과 시장환율을 공식 부문에 억지로 맞추려고 했던 것이 아니라, 반대로 국정가격과 공식환율을 시장 부문에 맞추려고 했던 것이다. 이는 당시 북한 사회 내에 제2경제가 얼마나 만연해 있었는지를 간접적으로 나타내는 것이라 할 수 있다.

물론 이것이 북한 당국의 주민들에 대한 통제력이 약화되었음을 의미하는 것은 아니었다. 북한 당국은 주민들에 대한 정치적인 통제력은 유지한 채 경제적인 측면에서만 일정한 공간을 허용했다. 나아가 재정개혁과 2003년의 종합시장 설치에서 보는 바와 같이 재정적자를 만회하고 세수를 확보하는 데에 주력했다. 결국은 계획경제를 복원시키기 위한 것이었다. 그러나 이를 위해 북한 당국은 시장 부문 속으로 훨씬

focus

5만 원권 지폐 발행이 달갑지 않은 이유

한국은행의 5만 원권 발행은 화폐가치와 관련한 정부 정책의 단면을 보여주는 좋은 사례라 할 수 있다. 한국은행은 2009년 6월 23일, 5만 원권 지폐를 발행하기 시작했다. 한국은행을 비롯한 정부와 정치권은 한국의 경제규모가 커짐에 따라 주요 화폐경제 지표들이 조(兆)단위를 넘어 경(京)단위로 넘어갈 형편에 있고, 기존의 1만 원짜리 화폐로는 화폐 발행 비용 및 관리비가 많이 소요된다는 점 등을 이유로 5만 원권 발행의 필요성을 주장했다. 반면 거액의 현찰 뇌물 수수가 용이해져 부패가 심해질 수 있고, 인플레를 유발할 것이라는 반대 의견이 나오기도 했다.

결론적으로 말하면 5만 원권 발행은 물가관리와 화폐가치 방어 실패의 산물이라고 할 수 있다. 정부가 물가를 안정시키고 원화가치를 안정적으로 관리해왔다면 굳이 고액권을 발행할 이유가 없기 때문이다. 단적인 예로 주부들의 체감물가를 들 수 있다. 불과 몇 년 전만 하더라도 장을 보러 갈 때 10만 원 정도만 있으면 시장이든 할인점에서든 어느 정도 넉넉하게 물건을 살 수 있었던 것을 기억할 수 있다. 그러나 지금은 불경기임에도 불구하고 대부분의 물가가 폭등하여 몇 년 전에 살 수 있었던 물건의 절반밖에 살 수 없는 상황이 되었다.

이렇게 본다면 5만 원권 발행은 한국은행과 정부가 물가관리와 화폐가치 방어에 실패했다는 것을 스스로 시인한 것에 불과하다고 할 수 있다. 국민들의 입장에서는 5만 원권 발행이 정책적인 업적으로 선전될 일이 아닌 것이다. 국민들이 필요로 하는 것은 물가가 낮아져 적은 돈으로도 보다 많은 물건을 살 수 있게 되는 것이지, 고액권이 만들어져 보다 비싸진 물건 가격을 편리하게 지불하는 것이 아니기 때문이다.

이는 일본의 경우와 비교해보면 보다 분명히 드러난다. 일본은 70년대와 80년대의 치솟는 국내 물가에도 불구하고 일본 경제의 실질적인 경쟁력 증대를 통해 엔화의 화폐가치를 높여왔다. 70년대 초 부동산 투기 열풍과 1차 오일쇼크 등으로 인한 물가폭등, 80년대 후반의 부동산 투기 버블, 90년대 부동산 버블 붕괴로 인한 장기불황과 디플레이션 등을 겪으면서도 엔화의 대외구매력을 높이는 방식으로 엔화 가치를 안정시켜 온 것이다.

아래 〈자료1〉에서 일본 엔화의 달러 대비 환율은 80년대 중반까지 달러당 230엔 전후 수준에서 1985년 플라자합의로 145엔으로 급락했다. 또한 1990년대 버블 붕괴 이후 2008년 금융위기 전까지는 평균 111엔 전후 수준을 유지했으며, 2010년부터는 80엔대를 유지하고 있다. 그 결과 한때 국내 물가 상승으로 사용하지 않게 된 1엔짜리 동전도 80년대 후반 소비세 시행과 함께 다시 사용하게 되었다. 화폐가치가 갈수록 높아지고 있는 것이다. 장기불황에도 불구하고 엔화 가치를 꾸준히 상승시켜온 것은 일본 경제의 저력이라고 할 수 있다.

〈자료1〉 **원/달러와 엔/달러 환율 추이**

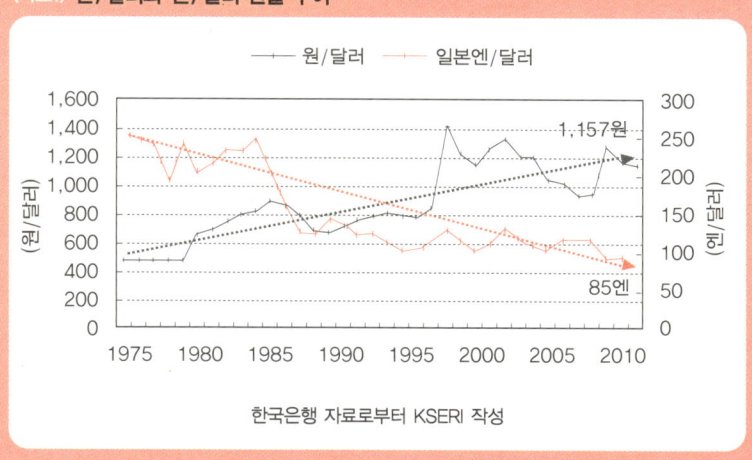

한국은행 자료로부터 KSERI 작성

반면 한국은 일본과는 대조적인 모습을 보여왔다. 원화는 80년대 중반까지 달러당 484원 수준이었으나 80년대 중반부터 IMF사태 직전까지는 달러당 평균 783원 수준으로 올랐고, 1999년부터 2009년까지는 이전에 비해 약 50%가량 올라 달러당 1,157원을 기록했다. 경제가 어려울 때마다 원화 환율 인상으로 도망가는 경제운용 행태를 반복하고 있는 것이다. 이러한 행태는 2008년 이후에도 계속되고 있다.

이와 같은 환율 약세 정책은 양적 경제성장을 보다 쉽게 실현시켜준다는 장점을 갖고 있지만, 상당한 부작용도 갖고 있다. 일반적으로 환율 약세 정책은 통화량 증발 정책을 통해 이루어지기 때문에, 물가상승과 분배 문제, 성장 잠재력 저하 등을 초래하게 되는 것이다. 뿐만 아니라 수출 기업이 유리해지는 대신, 수입 물가가 비싸져 장기적으로 내수침체가 발생하게 된다. 이 때문에 환율 약세 정책은 사실상 소비자인 국민들로부터 세금을 걷어 수출 기업에게 보조금으로 주는 것이라고 할 수 있다.

결국 중요한 것은 화폐가치를 안정적으로 관리해 국민들의 생활비 부담을 줄이는 것이지, 경제규모에 걸맞는 고액권을 발행하는 것이 아니라고 할 수 있다. 이는 북한 역시 마찬가지이다. 경제의 근원적인 문제를 해결할 생각을 하지 않고 화폐적 처방만으로 대처하다 보면 나중에는 정말로 심각한 결과를 초래할 수 있다. 뒤에서 자세히 보겠지만 화폐개혁이 문제였던 이유도 이와 같이 근본적인 문제는 놔둔 채, 보다 쉽고 가시적인 성과를 위해 화폐적 처방으로 도망가는 정책을 구사했기 때문이었다. 쌀밥에 고깃국을 먹이고 주민들의 생활수준을 높이기 위해서는 말만 앞세울 것이 아니라 물가관리와 화폐가치 방어가 선행되어야 한다.

깊숙이 들어가야 했고, 기업과 주민들에게 보다 많은 자율적 공간을 허용해야 했다.

이러한 맥락에서 북한은 '7·1조치'를 통해 기업관리에 있어서도 상당한 변화를 시도했다. 이를 몇 가지로 요약하면 다음과 같다. 우선 중앙에서 하달하는 계획의 범위를 대폭 축소했다. 이는 기업의 자율성이 대폭 커졌다는 것을 의미한다. 김정일은 2001년의 한 담화에서 "계획경제라고 하여 모든 부문, 모든 단위의 생산경영활동을 세부에 이르기까지 다 중앙에서 계획하여야 한다는 법은 없습니다"라고 말함으로써 국가의 무능함을 우회적으로 표현했다. 또한 현금 지표가 사실상 주된 계획 지표가 되면서 기업들 스스로가 결정할 수 있는 선택의 여지가 커 졌다. 다소 생소한 용어이긴 하지만 '번 수입 지표(매출액에서 원가를 제한 순소득)'의 도입은 대표적인 예라 할 수 있다.

두 번째는 공장·기업소에서 생산한 제품을 시장에서 판매하는 것이 사실상 허용되었다는 것이다. 북한의 유통체계를 나타낸 앞의 〈자료 2-6〉에서 보듯 소비재생산기업소와 생산재생산기업소에서 국영유통망으로 가지 않고 곧바로 시장으로 가는 것이 가능해졌다. 2003년 3월 북한이 기존의 농민시장을 시장(또는 종합시장)으로 개칭하고 농산품과 함께 공산품도 판매할 수 있도록 한 것도 이 같은 맥락이라 할 수 있다.

세 번째는 기업 간 현금거래가 확대 허용되었다. 이른바 '사회주의 물자 교류시장'이 그것이다. 원래 기관/기업소들 사이의 생산수단 거래는 무현금 거래가 원칙이었다. 즉 현금을 사용하지 않고 결제문서를 근거로 은행에 설치된 계좌상에서만 자금이체가 이루어지는 것이었다. 그러나 '7·1조치'를 통해 무현금 거래가 축소된 반면 현금거래가 보다 활성화되었다. 탈북자들 역시 '7·1조치' 이후 기업들 간에 합법적으로 필요한 자재를 주고받는 것이 가능해졌다고 증언하고 있다.

그런데 이러한 조치들은 사실 전혀 새로운 것이 아니라고 할 수 있다. 앞에서 보았듯이 이와 같은 내용은 북한 당국의 허용 여부와 관계없이 이미 90년대에 일어나고 있었던 일이기 때문이다. 따라서 북한이 '7·1조치'를 통해 기업들에 상당한 자율권을 부여한 것은 사실이지만, 보다 정확히 표현하자면 계획 부문이 마비된 상황에서 생존을 위해 노력하던 기업들이 자율권을 획득했다고 하는 것이 보다 적절하다고 할 수 있다.

마지막으로 재정개혁에 관해 살펴보겠다. 사실 '7·1조치'와 관련해 가장 중요한 부분은 재정과 관련한 변화라고 할 수 있다. 국가가 사회 전반을 통제하는 사회주의 계획경제체제인 북한에서는 기본적으로 행정뿐 아니라 생산, 금융, 유통 등 대부분의 부문이 국가재정을 매개로 조절되고 진행되기 때문이다. 따라서 재정수입/지출의 항목과 내용이 변화했다는 것은 북한 당국이 설정하고 있는 국가의 성격 및 역할 역시 변했다는 것을 의미한다고 할 수 있다. 동시에 앞으로의 변화를 가늠할 수 있는 척도가 된다고 할 수 있다.

북한의 재정은 남한에 비해 넓은 범위를 포괄한다. 좀 딱딱한 설명이지만 남한에서의 재정은 정부가 조세를 비롯해 정부 보유 재산의 매각, 국공채 발행 등을 수입으로 국방·외교·치안 등 국가 유지를 위한 기본적인 역할을 하고, 경제개발·사회복지·교육·과학기술 등 국가 발전을 위한 분야에 재원을 배분하는 일련의 활동을 의미한다. 기본적으로 정부의 기능 수행에 필요한 경제활동에 한정되며, 따라서 재정이 미치는 범위는 국가예산에 제한된다.

반면 북한에서의 재정은 국가가 자기의 기능을 수행하기 위하여 화폐자금을 형성하고 분배·이용하는 경제 관계의 총체를 의미한다. 국가기관이 아닌 공장·기업소를 포함해 사회주의적 소유로 된 모든 경제조직의 자금 조달, 분배, 이용 등의 경제 관계까지도 재정의 영역에 포함되는 것이다. 이에 따라 국가예산뿐 아니라 각종 보험 및 신용, 국영기업소와 협동농장의 예산까지 모두 국가재정에 포함된다. 즉 원칙적으로 북한의 재정은 국가경제활동 모두를 통제하는 기능을 수행한다.

이에 따라 북한 정부 예산의 국민소득 대비 비중은 높게 나타난다. UN 통계를 기준으로 북한의 GDP 대비 재정지출 비율을 계산해보면 1994년에는 150% 수준까지 올라가는 것으로 나온다. 물론 북한 통계가 기본적으로 갖고 있는 오류를 감안하면 이 수치를 액면 그대로 받아들이기는 어려울 것이다. 그러나 북한 측 자료를 통해 재정 규모를 어느 정도 추산해낼 수 있음을 감안하면, 대략적인 추세는 참조할 수 있다고 할 수 있다. 다만 앞에서 살펴본 북한 재정의 특성으로 볼 때 북한의 재정지출 규모는 GDP 수준에 거의 필적할 것으로 보인다. 참고로 2000년 이후 남한의 GDP 대비 통합재정 비율은 대략 22% 전후 수준으로 나타난다.

〈자료 2-9〉는 북한의 재정 추이를 나타낸 것이다. 그런데 여기에서 한 가지 특이한 점이 나타난다. 앞에서 북한의 GDP 추이를 유심히 보았다면 뭔가 이상한 점을 발견할 수 있을 것이다. 그것은 GDP 규모가 감소하기 시작한 것은 90년대 들어서부터인데, 재정 규모는 90년대 중반부터 감소하기 시작했다는 점이다. 이는 앞에서 설명한 연성예산제약 때문이라고 할 수 있다. 경제상황과 무관하게 각급 기관과 기업소는 더 많은 예산을 신청하려는 경향이 있기 때문에 일정한 시차가 발생하게 되고, 북한 당국 역시 악화된 경제상황을 경제지표에 곧바로 반영하지 않고자 하는 경향이 있기 때문에 이 같은 상황에 크게 제동을 걸지

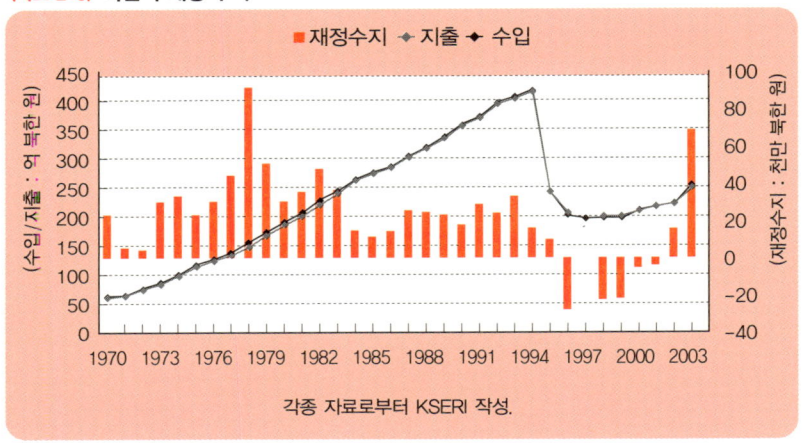

〈자료 2-9〉 **북한의 재정 추이**

각종 자료로부터 KSERI 작성.

않았던 것이다.

이렇게 본다면 지표상으로 재정 규모가 급감한 1995년 이후의 북한 경제 상황이 얼마나 어려웠는지 쉽게 짐작할 수 있다. 북한 당국이 재정지출이 급감할 경우 북한 체제 전체에 대한 당국의 영향력이 급격히 줄어들 수 있다는 것을 알았음에도 재정 규모를 줄이지 않을 수 없는 상황이었던 것이다.

흔히 북한에는 세금이 없다고 알려져 있다. 실제로 북한의 명목상 세입에서 조세가 차지하는 비중은 1955년에 9.2%였다가 1964년 1.9%, 1973년 0.2% 등으로 계속 낮아졌고, 급기야 1974년 3월 21일에 북한은 세금의 완전 폐지를 발표했다. 이와 함께 북한은 '세금 없는 나라' '세금 없는 지상천국'이라고 대내외에 선전하기 시작했다. 비록 시기적인 차이가 있지만 남한의 경우 2008년 현재 재정수입 가운데 조세수입의 비중이 약 88.8%에 달하는 점을 감안하면 얼핏 북한이 세금 없는 천국이었다는 것이 사실인 것처럼 느껴질 수도 있다.

그러나 실제 내용을 들여다보면 이는 사실과 다르다. 명목만 다를 뿐 경제 주체들의 생산활동을 통해 창출되는 부가가치 모두가 국가에 귀속되어 실질적으로는 세금이 걷혀왔다고 할 수 있기 때문이다. 즉, 개인의 사적 이익이 허용되지 않았기 때문에 기업소나 개인이 만들어낸 모든 부가가치는 사실상 국가에 대한 세금이나 마찬가지였던 것이다. 이는 북한의 GDP 대비 재정지출 비중이 90%를 넘는 것에서도 확인할 수 있다. 즉, 북한 기업소와 개인 등이 생산하는 모든 부가가치의 90% 이상이 국가 재정(세금)으로 귀속되고 있다는 것을 의미하는 것이다. 뿐만 아니라 북한의 재정수입 항목을 살펴보면 명칭만 세금이 아닐 뿐 남한의 직접세나 간접세 등에 해당하는 항목이 있고, 관세를 비롯해 합영회사에 부과되는 소득세, 외국인 보수에 대하여 부과되는 외국인소득세 등이 있어 형식적으로나마 조세제도를 유지하고 있기도 한다.

재정과 관련한 '7·1조치'의 내용은 크게 수입 및 지출 구조의 변화, 재정의 분권화, 은행의 역할 강조 등으로 정리할 수 있다. 우선 수입 및 지출 구조의 변화와 관련해 '7·1조치' 이전 주요 재정수입원은 국영기업의 순소득이었으나 이후에는 기업소뿐 아니라 시장경제 부문의 협동농장 및 개인도 포함시켰다. 둘째, 재정의 분권화와 관련해 '7·1조치' 이전에는 1973년부터 시행된 지방예산제에 따라 계획은 국가가 세우고 집행은 지방정부가 자체적으로 책임지는 방식이었다. 그러나 '7·1조치' 이후 중앙예산과 지방예산의 실질적인 분리가 일어났는데, 중앙정부가 지방정부에 납부할 금액만을 정해주고 나머지 모든 사항은 지방정부가 자체적으로 결정하는 방식으로 바뀌게 되었다. 마지막으로 은행의 역할을 강조한 것은 앞서 북한 당국의 재정 능력 고갈을 감안할 때 필연적인 결과라 할 수 있다. 원래 국가에서 제공하던 기업소 운영 자금을 북한 재정이 아닌 은행 대부를 통해 충당하도록 한 것이다. 특히 은행 역할의 강조와 같은 부분은 시장경제적 요소를 받아들이고자 한 것으로, 북한 당국이 단순히 상황에 수동적으로 적응하기만 한 것이 아니라 상당한 정도의 개혁 의지를 갖고 있었다는 것을 나타낸다.

이와 같은 내용을 한마디로 요약하면 재정지출을 줄이고 재정수입을 늘림으로써 재정수지를 개선하는 것이었다고 할 수 있다. 이는 위 〈자료 2-9〉에서도 확인할 수 있다. '7·1조치' 시행 이후부터 재정수지가 흑자로 돌아서게 된다.

끝으로 북한의 군사비 지출에 관해 잠시 언급하고자 한다. 공식적인 자료만 보면 북한의 군사비는 90년대 초중반에 비해 2/3 수준으로 축소된 것으로 나타난다. 총지출 대비 비중도 1970년에는 31.3%였으나 이후 지속적으로 하락하여 2000년대 초에는 약 15% 내외 수준을 보이고 있다. 사실 북한의 군사비 지출은 지속적인 논란의 대상이 되어왔다. 기본적으로 북한이 자국의 군사력을 은폐해왔기 때문에 정확한 규모를 파악하는 것이 어렵기 때문이다. 이에 따라 남한 정부는 1960년대 중후반 이후부터 1970년대 초까지 북한의 국방비가 전체 예산 지출의 약 30%를 차지했던 점을 이후에도 적용하여 1990년대 중반까지도 같은 수준이 유지된 것으로 추정하기도 했다. 그러나 이는 북한의 전력증강 투자, 병력 수, 부대 및 장비 운영 유지비 추이 등을 고려해볼 때 과대평가된 수치라고 할 수 있다. 아무리 북한이 비정상적인 국가라고 해도 군사비에 재정지출의 30% 이상을 장기간 투입하는 것은 현실적으로 어렵기 때문이다. 그러나 다른 한편으로 북한의 군사비 비중이 15% 내외에 불과하다는 것 역시 납득하기 어렵다. 그동안 북한이 '4대 군사노선' 강조, 국방위원회 위상 강화, 강성대국과 선군정치 강조 등 군사력 강화에 상당한 노력을 기울여왔다는 것 또한 주지의 사실이기 때문이다. 이에 따라 군사비의 상당 부분이 인민경제비 등 다른 항목에 은폐되어 있으며, 상당한 액수가 군사비에 투입되고 있는 것으로 보인다. 이처럼 북한이 경제상황과 규모에 걸맞지 않게 군사 부문에 과도한 재정 투입을 하고 있는 것은 북한 경제의 회복에 최대 걸림돌로 작용하고 있다.

지금까지 살펴본 바와 같이 북한은 2000년대 초에 '7·1조치'를 통해 광범위한 개혁을 시도했다. 북한 스스로가 인정한 바와 같이 '7·1조치'는 북한에 있어 역사적인 분기점이었다고 할 수 있다. 더군다나 북한은 90년대 경제난을 겪으면서 대폭 축소된 국가 능력의 현실을 받아들이면서 시장 부문을 강압적으로 압박하려 하기보다는 오히려 시장에 맞추어가는 현실적인 방법을 택했다.

물론 명백한 한계도 있었다. 앞에서 살펴본 바와 같이 '7·1조치' 역시 북한 당국이 북한 경제의 구조적인 문제를 해결하기 위해 근원적인 해결책을 제시한 것이라기보다는 현실적인 상황에 따라간 측면이 크기 때문이다. 가격, 임금, 환율 등의 경우에서 보았듯이 '7·1조치'의 많은 내용들은 근본적인 대책이라고 보기 어려운 점이 있었으며, 정책 효과도 오래 지속되지 않았다. 뿐만 아니라 당 우위의 지도적 지위를 유지하면서 이중전략을 취했다는 점 역시 한계였다고 할 수 있다. 핵심 기업과 산업은 직접적인 명령과 강제를 통해 확실하게 장악하는 한편, 나머지는 시장에 맡기고 자력갱생하도록 하면서 세금 징수 등을 통해 이익만 취하고자 했던 것이다.

이에 따라 '7·1조치'는 내부 생산을 자극해 산업 재건을 유도하기에는 역부족이었다. 가장 시급한 문제라 할 수 있는 물자공급 부족을 해결하는 것과는 거리가 멀었다. 결국 생산이 미약한 가운데 유통에서 남겨지는 가격 차(arbitrage)가 시장교환의 동력이 되었으며, 이 문제는 두고두고 북한 당국의 발목을 잡는 아킬레스건으로 작용하게 되었다.

그럼에도 불구하고 '7·1조치'가 중요한 이유는 북한 당국이 북한 체제 내에서 시장 부문의 위상을 사실상 인정하고 용인했다는 점이다. 시장화는 한 번 진행되면 다시 되돌리는 것이 거의 불가능에 가깝기 때문에 북한 당국이 계획경제의 복원을 목표로 하고 있었다 하더라도 '7·1조치'를 시행한 것 자체가 중요해지는 것이다. '7·1조치'는 북한 당국이 계획 부문과 시장 부문의 불안정한 동거 상태를 받아들일 수밖에 없음을 인정한 것이라고 할 수 있다.

특히 북한 당국이 상당한 개혁의지를 보여주었다는 점은 높이 살 만하다. 북한 당국은 '7·1조치'와 함께 여러 가지 법적 조치도 단행했다. 예컨대 2002년 3월에 제정한 상속법에서 "국가가 법적으로 개인 소유의 재산에 대한 상속권을 보장해준다"고 명시했고(상속재산 범위에는 주택, 승용차, 가정용품, 화폐 등이 포함되었다), 2004년 4월의 형법 개정에서는 사유재산권 보호를 위해 소유권 침해에 대한 처벌 규정을 강화했다. 심지어 2004년 6월에 개정한 사회주의상업법에서는 보다 급진적인 조항을 내놓았다. 즉 "수매하는 자의 신분을 확인하거나 물건의 출처를 따지지 말아야 한다"는 규정을 신설한 것이다. 90년대 경제 위기 이후 북한의 수매상점이 사실상 암시장화되었다는 사실을 고려하면 이는 상당히 파격적인 내용이라 할 수 있다. 계획경제 부문에서 탈취했거나 밀수입한 물품조차 유통되는 것을 허용하겠다는 의미로도 해석될 수 있기 때문이다. 이 밖에도 북한은 종합시장을 도입하는 등 많은 개혁조치들을 단행했다.

이로부터 북한의 외형적인 행동들을 보고 북한의 변화 여부를 판단하는 것은 더 이상 무의미하다는 것을 알 수 있다. 북한은 이미 변했고, 어떤 측면에서는 북한 당국조차 마음대로 할 수 없는 변화가 생겨버렸기 때문이다. 다소 심하게 표현하자면 1990년대와 2000년대를 거치면서 북한 경제의 체질이 완전히 바뀌었다고도 할 수 있다. 심지어 북한 당국 스스로가 개혁의 의지를 갖고 변화를 주도하는 모습까지 나타났다. 이러한 모습은 뒤에서 보다 적나라하게 보게 될 것이다.

북한이 여건에 따라서는 상당히 과감한 개혁을 시도할 수 있다는 점, 그리고 개혁의 목적이 계획경제를 복원하기 위한 것이었음에도 불구하고 현실적으로 시장친화적인 방향으로 갈 수밖에 없었다는 점은 '7·1 조치'가 보여준 중요한 시사점이라 할 수 있다. 이는 다음 절에서 '화폐개혁'을 살펴보는 데 있어서도 중요한 관전 포인트가 된다. 북한 당국이 경제 문제에 관한 근원적인 방안을 마련하지 않고 반(反)시장적인 조치를 취했을 때 어떤 결과를 맞게 되는지를 볼 수 있기 때문이다.

정책 실패의 종결자, 화폐개혁

2009년 11월 30일, 북한은 화폐개혁을 전격 단행했다. 이는 북한의 5번째 화폐개혁으로서 1992년 7월에 단행된 이후 17년 만에 이루어진 것이었다. 이번에 단행된 화폐개혁이 이전과 다른 점은 신구화폐의 교환 비율이 100대 1이었다는 것이다. 구권 1천 원은 신권 10원으로 교환되었다. 92년의 화폐개혁에서 신구화폐의 교환 비율이 1대 1이었던 점을 감안하면 북한 주민들에게 대단히 충격적인 조치였음을 알 수 있다. 그나마 30만 원으로 제한된 가구당 교환한도* 내에서의

* 북한 당국은 이번 화폐개혁에 대한 주민 반발이 커지자 신권 교환 한도를 계속 재조정했다. 즉, 처음에 제시한 한도액 10만 원을 15만 원으로 늘렸다가 다시 10만 원으로 줄였으나, 물가가 폭등하고 주민들의 불만이 커지자 이를 30만 원으로 상향조정하고 가구당 신권 500원씩을 무상으로 제공했다.

비율이 100대 1이고, 저축을 조건으로 하는 추가교환 비율은 무려 1,000대 1에 달했다. 북한 당국의 갑작스런 이 조치로 북한에서는 화폐개혁이 시행된 당일 직장 업무와 장마당 거래가 일제히 중단되었다는 보도가 나오는 등 혼란스러운 모습이 나타나기도 했다.

북한의 화폐개혁 소식이 전해졌을 때 국내에서도 이에 관한 상당한 논란이 있었다. 일각에서는 화폐개혁이 실패한 것이 아니며, 북한 사회 역시 점차 안정을 찾아갈 것이라는 주장이 나오기도 했다. 실제로 화폐개혁이 시행되고 15일가량이 지난 후 북한에서는 백화점을 비롯한 국영 상점에 많은 사람들이 물건을 사러 나오는 등 화폐개혁의 충격이 생각보다 심각하지 않은 것처럼 비춰지기도 했다.

그러나 결론적으로 화폐개혁은 실패할 수밖에 없는 조치였다고 할 수 있다. 실패할 수밖에 없었던 이유는 간단한다. 앞에서 본 바와 같이 북한 경제의 가장 근원적인 문제는 중공업에 치중한 기형적인 경제정책 등으로 인해 생산경제가 고사(枯死)하면서 경제 전체적으로 물자공급 능력이 현저히 떨어졌다는 것과, 이에 따라 가계를 중심으로 한 내수가 죽어버렸다는 것이다. 이러한 상황을 개선하려 하지 않고 단지 화폐적인 처방으로 문제를 해결하려고 했기 때문에 애당초 성공할 수 없었던 것이다. 한마디로 북한 당국의 정책적 무능함을 고스란히 드러낸 사건이었다고 할 수 있다.

그렇다면 북한은 왜 이와 같은 조치를 취했을까? 뒤에서 보겠지만 북한의 이와 같은 조치에는 정치적인 배경이 크게 작용했다고 할 수 있다. 북한이 현재 후계체제를 구축하는 민감한 시기이고, 2000년대 중반 이후 권력 내부에서도 상당한 변화가 있어왔기 때문이다. 하지만 경제적으로도 북한이 갑작스럽게 화폐개혁을 실시할 만한 이유가 있었다. 여기에서는 우선 경제적인 측면에 초점을 맞추어 화폐개혁을 살펴보고자 한다.

앞에서 살펴본 바와 같이 북한 경제에는 두 가지 치명적인 문제점들이 나타나고 있었다. 재정 능력의 급감으로 인한 국가 통제 능력의 감소와 시장에서 발생하는 하이퍼 인플레이션이 그것이었다. 재정난으로 기업에 대한 자금줄이 막히자 공장 가동률은 곤두박질쳤고 중앙의 통제가 미치지 않는 시장 부문이 점차 커졌다. 또한 '7·1조치'를 통해 가격과 임금, 환율까지 시장에 맞춰 대폭 인상했음에도 불구하고 계획 부문과 시장 부문 사이의 괴리는 점점 커져만 갔다. 북한 당국으로서는 무슨 수를 써서라도 기업에 제공할 재원을 마련해 생산을 정상화시키는 동시에, 통제력을 회복하고 급등하는 물가를 잡아야 할 상황이었던 것이다. 사실 여러 차례 지적한 바와 같이 이를 근본적으로 해결할 수 있는 유일한 방법은 생산경제를 정상화시켜 물자공급을 원활하게 하는 것뿐이었다. 그러나 북한 당국은 가시적이면서도 상대적으로 손쉬운 방법이라 할 수 있는 화폐개혁을 택했다.

북한이 이 같은 선택을 하게 된 배경을 이해하기 위해서는 북한의 금융에 관해 살펴볼 필요가 있다. 북한의 금융에 관해 알게 되면 북한의 재정난과 인플레, 환율 급등을 또 다른 측면에서 이해할 수 있게 될 것이다.

북한의 금융 시스템은 남한에 비해 매우 단순한 구조이며 규모 역시 미미한 수준이다. 뿐만 아니라 북한의 금융은 재정과 분리되어 있지 않다. 즉 재정 집행의 한 수단으로서 금융이 존재하고 있는 것이다. 따라서 앞에서 재정 부문을 중요하게 다룬 것과 마찬가지로 북한의 금융을 이해하는 것 역시 중요하다고 할 수 있다.

북한 금융의 특징은 다음과 같이 크게 4가지로 정리할 수 있다:

① 중앙은행이 상업은행 기능을 모두 수행한다('단일은행제도').
② 은행이 공장/기업소를 화폐를 통해 통제한다('원에 의한 통제').
③ 공장/기업소의 경영에 필요한 모든 자금을 국가가 공급한다('유일적 자금공급체계').
④ 공장/기업소 간 거래는 무현금 거래 원칙, 주민들을 대상으로 한 거래에서만 현금 거래를 허용한다('무현금거래와 현금거래의 분리').

물론 이들 중에는 '유일적 자금공급체계'와 같이 북한 경제가 급격히 수축됨에 따라 유명무실해진 것도 있다. 이 역시 생소한 용어라 다소 복잡하게 느껴질 수도 있지만, 대부분 앞에서 나왔던 내용이라 크게 어렵지 않을 것이다.

북한의 금융기관은 크게 4가지로 나눌 수 있다. 중앙은행인 '조선중앙은행'과 대외거래를 전담하는 외환전문은행(내각 소관 은행, 부문별 외환전문은행, 외국 투자기업들의 활동을 보장하기 위해 설립된 합영금융기관 등), 비은행(저축기관, 신협), 보험(생보, 손보) 등의 기타 금융기관이 그것이다. 이 중 핵심은 '단일은행 제도'라는 용어에서 알 수 있듯이 단연 '조선중앙

〈자료 2-10〉 **북한의 금융기관 체계**

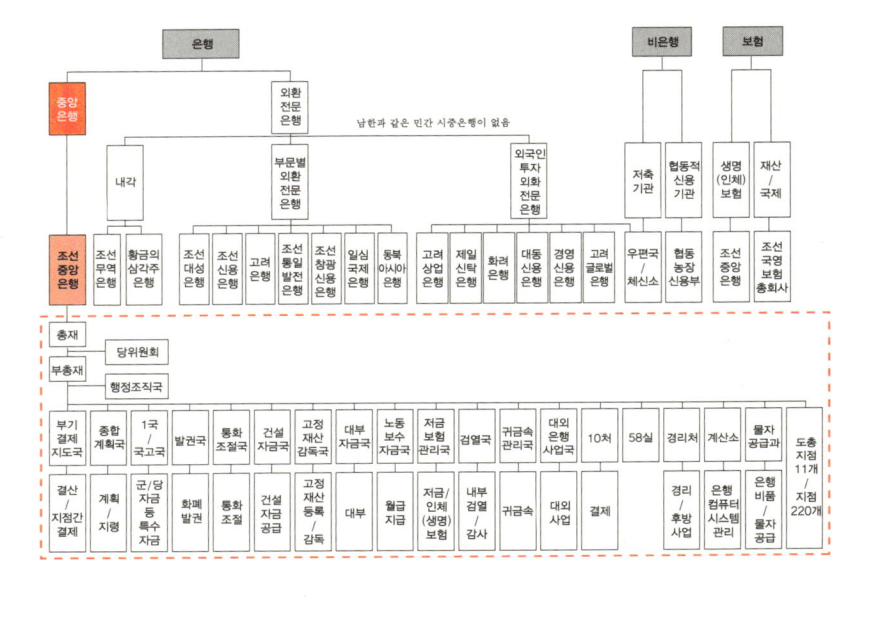

〈북한의 외환 관리 시스템 변화 연구〉, 김광진

은행'이다. 이에 따라 여기에서는 북한 금융의 핵심이라 할 수 있는 '조선중앙은행'을 중심으로 북한의 금융을 살펴보고자 한다.

　조선중앙은행은 평양에 소재한 본점, 11개의 도총지점, 시군 단위의 220개 지점 등으로 구성되어 있다. 남한의 한국은행과 비교해볼 때 인구당 지점 수 면에서 매우 큰 규모인데, 이는 조선중앙은행이 중앙은행과 상업은행의 역할을 동시에 수행하고 있기 때문이다. 남한과 같은 시장경제 체제에서는 기업과 개인이 민간 시중은행과 예대출 거래를 하지만 북한에서는 조선중앙은행이 기업소와 개인들에 대해 직접 예대출 소매금융 기능을 독점적으로 수행하고 있는 것이다.

조선중앙은행의 기능은 크게 발권/통화조절/지급결제제도 운영/국고금 관리 등의 고유기능, 추가적 자금 수요가 발생할 경우 대부를 하거나 국가기관/기업소/개인을 대상으로 예저금 업무를 하는 신용 기능, 그 밖의 특수 기능으로 나뉜다. 우선 신용 기능부터 보자. 북한에서 대부는 "기관, 기업소들에서 계획 외로 일어나는 자금 수요를 해결하기 위하여 은행이 돈을 꾸어 주면서 경리 운영을 개선하도록 통제하는 보충적인 국가자금 보장의 한 형태"로 정의된다. 즉, 자본주의 시장경제 체제에서 대부가 은행의 주요 수익원인 것과는 달리, 북한 은행의 대부는 기업소의 경리 운영을 개선하고 기업소에 대한 재정적 통제를 강화하기 위한 수단인 것이다. 은행 대부의 재원으로는 주민 저금, 보험료, 개인 송금 자금, 은행 자체 자금, 기관/기업소 예금계좌 자금, 기타 자금 등이 있는데, 이 가운데 가장 큰 비중을 차지하는 것은 기본적으로 주민들의 저금이다.

참고로 북한에서는 저금과 예금의 의미가 다르다. 저금은 개인 예치금을, 예금은 기업소의 예치금을 지칭한다. 또한 개인 저금은 이자가 붙는 저축성 예금이며, 기업 예금은 이자가 없는 당좌예금이다. 북한에도 여러 종류의 저금이 있으며, 저금의 종류에 따라 이율에 조금씩 차이가 있다. 예컨대 보통저금은 저금 금액과 기한이 정해져 있지 않고 입출금이 자유로운 연이율 3%의 단기성 예금이고, 정기저금은 일정기간마다 일정액을 정기적으로 예금하는 정액저금을 말한다. 연이율은 4%이다. 이 밖에도 추첨제 저금, 준비저금, 저금권 저금 등이 있다.

그러나 주민들의 입장에서 은행에 저금할 경우 소유한 현금자산 규모가 노출될 뿐만 아니라 은행에 예치한 금액을 다시 인출하는 데 많은 제약이 있어 90년대 중반 이후부터 저금을 기피하는 현상이 생겨났다. 경제난이 지속되면서 은행 대부가 부실화되고 은행에 대한 신뢰가 없어지게 되자 남은 돈을 은행에 저금하는 대신 장롱 속에 보관하기 시작한 것이다. 이에 대해 북한 당국은 근로자들에게 생활비(급여)를 지급할 때 10%를 강제로 저금하도록 하고 인민반 할당제와 같은 저금 장려책을 시행하고 있는데, 이러한 조치들은 오히려 북한 주민들의 저금 기피 경향을 더욱 부추기는 요인으로 작용해왔다.

사실 주민들 입장에서는 굳이 저금 인출의 어려움이 아니더라도 은행에 돈을 예치하지 않는 것이 당연한 일이라고 할 수 있다. 은행에 저금해봤자 연이율이 기껏 3~5%인 반면, 시장물가는 수십에서 수백 퍼센트씩 인상되기 때문이다. 가만히 앉아 있어도 자신이 보유한 현금 가치가 갈수록 하락하는 상황에서 쥐꼬리만 한 이자를 받겠다고 은행에 묵혀두는 것은 어리석은 행동이라 할 수 있다. 이는 북한 당국이 물가 안정과 화폐가치 방어를 최우선시해야 하는 이유이기도 하다.

두 번째로 조선중앙은행의 고유 기능인 발권 및 통화조절 기능을 보자. 원칙적으로 북한에서 공장/기업소 간의 거래는 중앙은행에 개설된 예금계좌를 통해 무현금 거래로 이루어져있도록 되어 있으나, 근로자에 대한 임금 지급이나 주민들의 소비재 구입은 현금을 통해 이루어지기 때문에 중앙은행이 현금 수급을 관리할 필요가 있다. 뿐만 아니라 '7·1조치' 이후 공장/기업소 간 거래에서도 현금거래가 공식적으로 허용됨에 따라 중앙은행의 현금 수급 관리 필요성은 보다 커졌다고 할 수 있다.

그런데 조선중앙은행의 발권을 포함해 북한의 현금 유통 과정을 살펴보면 물자의 수급 측면이 아닌 화폐적인 측면에서 인플레가 발생하는 원인을 알 수 있다. 뿐만 아니라 시장에서의 환율이 계속해서 치솟는 원인도 알 수 있다. 〈자료 2-11〉에서 북한의 현금유통 과정을 살펴보자.

우선 조선중앙은행에서 발행한 현금은 공장·기업소의 근로자들에게 임금으로 지불됨으로써 시중으로 유통된다. 현금을 받은 북한 주민들은 크게 4가지 용도로 이를 사용하게 된다. 국영 상점에서의 물자 구입, 은행 예치, 자체 보관 또는 농민시장에서의 물자 구입 등이 그것이다. 〈자료 2-11〉에서의 색깔이 나타내듯 앞의 두 가지는 공식 부문으로 현금이 들어가는 것이고, 뒤의 두 가지는 제2경제로 들어가는 것이다.

사회주의 경제가 정상적으로 운영되는 경우라면, 즉 국영유통망에서 물자공급이 충분히 이루어지고 물가가 안정된 상황이라면 주민들은 대부분의 현금으로 국영상점에서 싼 가격에 물자를 구입하고 남은 돈은 은행에 예치할 것이다. 물론 자체적으로 보관하거나 농민시장에서 물자를 구매하는 데 사용할 수도 있지만 그 액수는 크지 않을 것이다. 이와 같이 국영유통망을 통해 주민들이 현금을 사용하면 중앙은행으로 다시 회수되어 현금 흐름의 한 사이클을 이루게 된다.

<자료 2-11> 북한의 현금유통 과정

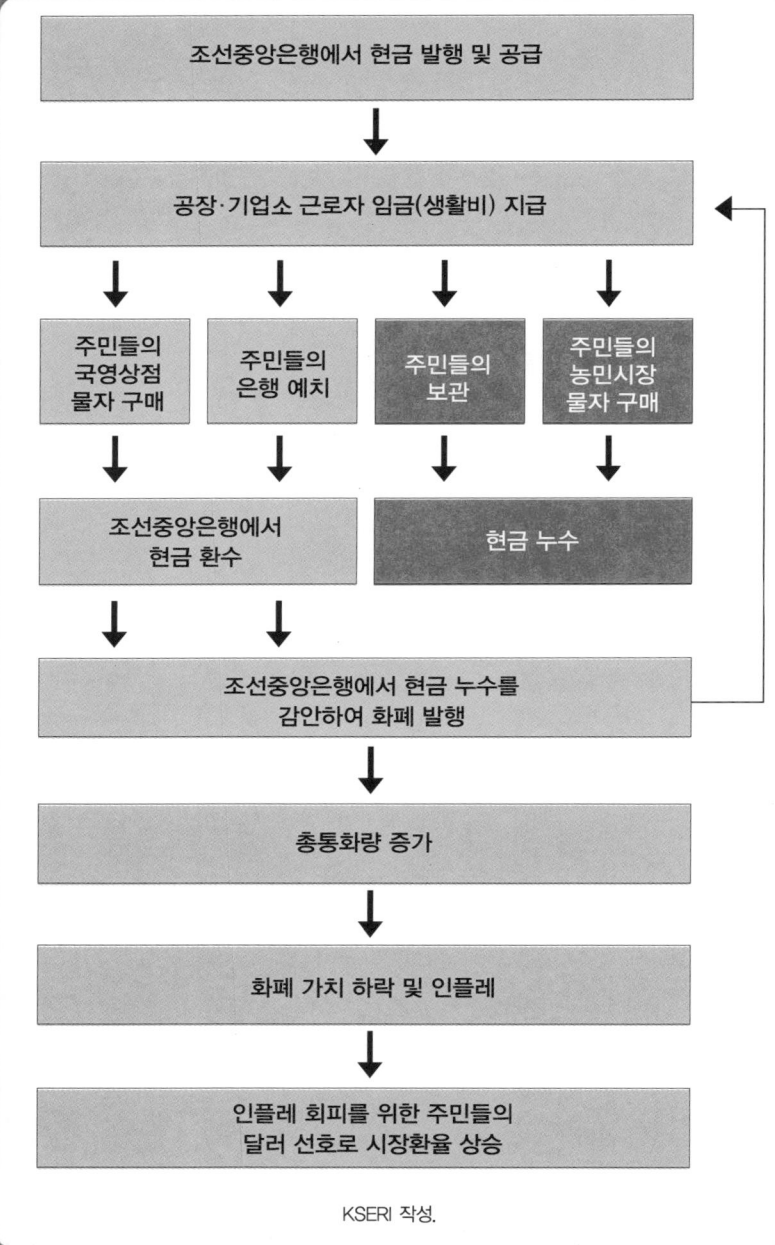

조선중앙은행에서 현금 발행 및 공급

공장·기업소 근로자 임금(생활비) 지급

주민들의 국영상점 물자 구매

주민들의 은행 예치

주민들의 보관

주민들의 농민시장 물자 구매

조선중앙은행에서 현금 환수

현금 누수

조선중앙은행에서 현금 누수를 감안하여 화폐 발행

총통화량 증가

화폐 가치 하락 및 인플레

인플레 회피를 위한 주민들의 달러 선호로 시장환율 상승

KSERI 작성.

그런데 경제난으로 인해 주민들의 경제활동 비중이 제2경제로 급속히 쏠리게 되면 이야기가 달라진다. 국영유통망에서 물자를 구할 수 없을 뿐 아니라 은행에 돈을 예치해둘 유인이 없어짐에 따라 시장 부문에서 물자를 구하거나 남은 돈을 자체적으로 보유하게 되는 것이다. 이와 같은 돈은 중앙은행의 입장에서 현금 누수로 간주된다.

현금 누수란 중앙은행이 근로자들에게 임금의 형태로 공급한 현금 규모와 주민들이 국영 상점에서 상품을 구입하거나 남은 돈을 은행에 예치함으로써 중앙은행으로 환수되는 현금 규모 간의 차이를 말한다. 즉, 북한 주민들이 국영 상점이 아닌 시장에서 물건을 구매하거나 남은 돈을 은행에 예치하지 않고 장롱 속에 보관하는 것을 말하는데, 북한 당국의 통계에 잡히지 않은 장롱 돈의 액수가 상당한 것으로 알려지고 있다.

중앙은행은 기본적인 현금 수요를 충족시키기 위해 현금 누수를 감안해 화폐를 발행한다. 따라서 현금 누수가 커질수록 그만큼 많은 액수를 현금을 추가적으로 발행하게 되는데, 이 때문에 북한 경제 전체로는 총통화량이 증가하게 된다. 한마디로 시중에 돈이 필요 이상으로 많이 풀리게 되는 것이다.

여기서부터 시장경제체제와 똑같은 메커니즘이 작동하게 된다. 유동성 과잉공급은 인플레를 유발하고 화폐가치를 떨어뜨린다. 사람들은 가격변동의 위험을 회피하기 위해 안전자산을 선호하게 되는데, 북한에서 안전자산은 다름 아닌 달러이다. 물자 부족과 총통화량 증가로 인한 인플레 압력이 커질수록 달러에 대한 선호가 커지는 것이다.

이 때문에 북한 당국이 '7·1조치'에서와 같이 국정환율을 시장환율에 근접하게 조정하는 등 온갖 인위적인 수단을 동원해도 시장환율은 계속 올라가게 된다. 글로벌 경제위기 이후 경제위기 극복을 위한 미국의 천문학적인 양적 완화 정책으로 달러가치가 불안정해지자 사람들이 안전자산인 금으로 몰리게 되면서 금 가격이 지속적으로 오른 것과 같은 이치이다.

뿐만 아니라 시장환율이 오르는 것은 또 다른 부작용을 낳게 된다. 국정가격에 비해 시장가격이 높으면 높을수록 시장으로 물건이 쏠리는 것과 마찬가지로 국정환율에 비해 시장환율이 높아지면 높아질수록 달러 역시 시장으로 쏠리게 되는 것이다. 북한 당국은 갈수록 불안감을

focus

북한의 이중적 외화 관리 시스템

2005년 9월 12일 미 재무부가 마카오 소재 방코델타아시아은행(BDA)을 '돈세탁 우려 대상'으로 지정하면서 시작된 이른바 'BDA 사건'은 북한에게 외화가 얼마나 중요한지를 단적으로 드러낸 사건이라 할 수 있다. 미국의 이러한 조치로 인해 2,500만 달러 상당의 북한 자금이 동결되었고, 이에 대한 북한의 반발은 결국 2006년 7월의 미사일 발사 시험과 10월의 핵실험 강행으로까지 이어졌다. 결국 미국은 2·13합의가 이루어진 직후인 2007년 2월 19일 북한의 BDA 동결자금 전액 해제 방침을 발표했고, 6월 말 북한 계좌로 송금이 완료됨으로써 이 사건은 일단락되었다.

약 2년 동안 지속된 이 사건은 표면적으로 미국에 대한 북한의 승리로 끝난 것처럼 보였지만 북한 체제가 갖고 있는 취약점을 고스란히 노출시켰다. 즉 북한 체제, 정확히 말하면 김정일 정권이 외화에 얼마나 의존적인지를 보여주었던 것이다.

북한 체제에서는 외화의 흐름이 곧 권력의 흐름이라 할 수 있을 정도로 외화가 중요하다. 따라서 북한은 남북교역을 비롯해 중동, 중남미, 연해주 및 개성공단 등으로의 인력 송출, 개성 및 금강산 등 토지를 빌려주고 받는 임대수입, 제3국에서 이루어지는 중계무역, 유럽 및 동남아 등지에서 이루어지는 환거래, 위폐, 마약, 위조담배, 무기수출 등 다양한 경로를 통해 외화를 벌어들인다.

〈자료1〉 외화자금의 흐름과 북한의 경제구조

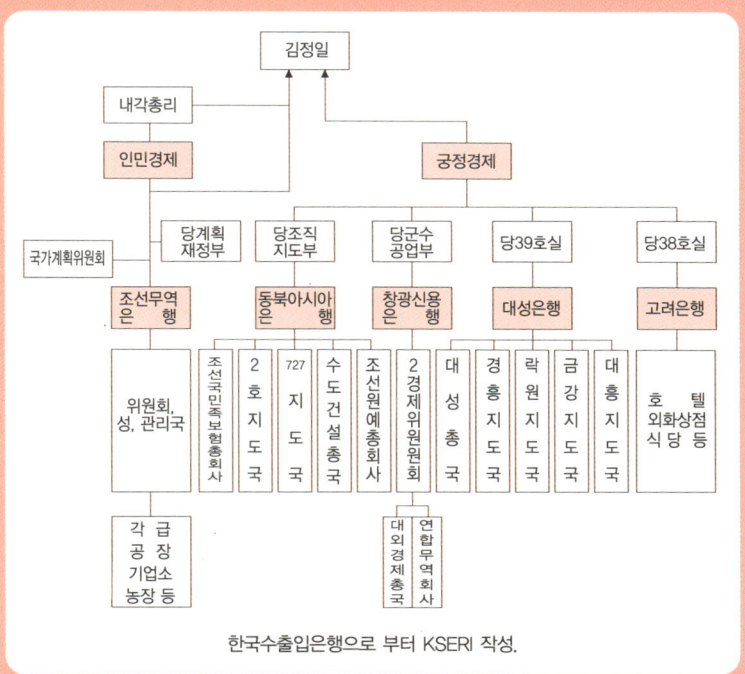

한국수출입은행으로 부터 KSERI 작성.

　　그러나 이와 같이 벌어들인 외화는 수익원에 따라 전혀 다른 곳에서 사용된다. 〈자료 1〉은 외화자금의 흐름과 북한의 경제구조를 나타낸 것이다. 그림에서 북한 경제는 완전히 분리된 두 개의 부문으로 나뉘어 작동하고 있다는 것을 알 수 있다. 즉, 인민경제 부문과 이른바 '궁정경제' 부문으로 나뉘어 있는 것이다('궁정경제'라는 표현은 북한에서 통용되는 표현은 아니다. 이를 '수령경제'라고 표현하는 학자도 있다.) 또한 인민경제 부문의 외화관리는 조선무역은행이 일원적으로 관리하는 반면, 궁정경제에서는 각 부서의 소

부문	은행명	외화유동자산	비고
인민경제	조선무역은행	500만 달러	
	황금의 삼각주 은행	100만 달러(추정)	
	총액	600만 달러	
궁정경제	창광신용은행	10억 달러(추정)	대외적으로는 60억 달러의 자산이 있다고 소개하고 있음
	동북아시아은행	1억5000만 달러	
	일심국제은행	1억2000만 달러	
	조선통일발전은행	1억 달러	
	대성은행	3000만 달러	
	고려은행	2000만 달러	
	총액	13억 달러	
차이(배)		217배	

한국수출입은행으로부터 KSERI 작성.

속은행이 분야별로 외화를 관리하는 것을 알 수 있다.

인민경제와 궁정경제는 내용을 살펴보면 보다 분명한 차이점을 보인다. 식량생산, 석탄, 광업, 제련, 전력, 임업, 수산업 등 1차산업 부문의 인민경제를 제외하고는 대부분이 '궁정경제'에 의해 지배되고 있기 때문이다. 금광, 연, 아연제련, 고급 농수산물 수출 등 외화가 될 만한 핵심 부분은 궁정경제가 모두 장악하고 있다. 즉, 인민경제와 궁정경제의 외화 수익원은 완전히 분리되어 있는 것이다.

이에 따라 부문별 외화유동자산 규모 역시 엄청난 차이를 나타낸다. 각 부문의 소속은행별 외화유동자산 규모를 나타낸 〈자료 2〉를 보면, 2000년의 경우 인민경제 소속 은행이 관리한 외화유동자산 규모는 600만 달러에 불과한 데 비해 궁정경제 소속 은행은 13억 달러에 이르렀던 것을 알 수 있다. 무려 217배의 차이가 나는 것이다. 이러한 차이는 현재까지도 계속되고 있다. 이 자료는 북한에서 재정 관련 업무를 담당했던 한 탈북자의 연구논문을 토대로 작성된 것이다.

결국 궁정경제는 인민경제와 완전히 분리되어 북한 지배계층을 위하여 작동하는 또 하나의 경제 부문이라 할 수 있다. 뿐만 아니라 전자가 후자에 비해 절대적인 우위를 차지하고 있다는 것을 알 수 있다. 이러한 북한의 경제구조로 인해 전체적인 경제상황이 어렵더라도 북한 지도부는 비교적 자유로울 수 있는 것이다. 그러나 이와 같은 구조에도 불구하고 북한 지도부가 간과하지 말아야 할 점이 있다. 그것은 이원화된 북한 경제구조가 북한 지도부의 운신의 폭을 넓혀줄 수는 있을지 모르지만, 인민경제 부문을 소외시키는 것이 결과적으로 자신들에게도 치명적인 결과를 불러일으키게 된다는 것이다.

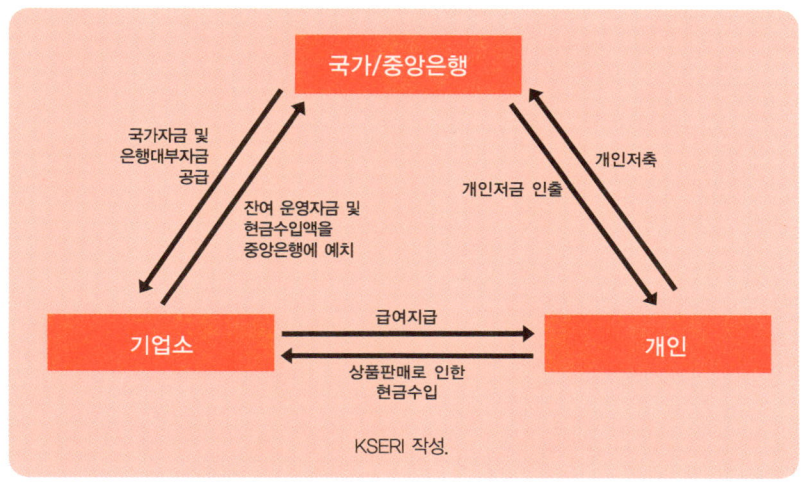

〈자료 2-12〉 **북한 금융시스템의 구조(자체제작)**

국가/중앙은행

국가자금 및
은행대부자금
공급

개인저축

개인저금 인출

잔여 운영자금 및
현금수입액을
중앙은행에 예치

급여지급

기업소

개인

상품판매로 인한
현금수입

KSERI 작성.

느끼게 된다. 어디에서부터 손을 써야 할지 난감한 상황에 처하게 되는
것이다.

지금까지 살펴본 내용을 바탕으로 북한 금융 시스템의 문제를 정리
해보자. 북한 금융 시스템을 단순화시켜놓은 〈자료 2-12〉를 통해 이를
보겠다. 정상적인 상황에서라면 북한에서는 국가가 중앙은행을 통해
기업소에게 경영자금을 제공할 것이다. 기업소는 이 자금을 사용하여
생산활동을 하고, 상품을 주민들에게 판매하여 현금수입을 얻게 되며,
주민들 역시 기업소로부터 급여를 지급받음으로써 현금을 보유하게 된
다. 또한 주민들이 잉여현금을 은행에 저축하면 중앙은행 역시 현금을
충분히 보유할 수 있게 되어 주민들이 필요한 때에 인출해줄 수 있을
뿐 아니라, 기업소에서 자금이 부족할 경우 대부해줄 수 있는 여력을
갖게 된다. 이것이 자금 흐름의 선순환 구조라 할 수 있다.

그러나 90년대 경제난이 심화되면서 국가로부터의 자금공급이 급격히 줄어들자 기업소들의 활동 위축으로 상품부족이 본격화되었고, 이는 다시 기업소의 현금 수입 감소와 근로자들에 대한 급여 지급 축소를 초래했다. 이 과정에서 계획 부문은 급격히 위축되었으며, 북한 주민들이 시장에 부문에 본격적으로 의존하기 시작하면서 현금 역시 시장 부문으로 쏠리게 되었다. 뿐만 아니라 개인들 역시 은행에 저금할 유인이 사라져 현금 누수가 갈수록 심화되는 악순환이 고착화되었다.

  이상으로부터 북한 당국이 갑작스럽게 화폐개혁을 시행한 이유를 알 수 있다. 화폐개혁은 금융에 관한 북한 당국의 고민들을 한 방에 해결해줄 수 있는 방법이었던 것이다. 우선 화폐 단위를 인위적으로 100대 1의 비율로 낮춤으로써 명목물가를 단기간 내에 1/100만큼 낮출 수 있게 된다. 둘째, 화폐개혁이 구권을 신권으로 교환하는 것이기 때문에 이후에는 신권만 통용된다. 즉, 주민들이 은행에 예치하지 않고 장롱 속에 몰래 갖고 있는 구권들이 휴지조각이 되어버리는 것이다. 따라서 화폐개혁은 시중에 떠돌고 있는 과도한 유동성으로 인한 인플레 및 환율상승 문제를 일거에 해결해줄 수 있게 된다. 셋째, 어차피 가계의 입장에서 제한된 액수만 신권으로 바꿀 수 있고 초과금액은 저축하는 조건으로 더 낮은 비율로 교환 받을 수 있기 때문에, 초과금액을 휴지조각으로 만들 바에야 낮은 비율로라도 은행에 예치하려는 유인이 생기게 된다. 이로 인해 시중에 떠돌던 자금이 은행에 모이게 되면 북한 당국은 이를 기관·기업소에 대출해줌으로써 생산자금을 지원할 여력이 생기게 된다. 한마디로 일석 삼조였던 것이다.

그러나 화폐개혁의 효과는 오래가지 않았다. 앞에서 몇 차례 지적한 바와 같이 물자공급 부족 문제를 해결하지 않은 상태에서 화폐의 액면가만 낮추어 문제를 해결해보겠다고 하는 것은 계란으로 바위를 치는 격이었기 때문이다. 뿐만 아니라 북한 당국은 화폐단위를 100분의 1로 낮추면서도 임금은 종전 수준으로 지급함으로써 사실상 임금을 100배 인상했는데, 이는 북한 당국의 거시경제 정책 능력의 수준을 드러낸 것이라 할 수 있다. 임금과 물가를 제멋대로 조정함으로써 경제를 안정시킬 수 있다고 보는 것은 화폐가치의 중요성에 대한 개념 자체가 없다는 것을 의미하기 때문이다.

화폐개혁이 특히 위험한 이유는 그것이 일시적인 효과를 나타낼 수 있을지는 몰라도 북한 당국이 북한 경제의 구조적이고 근원적인 문제 해결방안을 내놓지 않을 경우 이와 같은 조치를 취해야 할 상황이 또 다시 오게 되기 때문이다. 이번 조치로 인해 학습효과를 경험한 북한 주민들은 북한 당국이 언제 또 이와 같은 조치를 취할지 모르기 때문에 이전보다 더욱 더 달러를 선호하게 된다. 자연히 신권의 화폐가치 역시 지속적으로 떨어질 수밖에 없다. 그리고 만약 북한 당국이 이와 같은 조치를 다시 한 번 취해야 할 상황이 온다면 정권의 존립을 심각하게 우려해야 할 만한 상황이 될 것이다. 그만큼 북한에서조차 시장의 힘은 무서운 것이다.

실제로 화폐개혁의 충격으로 2009년 12월부터 북한의 식량난이 심각하다는 보도가 나오기 시작했으며, 2010년 초에는 평성, 순천, 단천, 청진, 신의주 등을 중심으로 아사자가 급속히 증가하고 있다는 보도가 나왔다. 김정일이 〈로동신문〉을 통해 북한 주민들의 어려운 생활에 관한 안타까움을 자주 언급하는 보기 드문 상황이 나타나기도 했다. 심지어 화폐개혁을 주도한 것으로 알려진 박남기 계획재정부장이 해임 및 처형되었고, 김영일 내각총리가 북한 역사상 최초로 평양의 인민반장 수천 명을 평양 인민문화궁전에 모아놓고 화폐개혁과 시장폐쇄에 대해 사과하기도 했다.

화폐개혁이 임시방편에 불과하다는 점은 화폐개혁 이후 북한의 시장가격 추이를 나타낸 〈자료 2-13〉에서 실증적으로 드러난다. 2010년 1월에 각각 120원이었던 시장 쌀 가격과 시장환율은 1년 후에는 무려 25배 이상 올라 각각 3,200원과 3,400원을 기록했다. 2월에는 다소 떨어지긴 했으나 여전히 높은 수준을 보이고 있다. 화폐개혁 직전인 2009

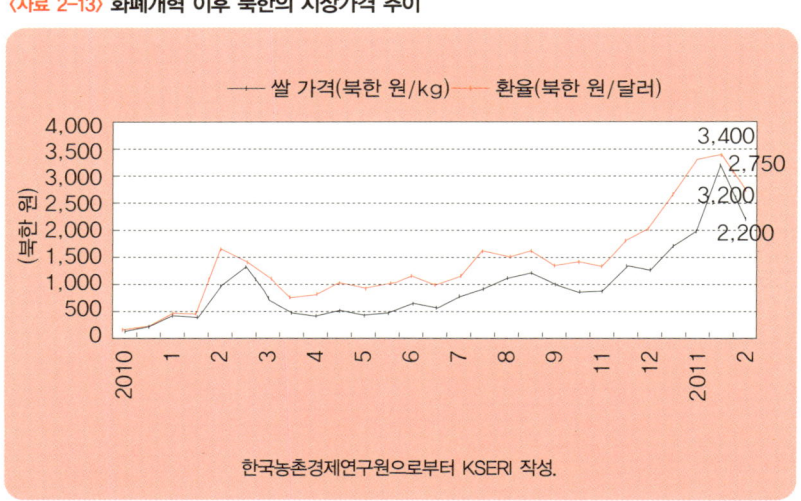

〈자료 2-13〉 화폐개혁 이후 북한의 시장가격 추이

한국농촌경제연구원으로부터 KSERI 작성.

년 3분기 쌀 가격이 kg당 구권으로 2,200원, 즉 신권으로 22원이었던 점을 감안하면 이는 100배나 오른 것임을 알 수 있다. 이로부터 북한 당국 역시 상당한 압박감을 느끼고 있음을 알 수 있다.

최근 FAO(UN식량농업기구)와 WFP(UN세계식량계획)가 북한 당국의 공식요청으로 2010년 9월 21일부터 10월 2일까지 북한의 주요 농촌에서 작황 및 식량공급 실태를 조사했는데,* 그 결과 2010년 북한의 식량 생산량은 533만 톤(조곡 기준, 정곡 기준으로는 448만 톤)으로 나타났다. 517만 톤을 기록한 2009년에 비해 약 3.1% 증가한 것이다.

그러나 이는 1990년대 초반에 비하면 절반 수준에 불과한 양이며, 현재 북한의 식량수요에도 턱없이 부족한 양이다. FAO와 WFP는 2010 · 2011 양곡년도에 북한의 식량수요가 약 535만 톤(쌀은 도정 후 정곡 기준)에 이를 것으로 평가한 후 86.7만 톤을 수입해야 하는 것으로 보고 있다. 북한 당국이 다가오는 양곡년도에 32.5만 톤을 수입할 계획임을 감안하더라도 54.2만 톤이 부족한 것이다. 이에 따라 이 보고서는 아동, 임산부 등 가장 취약한 계층 약 500만 명을 위한 30.5만 톤의 국제식량 원조를 권고했는데, 이렇게 하더라도 23.7만 톤이 부족하게 된다.

이와 같은 상황을 반영한 듯 최근 북한은 수도인 평양시의 절반 이상을 황해북도로 편입시켜 행정구역을 대폭 축소했다. 평양시 남쪽의 강남군, 중화군, 상원군, 승호 구역 등을 황해북도로 편입시킴에 따라 평

---

* 평가단은 평안남북도, 황해남북도, 함경남북도, 강원도에서 조사를 실시했다. 이 지역은 북한 내 곡물생산의 약 90%를 차지한다.

양시 면적은 기존 면적의 43% 수준으로 축소되었고, 인구도 50만 명 정도가 줄어들어 250만 명 수준이 되었다. 평양이 북한의 핵심계층이 집중된 도시이고, 평양 시민에게 타 지역 주민들과 차별화된 혜택이 주어져왔던 점을 감안하면, 이 같은 조치는 주민들에 대한 배급의 부담을 줄이기 한한 것으로 보이며, 그만큼 북한의 상황이 어렵다는 것을 나타낸다고 할 수 있다.

이 때문에 현재 북한 경제는 계획 부문과 제2경제 부문의 불안정한 동거 상태가 지속되고 있는 것으로 볼 수 있다. '7·1조치' 이후 제2경제 부문은 절대적으로나 상대적으로나 확대되었을 것이기 때문이다. 이는 바꾸어 말하면 북한 당국이 국가 통제력의 이완을 어느 정도 용인하고 있는 것이라고 할 수 있다.

그런데 여기에서 한 가지 짚고 넘어가야 할 부분이 있다. 그것은 북한 당국이 어느 날 갑자기 화폐개혁이라는 무리수를 둔 것은 아니라는 점이다. 사실 2000년대 중반까지만 하더라도 북한 당국은 제도적인 변화를 통해 시장의 변화에 부합하려는 노력을 기울였다. 한 예로 2004년에 북한 당국이 제정한 '중앙은행법'을 들 수 있다. 앞에서 살펴본 바와 같이 국가의 기업소에 대한 재정지원 축소로 은행 대부가 중요한 자금 원천으로 부각되자 중앙은행의 상업은행 업무가 증가했는데, 주민들의 저축 기피 현상으로 자금 확보에 어려움을 겪게 되었을 뿐만 아니라 기업소의 상환 능력을 고려하지 않고 대부를 해준 탓에 채무를 상환하지 못하는 기업소가 늘어나게 되었다. 이에 따라 북한에서도 은행의 신용 기능이 부각되었는데, '중앙은행법'의 제정은 이러한 상황을 반영한 것이었다.

'중앙은행법'은 전체적으로 중앙은행의 기존의 주요 기능인 대부 기능을 약화시키고 대부 대상에 있어서도 변화를 꾀하려고 한 것으로 보인다. 예를 들어 대부에 관해 다루고 있는 제28조는 "중앙은행은 화폐자금이 부족한 금융기관에 대부를 준다"라고 명시하면서 기존에 기관·기업소에 직접 자금을 대부해주던 것에 관해서는 언급하고 있지 않은데, 이는 북한 당국이 중앙은행의 역할을 남한과 같이 화폐발행이나 통화정책 수립과 같은 고유 기능에 한정하려고 했던 것으로도 볼 수 있다.

이 같은 맥락에서 북한은 2006년 1월 최고인민회의 상임위원회 정령 제1529호로 '조선민주주의인민공화국 상업은행법'을 발표했다. '상업은행법'은 제18조에서 상업은행의 업무를 "예금 업무, 대부 업무, 돈자리의 개설과 관리 업무, 국내결제 업무, 대외결제, 수형과 증권의 인수 및 할인, 환자조작 업무, 외화교환 업무, 거래자에 대한 신용확인 및 보증 업무, 금융채권발행 및 팔고 사기 업무, 귀금속 거래 업무, 고정재산 등록 업무, 화폐의 팔고 사기 업무, 이 밖에 승인받은 업무"로 정의하고 있다. 이에 따라 '상업은행법'은 기존에 중앙은행이 갖고 있던 신용기능을 상업은행으로 이관하려는 의도를 반영한 것이며, 북한 당국이 중앙은행을 통해 유휴화폐를 환수하는 것이 주민들의 신뢰 상실로 인해 불가능하다는 것을 인정한 것이라고 할 수 있다. 또한 제20조에서는 "상업은행은 거래자가 예금에 대한 지불을 요구할 경우 원금과 리자(이자)를 제때에 정확히 지불하여야 한다. 예금에 대한 비밀을 철저히 보장하여야 한다"는 조항까지 명시되어 있다. 즉, 북한 주민들의 저축 기피 현상으로 인한 자금 부족과 현금 누수 문제를 강제적인 방법을 통해서가 아니라 '신용'을 통해 해결하고자 한 것이다. 이처럼 '상업은행법'의 제정은 북한 당국의 금융에 대한 인식 변화를 보여주는 것이라 할 수 있다. 그러나 '상업은행법'에는 여전히 상업은행의 활동에 대한 중앙의 통제가 강하게 반영되어 있어 자율성이 의문시되었다. 상업은행은 아직 설립되지 않았다.

이와 같이 2000년대 중반까지만 해도 상당한 개혁 의지를 갖고 합리적인 해결책을 모색해가고 있었던 북한이 왜 얼마 지나지 않아 실패로 드러나게 될 화폐개혁을 밀어붙인 것일까? 이에 대한 답을 구하기 위해서는 북한의 정치적인 변화를 살펴볼 필요가 있다. 다음 장에서 북한의 정치적인 변화를 살펴보면 북한이 현재 얼마나 중요한 분기점에 서 있는지를 알 수 있을 것이다.

조선노동당의 쇠퇴? ｜ 용두사미(龍頭蛇尾)로 끝난 김정일의 개혁 ｜ 후계자 김정은, 북한을 구할 수 있을까?
미국이 생각하는 최선의 북한 권력승계 시나리오

3

북한 정치,
경제의 딜레마에 빠지다

plea
bargain

조선노동당의
쇠퇴?

북한 경제를 이해하기 위해서는 북한의 정치권력 구조를 제대로 이해하는 것이 중요하다. 권력기구들의 성격이 남한과 다르고 각 권력기구들의 공식적인 위상과 실제 위상 사이에도 상당한 차이가 나기 때문이기도 하지만, 기본적으로 북한 체제에서의 정치권력이 남한과는 비교할 수 없을 정도로 막강한 통제력을 발휘하기 때문이다.

북한 체제에서 정치권력이 차지하는 비중이 워낙 크다 보니 북한학계에서도 이를 중심으로 한 이른바 '위로부터의 시각'이 주류를 이뤄왔다. '위로부터의 시각'이란 쉽게 말해 김일성과 김정일을 비롯한 소수 권력집단의 의지와 결단이 북한 체제 전체에 미치는 영향에 초점을 맞춘 것이다. 그러나 시간이 갈수록 이러한 시각으로 파악할 수 없는 현상들이 생겨나기 시작했다. 앞에서 살펴본 경제적 변화와 같이 '아래'서부터의 변화가 '위'의 변화로 이어지는 상황이 나타난 것이다. 이러한 현상에 초점을 맞추는 이른바 '아래로부터의 시각'은 기존의 시각이 설명해주지 못하는 많은 부분을 설명해주고 있다.

사실 이 책도 '아래로부터의 시각'으로 북한을 바라보고 있는 것이라고 할 수 있다. 경제난에 따른 북한 내부의 변화를 잘 보여줄 수 있는 시각이기 때문이다. 하지만 '위로부터의 시각'이 많은 한계점을 갖고 있음에도 불구하고, 북한 정치권력의 특성을 파악하는 것은 북한 체제를 이해하는 데 있어서 여전히 필수적인 작업이라 할 수 있다. 따라서 이 장에서는 90년대 이후 북한 정치권력 구조에 어떤 변화가 있었는지를 살펴보고자 한다.

이 장에서 북한 정치권력에 관해 살펴보면 다음의 두 가지를 발견하게 될 것이다. 하나는 겉으로 보이는 것과 달리 북한의 권력구조 역시 경제난이라는 충격에 대응해 상당한 변화를 겪어왔다는 것이다. 다른 하나는 현재의 시점이 앞으로의 북한의 변화와 관련해 대단히 중요하다는 것이다.

우선 북한의 권력구조를 살펴보자. 〈자료 3-1〉은 통일부가 2011년에 발표한 북한권력기구도를 토대로 작성한 것이다. 통일부는 매년 북한 권력기구도를 발표하는데, 북한 내부사정의 변화나 통일부의 판단에 따라 변화를 가해왔다. 예를 들어 2011년의 경우 39호실에 흡수되었던 38호실이 다시 분리되어 나옴으로 인해 조선노동당 당중앙위원회 산하 비서국 전문부서의 수가 늘어났다. 38호실은 김정일의 개인 금고 역

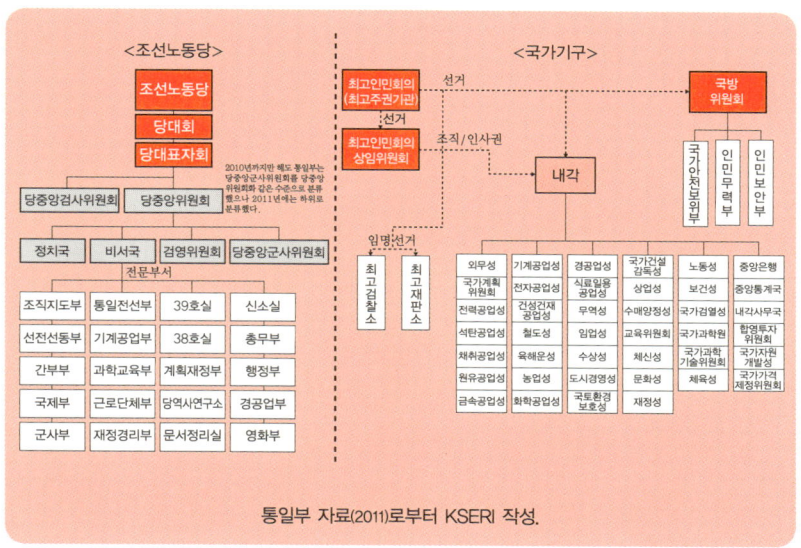

〈자료 3-1〉 북한의 권력구조

<조선노동당>

조선노동당
당대회
당대표자회

<국가기구>

최고인민회의
(최고주권기관) 선거 국방위원회

2010년까지만 해도 통일부는 당중앙군사위원회를 당중앙위원회와 같은 수준으로 분류했으나 2011년에는 하위로 분류했다.

최고인민회의
상임위원회 조직/인사권

국가안전보위부 인민무력부 인민보안부

당중앙검사위원회 당중앙위원회

내각

정치국 비서국 검영위원회 당중앙군사위원회

전문부서

임명선거

최고검찰소 최고재판소

조직지도부	통일전선부	39호실	신소실
선전선동부	기계공업부	38호실	총무부
간부부	과학교육부	계획재정부	행정부
국제부	근로단체부	당역사연구소	경공업부
군사부	재정경리부	문서정리실	영화부

외무성	기계공업성	경공업성	국가건설감독성	노동성	중앙은행
국가계획위원회	전자공업성	식료일용공업성	상업성	보건성	중앙통계국
전력공업성	건설건재공업성	무역성	수매양정성	국가검열성	내각사무국
석탄공업성	철도성	임업성	교육위원회	국가과학기술위원회	합영투자위원회
채취공업성	육해운성	수상성	체신성	국가과학원	국가자원개발성
원유공업성	농업성	도시경영성	문화성	체육성	국가가격제정위원회
금속공업성	화학공업성	국토환경보호성	재정성		

통일부 자료(2011)로부터 KSERI 작성.

할을 해온 부서이고, 39호실은 '수퍼노트(100달러짜리 위조지폐)' 제작, 지하자원 수출 등을 통해 외화벌이를 담당하는 부서이다. 또한 '당중앙군사위원회'의 위상도 전년과 다르게 나타났다. 2010년까지만 하더라도 '당중앙위원회'와 같은 수준으로 분류되어 있던 '당중앙군사위원회'가 2011년에는 하위수준으로 분류되어 있는 것이다.

물론 북한의 정치권력 구조에 관한 이와 같은 판단에 모두 수긍할 수 있는 것은 아니다. 앞에서 본 바와 같이 통일부는 '당중앙군사위원회'를 '당중앙위원회'의 하위부서로 변경했는데, 이에 대한 근거로 2010년 9월의 당대표자회를 통해 개정된 당규약에서 당중앙위원회 전원회의가 당중앙군사위원회 선거를 하는 것으로 되어 있었기 때문이라고 밝혔다. 그런데 이는 다소 이상한 것이라고 할 수 있다. 뒤에서 자세히 살펴보겠지만, 북한 당국이 2010년 9월의 당대표자회를 통해 '당중앙 군사위원회'의 위상을 대폭 강화하는 모습을 보였기 때문이다. 기존에 없던 부위원장 자리를 만들어 김정은을 부위원장에 임명하기도 했다. 이는 '당중앙군사위원회'의 위상이 이전에 비해 더 높아졌으면 높아졌 지 낮아지지는 않았으리라는 것을 의미한다. 또한 선거를 근거로 관계 를 재설정했다는 것도 의문이 드는 부분이다. 만약 선거가 중요한 기준 이라면 국방위원회 위원들을 선거하는 최고인민위원회는 국방위원회 의 상부조직일 것이기 때문이다. 그러나 국방위원회를 최고인민위원회 의 산하기관으로 보는 사람은 아무도 없다. 이처럼 북한 권력구조의 실 상을 이해하는 데에는 표면적으로 드러난 내용 이외에도 다양한 맥락 을 고려할 필요가 있다. 사실 이와 같은 점들 때문에 북한 권력구조의 실상을 제대로 파악하는 것은 쉽지 않은 일이라 할 수 있다.

〈자료 3-1〉에서 보는 바와 같이 북한의 주요 권력기관으로는 조선노 동당, 입법부 기능의 최고인민회의, 행정부 기능의 국방위원회와 내각, 사법부 기능의 재판기관 등이 있다. 조선노동당은 국가정책 결정을 총 괄적으로 관리하는 역할을 하고, 최고인민회의는 공식적인 최고주권기 관이다. 최고인민회의의 권한은 헌법 및 법령의 수정 · 보충, 국방위원 장과 위원, 최고인민회의 상임위원장과 위원, 내각총리 및 행정각료 등 의 선출, 그리고 조약의 비준 · 폐기 등이다. 최고인민회의 상임위원회 는 최고인민회의의 상설조직이다. 또한 내각은 최고주권의 행정적 집 행기관이자 전반적 국가관리기관이며, 국방 분야를 제외한 대부분의 국가 행정 및 경제 관련 사업을 주도한다. 국방위원회는 1992년 개정 헌법에서 중앙인민위원회의 부문별 위원회에서 분리되었으며, 1998년 개정헌법에서도 '국가주권의 최고군사지도기관이며 전반적 국방관리기관'으로 표현되어 권한과 역할이 강화되고 있다. 한편, 북한의 주요 사법기관으로는 최고재판소와 최고검찰소가 있는데, 최고재판소 아래에는 도 재판소와 지방인민재판소, 특별재판소가 있다. 최고검찰소 역시 아래에 도·시·군 검찰소와 특별검찰소가 있다.

그러나 이 같이 일반적인 설명으로는 실제로 이들이 어떤 역할을 하는지 파악하기 어려울 것이다. 더구나 북한의 권력구조에 관해 처음 접한다면 더더욱 생소하게 느껴질 것이다. 따라서 북한 당국이 공식적으로 발표하는 내용이 아니라, 북한 언론이나 구성원 등을 대조해 실제 위상과 역할을 판단할 필요가 있다. 이를 토대로 한 북한의 실질적인 5대 권력기관은 당중앙위원회, 당중앙군사위원회, 국방위원회, 최고인민회의 상임위원회, 내각이다. 결국 보다 큰 범위에서 당중앙위원회와 당중앙군사위원회를 보유한 조선노동당이 북한 최고의 권력기관임을 알 수 있다. 이 점은 우리나라의 정치체제와 가장 큰 차이가 나는 부분이라 할 수 있다. 행정부가 아닌 당이 최고 권력기관인 것이다.

물론 최근 들어 국방위원회의 위상이 지속적으로 강화되어온 것도 사실이다. 2009년에 개정된 헌법은 국방위원장을 '조선민주주의인민공화국의 최고 영도자'로 내세우기도 했다. 그러나 국방위원회를 북한 최고의 권력기관으로 보는 데에는 신중할 필요가 있다. 기본적으로 조선노동당에 의한 당의 영도가 북한 체제의 근간을 이루는 토대일 뿐 아니라 북한 군대 역시 당의 군대이기 때문이다. 실제로 조선노동당 내에는 앞에서 언급한 '당중앙군사위원회'라는 막강한 군사 관련 조직이 있다. 최근 김정은이 당중앙군사위원회 부위원장에 임명된 것에서 알 수 있듯이, '당중앙군사위원회'의 위상은 더욱 높아졌다고 할 수 있다.

2010년 9월의 당대표자회 이전의 상황을 보더라도 '당중앙군사위원회'에는 국방위원회에는 없는 원수 계급 엘리트인 리을설뿐 아니라 차수 계급 엘리트들이 더 많이 속해 있었다. 즉, 당중앙군사위원회의 인적 구성이 국방위원회에 비해 군에 대한 지휘 통제에 더 적합했던 것이다. 또한 당중앙군사위원회와 국방위원회의 인적 구성도 상당수 겹치고 있었다. 김정일을 비롯해 조명록, 김영춘, 김일철 등 4인이 두 조직에 모두 속해 있었다. 이는 북한 권력체계가 갖고 있는 중요한 특징이라고 할 수 있다. 즉, 김정일을 비롯한 핵심인사들이 겸직을 통해 각 권력기관들을 장악하고 있는 것이다. 이 때문에 북한의 권력체계를 당과 군부와 같이 이분법적으로 나누어 파악하는 것은 적절하지 않다.

이상에서 보듯 조선노동당은 공식적으로나 실제적으로 북한 최고의 권력기관이다. 그런데 여기에서 조선노동당과 같은 최고 권력기관조차 상당히 비정상적인 방식으로 운영되어왔다는 점에 주목할 필요가 있다. 예를 들어 〈자료 3-1〉에서 보는 바와 같이 조선노동당의 최고 의사결정기구인 당대회는 원칙적으로 5년에 한 번씩 개최하도록 되어 있었지만, 1980년에 열린 제6차 당대회 이후 개최된 적이 없다. 즉 김정일의 의도나 북한 내부사정에 따라 변칙적으로 운영되어온 것이다. 참고로 최근 북한은 조선노동당 당규약을 개정하여 원래 "5년에 1회 소집,

소집기일을 3개월 전에 공고"라고 되어 있던 당대회 개최 관련 조항을 "소집기일을 6개월 전에 발표, 조선노동당 총비서를 추대"라고 수정하였다. 이와 같이 조선노동당 하나만 보더라도 공식적인 권력기구도와 실제 역할이 얼마나 다른지 어렵지 않게 알 수 있다.

　조선노동당 내에서 실질적으로 당을 움직여왔던 부서는 당중앙위원회 비서국이라고 할 수 있다. 그리고 비서국 내에서도 조직지도부가 가장 강력한 권한을 행사해왔다. 김정일이 직접 부장을 맡고 있기도 한 조직지도부는 모든 조직에 설치되어 있는 당위원회를 직접 지도·통제해왔을 만큼 막강한 권력을 행사해온 조직이다. 이와 함께 비서국 내에는 당의 사상사업을 관장하는 선전선동부, 당 핵심 간부들의 인사 문제를 담당하는 간부부, 대중국 외교를 담당하는 국제부, 대남협상을 담당하는 통일전선부 등 핵심 권력부서들이 포함되어 있다. 또한 39호실과 38호실은 앞에서 언급한 바와 같이 외화획득과 통치자금 조달을 맡고 있는데, 39호실이 '수퍼노트(100달러짜리 위조지폐)' 제작과 지하자원, 송이버섯 수출을 총괄하는 반면, 38호실은 외화상점과 호텔 운영, 무역 등으로 자금을 조달해 김정일을 비롯한 가족의 개인자금과 물자 등을 관리하는 것으로 알려져 있다.

　이와 같은 비정상적인 권력구조는 기존의 공식 절차를 무시하는 김정일의 통치 스타일과도 관련이 있다. 김정일은 당중앙위원회 군사위원회를 중앙군사위원회로 바꾸고 파격적인 방식으로 조선노동당 총비서로 추대되었으며 국가주석제를 폐지하기도 했다. 이러한 김정일의 스타일로 인해 조선노동당 내 의사결정구조 역시 무력화되었으며 김정일 개인에게 수직적으로 보고되고 결정되는 방식으로 바뀌었다. 뿐만 아니라 김정일은 권력기관 곳곳에서 겸직을 통해 통제력을 장악해왔다. 조선노동당 총비서, 국방위원장, 조선인민군 최고사령관, 조직지도부장, 당중앙군사위원회 위원장, 정치국 상무위원 등 여러 직책을 동시에 맡고 있는 것이다.

지금까지 북한 권력구조의 특징을 간단히 살펴보았다. 이제부터는 이를 토대로 북한에서 경제난이 본격화된 90년대 이후 나타난 북한 정치권력의 변화를 살펴보고자 한다. 이를 보면 경제난에 따라 북한 권력구조에도 상당한 변화가 있었음을 알 수 있다.

앞에서 살펴본 바와 같이 북한 최고의 권력기관은 조선노동당이다. 북한 헌법은 11조에서 "조선로동당의 령도 밑에 모든 활동을 진행한다"고 명시하고 있다. 실제로 북한에서는 정(政)과 군(軍)의 모든 정책 결정이 당중앙위원회나 당정치국에서 미리 심의되었고, 인사 문제도 당이 직접 관여하거나 당원을 파견하여 통제해왔다.

그러나 80년대 말부터 사회주의 공산국가들의 붕괴, 소련 해체, 김일성 사망, 고난의 행군 등으로 북한 체제가 대내외적으로 극심한 어려움에 처하게 되자, 북한 당국은 기존의 통치방식에 변화를 가하게 되었다. 즉 과거와 같이 당이 모든 것을 관리·통제하는 방식이 아니라, 정(政)과 군(軍)에게 일정한 영역과 권한을 부여하고 결과에 대해 책임을 지게 한 것이다. 쉽게 말해 북한 당국의 위기대처 능력이 고갈된 상황에서 조선노동당이 권력을 계속 쥐고 있어봤자 주민들의 원성만 집중될 것이었기 때문에, 권한을 분산시킴으로써 책임을 회피하고 일정하게 변화를 모색할 여지도 만들려고 한 것이었다.

이와 같은 움직임 중의 하나가 바로 '선군정치' 이다. 북한에 조금이라도 관심이 있는 독자들이라면 '선군정치' 라는 용어를 언론에서 자주 접해봤을 것이다. '선군정치' 란 쉽게 말해 군을 앞세운 정치를 말한다. 참고로 '선군정치' 라는 용어는 1998년 5월 26일 노동신문 정론을 통해 북한 공식매체에 처음 등장했다. 그러나 북한 당국은 김정일이 제214 군부대를 시찰한 1995년 1월 1일을 '선군정치' 의 기원으로 주장하고 있다. 심지어 최근 북한 김일성종합대학의 한 교수는 '선군정치' 가 1960년대부터 시작된 것이라고 주장하기도 했다.

군을 강조함에 따라 김정일의 군부대 시찰도 대폭 증가했다. 1994년에 7회에 불과했던 군부대 시찰 횟수는 1995년에는 16회로 늘어났고 1997년에는 57회로 대폭 증가했다. 이후 김정일의 공개활동에서 군사 관련 활동이 가장 높은 비중을 차지하게 되었다. 뿐만 아니라 군사기구도 강화하기 시작했다. 1980년 6차 당대회 때만 해도 당중앙위원회의 하부조직에 불과했던 '당중앙위원회 군사위원회' 는 '당중앙군사위원회' 로 명칭이 바뀌었고, 1990년대를 거치면서 당중앙위원회와 대등한 위치에 올라서게 되었다.

'선군정치' 로 인해 가장 부각된 조직은 '국방위원회' 라 할 수 있다. 국방위원회는 아마도 우리에게 가장 익숙한 조직일 것이다. 국방위원회는 북한의 헌법 개정에 따라 위상이 점차 변해왔다. 1972년의 사회주의 헌법에서는 중앙인민위원회 산하에 있었으나, 1992년의 헌법 개정을 통해 중앙인민위원회에서 분리되었고, "조선민주주의 인민공화국 국가주권의 최고 군사지도기관"으로 입지가 강화되었다. 1998년에 개정된 헌법에서는 "국가주권의 최고군사지도기관이며 전반적 국방관리기관"으로 입지와 권한이 보다 강화되었고, 인민무력성이 국방위원회 산하에 배치되었다. 심지어 2009년에 개정된 헌법에서는 국방위원장을 북한의 최고 영도자로 명시하기도 했다. 이에 따라 '국방위원회'를 북한 최고의 권력기관으로 보는 시각도 생겨나게 되었다. 그러나 결론적으로 이 같은 강조에도 불구하고 군이 당보다 상위에 놓이게 된 것은 아니라고 할 수 있다. 당의 우선순위를 포기하는 것은 북한이 말하는 북한식 사회주의의 포기를 의미하는 것이기 때문이다.

군과 함께 부상한 또 다른 조직이 있다. 그것은 국가기관, 특히 내각이다. 국가기관의 부상에 주목해야 하는 이유는 이들이 경제와 밀접한 관계를 갖고 있기 때문이다. 원래 조선노동당이 최고 권력을 갖고 있는 북한 체제에서는 경제에 관해서도 당이 지도하는 것이 원칙이다. 즉, 조선노동당이 경제정책을 지도하고 경제 관련 국가기관들은 단지 행정적이고 실무적인 업무만을 맡게 되는 것이다. 당연히 당의 지도가 경제기관들의 의도보다 우위에 있었으며, 경제관료들 역시 전문성보다는 이념적 지향성을 중시하게 되었다.

실제로 북한은 1980년대 중반까지 행정경제사업에 대해 당의 지도를 강조했다. 뿐만 아니라 당의 우위와 책임을 분명히 표방하는 이른바 '경제의 정치화(politicization of economy)'를 추구했다. 즉, 모든 기관과 조직에 당위원회를 배치해 생산활동을 지원하도록 한 것이다. 그러나 말이 지원이었지 사실상 감독과 통제였다고 할 수 있다. 당연히 생산활동에도 커다란 장애가 되었다. 예를 들면 이런 것이다. 기업소 내에 지배인과 당비서가 있다고 해보자. 실질적인 현장경험을 갖고 있는 지배인은 기업소 운영에 있어 여러 제약조건들을 감안해 보다 현실적인 대안을 모색하려고 한다. 반면 당비서는 당에 대한 충성심과 열정으로 그러한 제약조건을 극복할 수 있으며, 현장경험에서 나온 생산방법보다 '장군님'의 교시를 따를 때 보다 나은 성과를 거둘 수 있다고 주장한다. 만약 이 둘이 부딪히게 되면 지배인은 사상적으로 의심받아 처벌받을 위험성이 커지게 된다. 따라서 지배인은 당비서의 주장에 순응적인 태도를 취하게 되며 기업소의 실질적인 1인자는 당비서가 된다. 결국 기업운영에 필요한 전문성이나 자격요건을 갖추지 못한 당비서가 기업 경영을 좌지우지하게 되는 것이다. 기업 운영에 심각한 악영향을 미치게 될 수밖에 없다.

그러나 사회주의 경제권이 붕괴하기 시작한 1990년을 전후로 이와 같은 상황에 변화가 나타나기 시작했다. 이전에는 당이 당 내부사업과 경제사업을 같은 비중으로 다루었으나 이후부터는 당 내부사업에 비중을 두기 시작한 것이다. 이는 사실상 경제사업을 경제기관에 맡긴다는 것을 의미했다. 또한 앞에서 살펴본 바와 같이 국가관리 능력이 붕괴되자, 당은 열악한 경제정책으로 각 경제주체에 일일이 간섭하기보다는 이들로부터 얻을 수 있는 이권에 관심을 갖게 되었다. 이에 따라 경제관리에 있어서 내각의 역할을 인정해주는 분위기가 생겨나게 되었으며, 1998년 헌법 개정을 계기로 내각책임제와 내각중심제가 강조되기 시작했다. 급기야 2002년 '7·1조치'를 전후로 김정일은 내각에 본격

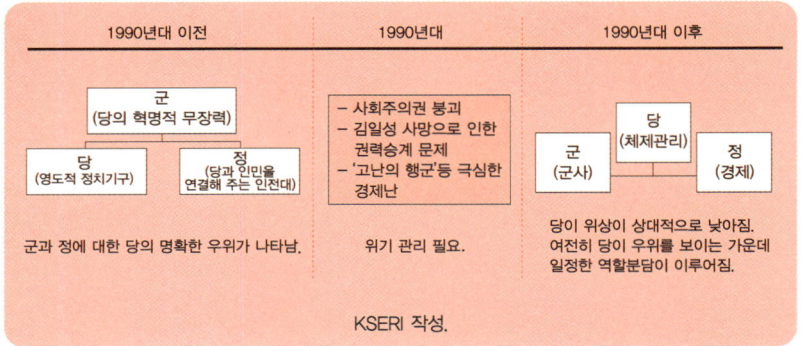

〈자료 3-2〉 **북한 정치체제 내에서 당·군·정의 관계 변화**

1990년대 이전	1990년대	1990년대 이후
군 (당의 혁명적 무장력) 당 (영도적 정치기구)　　정 (당과 인민을 연결해 주는 인전대) 군과 정에 대한 당의 명확한 우위가 나타남.	– 사회주의권 붕괴 – 김일성 사망으로 인한 권력승계 문제 – '고난의 행군'등 극심한 경제난 위기 관리 필요.	당 (체제관리) 군 (군사)　　정 (경제) 당이 위상이 상대적으로 낮아짐. 여전히 당이 우위를 보이는 가운데 일정한 역할분담이 이루어짐.

KSERI 작성.

적으로 힘을 실어주기 시작했다.

〈자료 3-2〉는 이와 같은 정치체제 내의 변화를 압축적으로 나타낸 것이다. 즉 1990년대 이전에는 당이 '영도적 정치기구', 군이 '당의 혁명적 무장력', 정이 '당과 인민을 연결해 주는 인전대'의 역할을 각각 맡은 가운데 군과 정에 대한 당의 우위가 명확하게 나타난다. 그러나 90년대 대내외적인 위기상황들이 발생하자 북한 당국은 위기를 관리하기 위해 상당한 변화를 모색하게 되었다. 물론 이와 같은 변화에는 실질적으로 아무런 조치도 취할 수 없었던 북한 당국의 무능함이 크게 작용했다. 결국 90년대 이후 당의 위상은 크게 낮아졌으며, 당·군·정은 각각 체제관리, 군사적인 측면, 경제적인 측면을 맡는 역할분담을 하게 되었다. 북한 체제에서 조선노동당이 차지해온 절대적인 위상을 감안하면 이와 같은 변화는 상당한 충격적인 것이었다고 할 수 있다.

이 같은 변화를 토대로 김정일은 2000년대 들어 파격적인 실험을 감행한다. 다음 절에서 2000년대 북한의 변화를 살펴보면 정치권력 내부에서 상당한 변화가 시도되었고, 화폐개혁을 실패하고 난 현재의 시점이 북한의 변화와 관련해 얼마나 중요한 시기인지 알 수 있을 것이다.

끝으로 이 같은 북한의 변화와 관련해 주목해야 할 두 가지 특징을 제시하고자 한다. 하나는 북한 체제에서 겉으로는 정치·사상적인 문제가 가장 중요한 것 같지만, 실제로는 경제 문제 역시 그만큼 중요하다는 점이다. 심지어 어떤 면에 있어서는 경제가 더 중요한 문제라고까지 할 수 있다. 최근 북한 체제의 지속성과 관련해 경제난이 체제붕괴의 결정적인 변수로 등장하는 것은 이를 나타낸다. 두 번째는 첫 번째와 같은 맥락인데, 현재 진행되고 있는 후계체제 구축과 관련해 정치적으로 안정적인 권력승계를 이루어낸다 하더라도 경제 문제를 해결하지 못하면 북한 체제가 치명적인 위기에 계속 노출될 수밖에 없다는 것이다. 이는 경제정책의 성패가 정권의 안전에도 결정적인 변수가 될 것이라는 점을 의미한다.

용두사미(龍頭蛇尾)로 끝난 김정일의 개혁

이제 2000년대 이후 북한 권력 내부에 어떠한 변화가 있었는지 본격적으로 살펴보자. 앞 장에서 2000년대 북한의 변화를 경제적인 측면에서 살펴보았다면, 여기에서는 정치권력의 측면에서 살펴보고자 한다. 사실 북한 권력 내부사정을 들여다보는 것은 상당히 어려운 작업이다. 북한 체제가 워낙 폐쇄적이라 내부에서 어떤 일이 일어나는지를 가늠할 수 있는 자료가 좀처럼 나오지 않기 때문이다. 특히 정책 결정과 관련해서는 북한 특유의 '비밀주의'로 인해 실상을 파악하기가 더욱 어렵다. 그러나 다행히 '7·1조치'가 시행된 2000년대에는 비교적 많은 자료를 접할 수 있게 되었다. 이들을 살펴보면 북한 당국 내부에서도 상당히 과감한 개혁조치들이 시도되었다는 사실에 놀라게 될 것이다. 동시에 김정일의 리더십 한계와 같은 북한 지도부의 여러 단면들에 대해서도 보게 될 것이다.*

김정일은 2000년에 들어서 경제정책의 변화를 모색하기 시작했다. '실리주의'를 강조하면서 경제구조 개선과 효율성 증대를 요구하기 시작한 것이다. 동시에 당 경제정책검열부에 지시해 내각이 경제를 장악할 수 있는 방법을 모색하도록 했다. 사실 이와 같은 지시는 기존의 북한 정치권력의 특성을 감안할 때 놀랄 만한 것이었다고 할 수 있다. 앞에서 살펴본 바와 같이 북한에서 실질적으로 경제정책을 주도해온 것은 조선노동당이었기 때문이다. 물론 90년대 이후 극심한 경제난 가운데 정(政)에도 일정하게 역할 분담을 해준 것이 사실이지만, 내각이 경제를 장악하도록 하는 것은 이전의 상황과 질적으로 다른 차원의 행동이었다.

더군다나 김정일은 90년대 말까지만 해도 시장에 대한 적대적인 인식을 공공연히 표현해왔다. 식량 문제로 농민시장과 장사꾼만 번성하게 되었다고 지적하는가 하면, 1999년 2월에는 '장마당 폐쇄와 직장복귀 명령'을 내리기도 했다. 사실 김일성 사망 이후 3년상을 치르고 공식적으로 최고지도자가 된 김정일이 자신의 권위를 세우기 위해 간부들에 대한 숙정작업과 내부정비에 착수했던 점을 감안하면, 시장을 압

---

* 이와 관련해 얼마 전 〈북한 정책결정 과정의 조직 행태와 관료정치〉(경남대학교 북한대학원)라는 논문이 나왔다. 이 논문의 저자는 한기범 전 국정원 3차장으로 다양한 북한 내부문건들을 토대로 2000년대 북한 당국의 내부상황을 자세히 분석하고 있다. 여기에서는 이 논문에 나오는 자료 및 내용을 토대로 2000년대 북한의 내부사정을 살펴보고 몇 가지 함의를 이끌어내고자 한다.

박하려는 모습이 오히려 자연스러운 것이었다고 할 수 있었다.

그러나 김정일은 2000년대에 들어서 경제 활성화를 위해 유연한 태도를 보이기 시작했다. '경제사업에서 실리주의'를 강조하는가 하면, 2001년 상해 방문 이후에는 '신(新) 자력갱생론' 등을 표방하며 개혁을 독려했다. 또한 선진 과학기술의 중요성을 강조하고 젊은 인재 육성사업을 추진하는 등 이전과 달리 개방적이고 유연한 태도를 보였다. 이와 함께 앞에서 말한 내각 중심의 경제구조 개선을 추진하기 위해 2000년 10월에 '6·3그루빠(그룹, 모임 등의 북한식 표현)'라는 연구조직을 신설한다. 이 '6·3그루빠'는 앞에서 본 2002년의 '7·1조치'를 입안한 조직이다. '6·3그루빠'를 주관한 부서는 당 경제정책검열부였으나 사실상 내각 간부들과 경제학자들, 특히 국가계획위원회가 주도적인 역할을 했다. 흥미로운 점은 당시 국가계획위원장이었던 박남기가 '6·3그루빠'의 실무상무조 운영책임을 맡았다는 것이다. 박남기는 이후 '7·1조치'의 집행책임을 맡기도 했다. 뒤에서 보겠지만, 이처럼 2000년대 초반의 북한 경제개혁 준비과정에 깊이 관여했던 박남기가 2000년대 중반 이후 반개혁 조치를 주도하게 된 것은 아이러니한 장면이라 할 수 있다.

김정일은 '6·3그루빠'가 경제개혁 방안을 마련하는 데 있어 주위의 눈치와 압력으로부터 자유로울 수 있도록 분위기를 마련해준 것으로 보인다. 사실 북한 체제에서 개혁을 할 때 지도자의 이와 같은 역할은 필수적이고도 당연한 것이라고 할 수 있다. 과거에 지도자의 의중과 반하여 경제개혁을 주장했던 많은 사람들이 숙청당한 경험이 있기 때문이다.

여기에서 잠시 북한의 개혁과 관련한 두 가지 특징을 지적하고자 한다. 하나는 경제상황 악화에 대한 북한 당국의 대응이 항상 늦다는 점이다. 김정일의 '말씀'은 북한 체제에서 법과도 같은 위상을 갖기 때문에 김정일이 일단 내뱉은 말은 중대한 계기가 없는 한 번복하기가 어렵다. 자기 자신의 권위를 스스로 무너뜨리는 결과를 초래하기 때문이다. 문제는 북한 당국이 선전하는 것과는 달리 김정일이 실제로는 신적인 존재도 아닐뿐더러 경제에 관한 전문지식을 갖고 있는 것도 아니기 때문에, 개혁을 추진하더라도 일정하게 모호한 말로 지시를 내릴 수밖에 없다는 것이다. 김정일은 후계자 시기 문화예술, 당무(黨務), 군(軍) 사업 등을 중심으로 업무를 맡아왔기 때문에 경제 부문에 대한 지식과 이해가 상대적으로 떨어지는 것으로 알려져 있다. 모호한 '말씀'을 해석해 실행에 옮겨야 할 실무자들 입장에서는 김정일의 진의를 파악하는 것이 급선무라 할 수 있다. 자의적으로 해석해 김정일의 진의와 다르게 해석한 것으로 판명날 경우 목숨이 위태로워질 수 있기 때문이다. 이런 상황에서 실무자들은 최대한 수동적으로 행동하거나 김정일의 진의를 확실히 파악할 때까지 기다리게 된다. 즉 개혁을 하려고 해도 실무적인 선에서 지연되는 것이다.

또 다른 하나는 지도자의 결단과 역할이 그만큼 중요하다는 점이다. 앞에서 언급한 바와 같이, 김정일 '말씀'의 특징과 실무자들의 대응방식으로 인해 김정일을 포함한 북한 지도부가 어렵사리 개혁을 결심하더라도 개혁이 제대로 진행되는 것은 쉽지 않다. 실무자들이 적극적으로 움직이려 하지 않기 때문이다. 따라서 개혁을 위한 가장 기본적인 조건은 지도자가 실무자들에게 과감한 개혁안을 내놓더라도 지도자가 적극 지지해줄 것이며 신변에 아무런 문제가 생기지 않을 것이라는 믿음을 심어주는 것이라 할 수 있다. 북한과 같은 체제에서 정책 실무자들에게 '자발적인 적극성'을 이끌어낸다는 것은 지도자가 웬만한 정도의 확신을 보여주지 않는 한 어려운 일이라고 할 수 있다.

2000년대 초반 김정일은 이와 같은 점들을 이해하고 있었던 것으로 보인다. 두 차례 중국 방문 이후 중국의 개혁·개방에 대해 대단히 긍정적인 평가를 내리는가 하면, 북한 주민들에게도 방중결과를 적극적으로 홍보했다. 심지어 김정일은 2001년에 자본주의의 생존방식과 대기업의 관리능력을 습득할 필요가 있다는 취지로 '자본주의 제도 연구원'을 만들기도 했다. 이전에는 상상하기 어려운 것들이었다.

다시 본론으로 돌아와 김정일의 개혁조치들을 살펴보자. 2001년 10월 3일 '6·3그루빠'의 경제개혁안을 토대로 김정일은 '10·3담화'를 발표한다. 이 '10·3담화'는 경제개혁에 대한 김정일의 지침서로 2002년 '7·1조치'의 청사진이라고 할 수 있다. 김정일은 이어서 2003년 3월에 시장 장려 조치를 취했다. 농민시장을 장려하고 인민 생활에 도움이 될 수 있도록 이용하라는 지시를 내리는가 하면, 5월에는 내각결정 27호를 통해 '시장관리운영규정'을 하달했다. 이에 따라 북한 전역에서 종합시장이 지속적으로 증가했는데, 많을 때에는 전국적으로 최대 300개까지 있었던 것으로 보이다. 최대 종합시장이었던 평성 종합시장은 하루 이용객이 10만여 명에 달하기도 했다.

〈자료 3-3〉 박봉주와 박남기의 경력

연도	박봉주(1939년생)
1962	평북 용천식료공장 지배인
1983	남흥청년화학연합기업소 당 책임비서
1993	당 경공업부 부부장
1994	당 경제정책검열부 부부장
1998	최고인민회의 제10기 대의원
1998	화학공업상
2003	내각 총리
2006	총리 실권
2007	총리 해임
2007	순천 비날론연합기업소 지배인

연도	박남기(1934년생)
1972	금속공업성 부상
1976	국가계획위 부위원장
1984	당 중앙위 제2경제사업부 부장
1984	당 경공업 비서
1986	최고인민회의 예산심의위원회 위원
	정무원 국가계획위 위원장
1988	당 중앙위 중공업 부장
	당 비서국 비서(경제담당)
1990	최고인민회의 예산위원회 위원장
1993	평양시 행정경제위 위원장
1998	국가계획위원장
2003	최고인민회의 예산위원회 위원장
2005	당 계획재정부장
2010	당 계획재정부장 해임

각종 자료로부터 KSERI 작성.

무엇보다 주목할 만한 것은 박봉주 내각의 등장이었다. 2003년 9월 김정일은 내각 총리를 박봉주로 교체했는데, 김정일은 박봉주에게 높은 신임과 기대를 표시하면서 경제관리사업에서 반드시 새로운 전환을 가져올 것을 주문했다. 〈자료 3-3〉에서 보는 바와 같이 박봉주는 6,70년대 용천식료공장 지배인 등 생산단위 책임자로 근무한 경력이 있어 실물경제에 비교적 밝은 사람이었다. 90년대부터 중앙으로 진출하여 당경공업부 부부장, 당경제정책검열부 부부장, 내각 화학공업상 등을 역임하기도 했다. 이와 함께 김정일은 당·정 의 조직 및 인력에 대한 구조조정, 당과 군의 경제사업 축소, 내각 전문화·연소화 등을 추진했으며, 내각 인사권과 경제관리 재량권을 총리에게 위임하는 조치를 취했다. 박봉주 내각이 부담 없이 개혁정책을 주도할 수 있는 여건을 마련해준 것이었다. 경제개혁을 위해 내각에게 이와 같은 힘을 실어준 것은 상당한 파격이었다.

이 같은 김정일의 지지를 얻고 총리에 오른 박봉주는 2004년 3월 당·군의 무역 업무를 무역성으로 일원화하면서 시·군과 공장·기업소에도 무역 사업을 할 수 있는 권한을 부여했다. 또한 무역 회사를 정비하고, 투자 유치를 위해 해외교포의 경제특구 이외 지역에서의 기업·은행 설립과 광산 개발에 대한 직접투자도 허용했으며, 발전소 공급을 위해 무연탄 수출을 통제하기도 했다. 특히 무연탄 수출 통제는 군과의 갈등으로 이어지기도 했는데* '선군정치'를 포함해 북한에서 전통적으로 군이 갖고 있는 막강한 위상을 감안하면, 당시 김정일이 내각에 얼마나 힘을 실어주었는지를 알 수 있는 사례라고 할 수 있다. 물론 그전에는 상상조차 하기 어려운 장면이었다.

김정일은 박봉주에게 내각기구 조정권과 간부 인사권을 부여하면서, 유관기관에게 경제 문제 보고서를 자신에게 올리기 전에 총리의 사전 심의를 받도록 했을 정도로 박봉주에게 두터운 신뢰를 보여주었다. 심지어 2004년 초 박봉주가 김정일에게 "개선책을 너무 많이 내놓아 개혁파로 몰릴 것 같다"고 우려하자, 김정일이 "내가 개혁파의 우두머리이니 나를 믿고 밀어붙이라"고 독려하기도 했다고 한다. 뿐만 아니라 김정일은 박봉주에게 독대 보고할 기회를 주고 박봉주의 건의사항을 대체로 수용한 것으로 알려졌다. 이와 같은 김정일의 신임을 바탕으로 박봉주는 가족영농제, 기업소 부업농제, 기업경영 자율화, 노동행정체계 개혁 등 추가 개혁조치를 단행했다.

박봉주 내각의 경제개혁은 크게 2차례에 걸쳐 이루어진 것으로 보인다. 첫 번째는 2004년 1월에 '공장·기업소 관리운영방법 개선 대책'을 비준받은 것이었고, 두 번째는 같은 해 6월 '내각 상무조'를 조직하여 과감한 개혁안을 준비한 것이었다. 특히 두 번째 내용은 '7·1조치' 이후에 나타난 문제점들을 토대로 만들어진 보다 과감하고 급진적인 개혁안이었다. 심지어 김정일조차도 이 개혁안을 사실상의 '시장경제'라고 표현할 정도였다. '내각 상무조'는 '7·1조치'의 여러 가지 한계

• 이와 관련해 2006년 초에 다음과 같은 일화가 있었다. 박봉주는 평남 수천화력발전소가 가동되지 않는다는 보고를 받았다. 원인을 조사해보니 발전소에 쓰일 무연탄을 군이 군복 수입을 위해 중국에 수출해버린 것이었다. 이에 박봉주는 6개월간 무연탄 수출 중지 명령을 내렸다. 군이 이에 반발해 김정일에게 철회해줄 것을 요구했으나, 받아들여지지 않고 수출 중지는 계속되었다.

점들을 지적했다. 예를 들어 '7·1조치'가 경제난을 근본적으로 해결해줄 수 있는 방안이라기보다, 기존의 상황을 합법화해준 것에 불과하다는 점, 인위적인 가격 인상이 가격 현실화가 아닌 가격 재(再) 제정이었다는 점, 은행의 역할에 변화가 없다는 점 등이 그것이었다. 이를 바탕으로 기업관리, 상업유통, 재정금융, 농정 등에 관한 과감하고 급진적인 개혁안들을 제시했다.

그런데 이처럼 거침없이 순항하던 박봉주 내각의 개혁 작업은 2005년에 들어서면서 이상징후들을 보이기 시작했다. 최고인민회의가 연기되고, 정책회의에서 당·정 간부들 간에 불협화음이 나타나는가 하면, 당의 영도를 강조하는 목소리가 높아지기 시작한 것이다. 앞에서 언급한 '내각 상무조'의 추가 개혁안 역시 보류되었다.

또한 북한 내부에서 개혁의 방향과 권력의 무게중심을 놓고 잡음이 본격화되기 시작했다. 2005년 초 경제 문제와 관련한 당정 회의에서 보수 원로들의 반대 표명으로 회의 진행이 어렵게 되자 김정일에게 전화해 간접적으로 불만을 표출한 사건이 발생하는 등, 시간이 갈수록 내각 주도의 경제개혁과 당의 주도권 문제를 둘러싸고 갈등이 심화되었다. 이 과정에서 젊은 층과 원로들 간의 의견 차이도 나타났다. 이렇게 되자 당은 2005년 4월부터 당 창건 60돌 직전인 9월까지 권력층의 '혁명성'을 내사하는 한편, 인민보안성 등이 주관하던 '비사회주의' 현상 단속을 직접 주관하기 시작했다. 결국 6월경이 되자 내각이 당에 항복하게 되었다. 아무리 개혁이 필요한 상황이었다 하더라도 '사회주의 원칙'에 반대하는 목소리를 낼 수는 없었기 때문이다.

김정일 역시 기존의 입장으로부터 점차 후퇴하는 모습을 보였다. 자연히 내각으로부터도 멀어졌고, 심지어 "일부 일군(일꾼)들이 시장 이용을 시장경제 전환으로 오해하고 있다"는 발언을 하기도 했다. 이와 함께 김정일은 2005년 7월에 중대한 조치를 취했다. 당 계획재정부를 신설하고 박남기를 계획재정부장으로 임명한 것이었다. 이는 그동안 유명무실해져 있던 당의 경제관리 기구를 재정비한 것이라 할 수 있다.

박남기는 2005년 5월 당 주도로 '5·4그루빠'를 구성하고, 내각 경제부처 인사권을 총리로부터 회수했으며, 내각 산하 민족경제협력위원회를 당 계획재정부 산하로 이관하는 작업을 추진했다. 한마디로 그동안 내각에 집중되었던 경제 관련 주도권을 다시 당이 가져오기 시작한 것이다. 이 과정에서 내각과 당이 서로 다른 방향의 정책을 제시하는 등 적지 않은 혼란이 발생했다. 물론 2006년에 박봉주 총리가 사실상 실권하면서 이 싸움은 당의 승리로 끝났다. 2006년 당은 박봉주와 주변인물에 대한 조사에 들어갔고, 박봉주의 인사권도 회수해갔다. 이와 함께 같은 해 6월에는 박봉주에게 40일간의 직무정지 조치가 내려졌고, 김정일의 현지지도 수행에서도 배제되었다. 결국 박봉주는 2007년 4월에 총리에서 해임되었으며, 5월에는 순천비날론연합기업소 지배인으로 좌천되었다. 박봉주의 빈자리는 박남기가 메우게 되었다.

박봉주가 사라지고 당이 경제에 관한 주도권을 다시 잡게 되자 시장에 대한 북한 당국의 반격이 시작되었다. 2007년 10월부터 북한 당국은 본격적으로 시장을 압박하기 시작했다. 2003년 3월에 시장 장려 조치를 취한 지 약 4년 7개월 만에 다시 입장을 선회한 것이었다. 이에 따라 북한 당국은 종합시장 건물 외의 이른바 '메뚜기 시장'을 단속하고 남한 상품 등의 거래에 대한 처벌을 강화했으며, 장사할 수 있는 여성의 연령제한을 강화함으로써 근로자들을 직장에 복귀시키고자 했다.

이와 같은 반개혁 움직임은 2008년 김정일의 이른바 '6·18담화'로 분명히 드러나게 되었다. '경제사업에서 사회주의 원칙을 고수하며 사회주의 경제의 우월성을 높이 발양시킬 데 대하여'라는 제목의 이 담화는 개혁 및 시장에 대한 김정일의 최종적인 입장을 드러냈다. 그것은 다름 아닌 경제개혁에 대한 전면적인 후퇴를 선언한 것이다. 다음은 담화의 일부이다.

> 누구나 할 것 없이 경제사업과 관련한 당의 사상과 방침을 정확히, 깊이 있게 인식하지 못하면 사회주의 경제의 우월성에 대한 신념이 흔들리게 되어 제국주의자들이 떠벌이는 '개혁' '개방'에 현혹될 수 있고 자본주의 시장 경제에 대한 환상에 사로잡힐 수 있는 것이다. … 시장은 경제 분야에서 나타나는 비사회주의적 현상, 자본주의적 요소의 본거지이며 온상이다.

이 담화에서 김정일은 자신의 명확한 입장을 나타냈으며, 이에 따라 내각에서건 어디에서건 더 이상 개혁의 필요성이나 시장의 유용함에 대해 건의하는 것은 금기시되었다. 사상성을 의심받아 숙청의 대상이 될 수도 있어 자살행위나 다름없었기 때문이다. 시장에 대한 압박도 가시화되었다. 북한 당국이 2008년 10월 황해남도 해주 시장에 붙인 시장 통제에 관한 포고문에 따르면, 2009년 1월부터 북한 시장에서는 개인이 생산한 농산품과 고기류(소고기 제외), 옷가지 정도만 팔 수 있었다. 나머지 공산품과 수입품은 모두 국영 상점에서 판매하게 되었고 상설 종합시장도 '10일장'으로 제한되었다. 특히 상설시장을 '10일장'으로 제한한다는 것은 고정 판매대를 없애겠다는 의미로 '시장폐쇄'에 가까운 조치였다.

물론 북한 주민들도 호락호락하게 물러서지는 않았다. 앞에서 살펴본 바와 같이 이미 시장은 북한 주민들의 생활에서 결코 빼놓을 수 없는 부분이 되어버렸기 때문에, 북한 주민들은 불편함을 감수하면서도 시장 활동을 계속했다. 예를 들어 단속이 심해지면 물건을 집에 쌓아놓고 살 사람을 데려와 매매 활동을 했다. 이와 같은 시장의 관성으로 인해 북한 당국은 종합시장 폐쇄 조치를 연기할 수밖에 없었다. 이 역시 과거의 북한 체제에서는 상상조차 하기 힘든 장면이었다.

그러나 흐지부지되는 것 같던 북한 당국의 시장 폐쇄 작업은 재개되었고, 결국 북한 최대 종합시장인 평성 시장이 같은 해 6월 폐쇄되었다. 이와 함께 북한 당국은 주민들이 개인적으로 경작해 식량을 충당할 수 있도록 허용해왔던 '뙈기밭'도 강제로 귀속했다. 그리고 이어서 시행된 것이 2009년 11월 30일의 화폐개혁이었다.

지금까지 북한이 2000년대의 꼭 10년간 취해온 경제정책을 살펴보았다. 그런데 이로부터 북한 당국의 정책 기조가 크게 두 개의 시기로 명확히 나뉘는 것을 알 수 있다. 즉 〈자료 3-4〉에서 보는 바와 같이 2000년에서 2004년까지의 개혁 시기와, 2005년부터 2009년까지의 반개혁 시기로 나뉘는 것이다. 그리고 반개혁 시기의 정점이 화폐개혁이

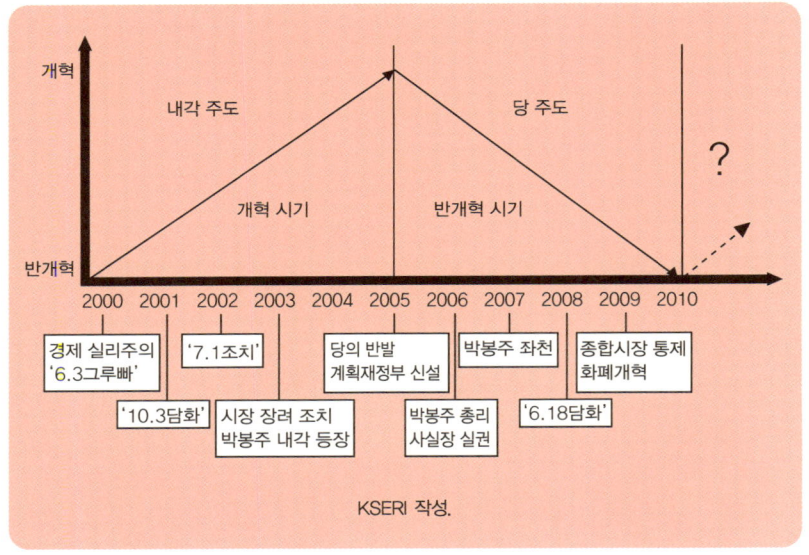

〈자료 3-4〉 **2000년대 북한의 개혁·반개혁 추이**

KSERI 작성.

그림 내 텍스트:
개혁
반개혁
내각 주도
당 주도
?
개혁 시기
반개혁 시기
2000 2001 2002 2003 2004 2005 2006 2007 2008 2009 2010
경제 실리주의 '6.3그루빠'
'7.1조치'
당의 반발 계획재정부 신설
박봉주 좌천
종합시장 통제 화폐개혁
'10.3담화'
시장 장려 조치 박봉주 내각 등장
박봉주 총리 사실장 실권
'6.18담화'

었다.

이처럼 북한이 극심한 경제난 이후 지난 10년간 큰 변화를 겪었던 것
으로부터 북한의 경제정책 및 개혁·개방에 관해 몇 가지 중요한 시사
점을 얻을 수 있다. 첫째는 김정일이 상당히 과감한 개혁조치를 취했다
는 것이다. 최근 남북관계가 경색되고 북한의 연평도 폭격 등으로 인해
'북한의 전혀 달라진 것이 없다' 는 인식이 팽배해 있지만, 실제로 북한
내부에서는 상당한 정도의 변화가 시도되었다. 앞에서 살펴본 바와 같
이 2000년대 초는 내부적으로 김정일이 개혁을 선택하기에 좋은 시기
는 아니었다. 김일성 사망 3년 이후 자신의 권위를 본격적으로 세우고,
그동안 이완되었던 계획 부문을 다시 정상화시켜야 하는 시기였던 것

이다. 그럼에도 불구하고 김정일이 개혁을 택했다는 것은 북한의 개혁 가능성과 관련해 반드시 주목해야 할 점이라고 할 수 있다. 물론 김정일의 선택을 과대포장할 필요는 없을 것이다. 1990년대 말 물자공급체계가 붕괴된 상황에서 김정일이 달리 택할 수 있는 방법이 마땅히 없었기 때문이기도 했을 것이다. 하지만 김정일이 수동적인 입장이 아니라, 박봉주를 총리로 임용해 '시장경제'라는 표현이 나올 정도로 과감한 개혁정책을 받아들였던 것은 가볍게 볼 사안이 아니라고 할 수 있다.

두 번째는 김정일이 국가 지도자로서의 일관성에 있어 상당한 문제점을 보였다는 점이다. 앞에서 본 바와 같이 김정일은 2000년대 초반 내각에 경제 관리의 주도권을 맡기면서 과감한 개혁을 택하는 리더십을 보였다. 그러나 5년이 채 지나지 않은 2000년대 중반 이후부터는 당의 손을 들어주면서 개혁으로부터 후퇴하는 모습을 보였다. 개혁을 주도했던 박봉주 총리는 실권되었고, 계획재정부장으로 임명된 박남기가 경제 관리 주도권을 쥐게 됨으로써 내각이 취했던 개혁조치들이 원점으로 되돌아간 것이다.

사실 이러한 모습은 지도자로서 상당히 바람직하지 못한 모습이라 할 수 있다. 개혁·개방이 반드시 필요한 북한에서 지도자가 이처럼 입장을 번복하는 모습을 보인다면, 실무자들이 문제를 해결할 수 있는 합리적인 방안을 자발적으로 제시하는 것이 불가능해지기 때문이다. 북한과 같은 독재국가에서 지도자가 스스로가 공언한 것을 10년도 되지 못해 번복한 것은 김정일이 그만큼 경제에 대한 식견을 갖추지 못하고 있으며, 다른 한편으로는 정책 추진력에 있어서도 문제가 있음을 드러낸 것이라고 할 수 있다.

　세 번째는 북한에서의 개혁은 당이 주도해야 한다는 것이다. 물론 사회주의 계획경제를 지향하는 조선노동당의 태생적 한계로 인해 경제개혁을 주도하는 데에는 상당한 어려움이 따르는 것이 사실이다. 시장경제적 요소를 도입하는 것은 자기모순이자 스스로의 존립 근거를 부정하는 것이 되기 때문이다. 그러나 북한 지도부는 가장 가까운 이웃인 중국의 경우를 되새겨볼 필요가 있다.

　70년대 말 중국의 등소평이 '흑묘백묘론'의 실용노선을 내세워 개혁·개방을 추진한 것은 잘 알려진 사실이다. 개혁·개방을 위해서는 자본주의적 시장경제 요소의 도입이 불가피했는데, 이는 사회주의적 계획경제를 표방했던 중국공산당의 기본 철학과 모순되는 것이었다. 이 문제에 대한 중국 공산당의 선택은 당 스스로의 변모였다. 즉, 중국 공산당의 기본 철학이자 이념인 사회주의적 계획경제를 사회주의적 시장경제로 바꿈으로써 변신을 시도한 것이다. 그 결과 중국은 현재 세계 2위의 경제대국이 되었으며, G2라는 용어에서 볼 수 있듯이 미국과도 어깨를 나란히 하고 있다. 물론 중국이 이렇게 된 데에는 엄청난 인구와 자원이 결정적인 역할을 했다고 할 수 있다. 그러나 분명한 것은 만약 과거에 중국 지도부가 과감한 개혁을 선택하지 않았다면 현재와 같은 중국의 위상은 불가능했을 것이라는 점이다. 이렇듯 중국의 경우는 북한 체제가 살아남기 위해서는 북한의 조선노동당 역시 스스로가 먼저 계획경제의 낡은 틀을 버리고 변신하지 않으면 안 된다는 것을 강력히 보여주는 사례라고 할 수 있다.

네 번째는 지금이 북한의 변화와 관련해 대단히 중요한 시점이라는 것이다. 2005년부터 시작된 반개혁 국면이 2009년 11월의 화폐개혁으로 인해 일단락되었기 때문이다. 화폐개혁을 주도한 것으로 알려진 박남기 계획재정부장이 해임·처형되고, 김영일 내각총리가 북한 역사상 최초로 평양의 인민반장 수천 명을 평양 인민문화궁전에 모아놓고 화폐개혁과 시장폐쇄에 대해 사과함으로써 북한 당국은 스스로 반개혁 조치가 잘못된 것이었음을 인정했다. 실제로 시장 쌀 가격이 다시 급등하고 있어, 화폐개혁과 같은 반개혁 조치의 부작용을 여실히 느꼈을 것이다.

이렇게 본다면 현재 시점은 북한이 다시 개혁 국면에 있는 시기라고 볼 수 있다. 화폐개혁으로 일시적으로 인플레를 막고 시중에 떠도는 누수 화폐 문제를 어느 정도 해결했을지는 모르지만, 주민들의 생존과 직결되어 있는 시장을 무작정 압박했을 때 얼마나 엄청난 부작용이 발생할 수 있는지를 경험했기 때문이다. 뿐만 아니라 김일성 탄생 100주년인 2012년에 강성대국의 해를 맞이해야 하는 북한 당국으로서는 주민들이 체감할 수 있는 경제적 성과를 만들어내는 것이 반드시 필요한 상황이라 할 수 있다. 최근 북한 당국이 서방 국가들에 식량원조를 요청하고 다닌 것에서 알 수 있듯이, 북한 당국도 자구책을 마련하지 않을 수 없는 상황이다.

여기에서 한 가지 주목할 만한 변화가 있다. 앞서 2000년대 초반 북한의 경제개혁을 주도했던 박봉주 전 총리가 최근에 복권된 것이다. 박봉주 전 총리는 조선노동당 경공업부 제1부부장으로 취임한 것으로 알려졌다. 경공업부는 권력 실세인 김경희(김정일의 여동생)가 부장을 맡고 있는 부서이다. 박봉주 전 총리가 내각이 아닌 당으로 들어갔다는 것은 향후 북한의 변화와 관련해 주목할 만한 점이라고 할 수 있다. 사실 이같은 점은 남한 정부가 대북정책을 추진함에 있어서 반드시 고려해야 할 사항이라고 할 수 있다. 그런데 아쉽게도 이명박 정부 출범 이후 남북관계가 경색되고, 한반도 상황이 불안정해지면서 북한은 이상한 방향으로 나가고 있다. 내부적으로 개혁조치를 추진하는 대신 외부로부터의 투자 및 원조에 치중하고 있는 것이다. 특히 앞에서 본 바와 같이 중국에 대한 의존도가 갈수록 커지는 기형적인 모습을 보이고 있다.

마지막은 남한의 대북정책에 관한 시사점이다. 앞에서 우리는 북한이 2000년대 초반의 불리한 상황에도 불구하고 개혁을 추진했던 모습을 보았다. 김정일 스스로도 '시장경제'라 부를 만한 수위의 개혁정책을 총리가 보고할 수 있게 할 정도였다면 김정일 역시 상당한 결단을 했다는 것을 알 수 있다. 그런데 북한의 이와 같은 변화가 가능했던 데에는 한 가지 결정적인 변수가 작용했던 것을 볼 수 있다. 그것은 당시 남북관계가 대단히 좋았다는 점이다. 김대중 정부가 이른바 '햇볕정책'을 지속적으로 추진한 결과 2000년대 초반은 남북경협이 활발히 추진되는 등 남북관계가 가장 좋은 상태였다. 즉, 남북한 지도자들 사이에 일정한 신뢰관계가 형성되어 있었던 것이다.

물론 이것은 특정 정부의 대북정책을 지지하고자 하는 말이 아니다. 또한 지금까지 북한이 보여왔던 군사적 도발을 감안하면 북한에게 호의적인 태도로 일관하는 것 역시 능사가 아니라는 것을 알 수 있다. 그러나 남북관계의 안정이 북한 지도부가 개혁·개방을 선택하는 데 있어 필수조건이라는 점은 분명하다고 할 수 있다. 남한에 의한 흡수통일을 가장 두려워하는 김정일이 지금과 같이 남북관계가 경색된 상황에서 자발적으로 개혁·개방을 선택할 가능성은 없기 때문이다.

사실 북한의 개혁·개방은 남한의 대북정책이 추구해야 할 가장 중요한 목표라고 할 수 있다. 북한의 붕괴를 목표로 하는 것은 중국의 존재로 인해 현실적으로 실현 가능성이 희박할 뿐 아니라, 북한의 대중의 존도를 높임으로써 한반도 상황을 관리할 수 있는 주도권만 빼앗기는 결과를 초래하기 때문이다. 만약 실제로 북한이 붕괴한다면 현재 남한이 감당하기 어려운 수준의 통일비용이 발생하게 된다. 따라서 북한의 개혁·개방을 유도하는 것이 가장 현실적이면서도 바람직한 목표라고 할 수 있다.

문제는 북한의 개혁·개방을 유도하기 위해서는 남한이 흡수통일을 하거나 적대정책을 취할 의사가 없다는 진정성을 확인시키는 것이 필수라는 점이다. 남북관계에서도 '신뢰'가 그만큼 중요하다는 것이다. 북한이 마음에 들지 않지만 북한에게 신뢰를 주는 것이 북한을 변화시키는 가장 빠른 길이라는 점은 선뜻 납득하기 어려운 남북관계의 역설(paradox)이라고 할 수 있다. 이 같은 남북관계의 역설을 이해하지 못하면 북한의 개혁·개방을 이끌어내는 것은 희망사항에 불과하다.

끝으로 북한의 개혁과 관련해 중국 학자들이 말하는 표현 한 가지를 소개하고자 한다. 그것은 "북한에게 개혁은 죽음을 의미하고, 개혁하지 않는 것은 죽음을 기다리는 것을 의미한다"라는 표현이다. 북한 체제가 살아남을 수 있는 유일한 방법이 개혁·개방이라는 점을 감안하면, 이는 북한 당국이 개혁에 대해 느끼고 있는 극심한 두려움을 나타내는 표현이라 할 수 있다. 따라서 남한 정부가 취할 수 있는 최선의 대북정책은 개혁의 결과가 체제붕괴가 아니라는 점을 확신시키고 북한에 시장경제 제도가 제대로 정착해 북한이 자생적으로도 지속가능한 시스템을 구축할 수 있도록 유도하는 것이라고 할 수 있다. 이는 남한이 치러야 할 비용을 최소화하고 북한의 민주화 역시 안정적으로 이끌어낼 수 있는 유일한 방법이다.

후계자 김정은,
북한을 구할 수 있을까?

2010년 9월 28일, 북한에서는 두 개의 중요한 사건이
있었다. 하나는 제3차 당대표자회가 개최되었다는 것이고, 다른 하나
는 이 당대표자회를 통해 김정일의 후계자인 김정은이 외부에 모습을
드러냈다는 것이다. 이번 당대표자회는 1966년 이후 44년 만에 개최되
는 행사였다는 점과, 김정일의 후계자로 지목되어온 김정은이 외부에
모습을 드러낼 수도 있다는 점으로 인해 개최 전부터 많은 관심을 모았
다. 특히 당대표자회가 개최되기 약 한 달 전인 8월 말 김정일이 갑작
스럽게 중국을 방문하면서 관심이 더욱 높아졌다. 김정일은 5월 초에
도 중국을 방문해 후진타오 주석과 회동한 바가 있는데, 2000년 이후
김정일의 방중이 약 2년에 한 번 이루어졌고(2000년, 2001년, 2004년, 2006

〈자료 3-5〉 조선노동당 당대회와 당대표자회

	내용
1940년대	제1차 당대회 (1946. 8. 28~30)
	제2차 당대회 (1948. 3. 27~30)
	조선민주주의인민공화국 수립 (1948. 9. 9)
	남·북 조선노동당 합당 (1949. 6)
1950년대	제3차 당대회 (1956. 4. 23~29)
	제1차 당대표자회 (1958. 3. 3~6)
1960년대	제4차 당대회 (1961. 9. 11~18)
	제2차 당대표자회 (1966. 10. 5~12)
1970년대	제5차 당대회 (1970. 11. 2~13)
1980년대	제6차 당대회 (1980. 10. 10~14)
1990년대	
2000년대	
2010년대	제3차 당대표자회 (2010. 9. 28)

KSERI 작성.

년, 2010년 5월), 당시 김정일의 건강상태가 양호하지 못했던 점을 감안하면 3개월 만에 김정일이 중국을 다시 방문한 것은 상당히 이례적인 것이었다. 게다가 김정일이 당시 평양에 와 있던 지미 카터 전 미국 대통령을 만나지 않고 야간에 중국행 열차를 탔다는 점 역시 주목을 끌었던 부분이었다.

뿐만 아니라 이번 당대표자회는 예정보다 늦게 개최되어 많은 의혹이 제기되기도 했다. 조선중앙통신은 6월 26일 "9월 상순경 조선노동당 대표자회를 소집한다"는 당중앙위원회 정치국 결정서를 발표했는데, 이에 따라 9월 초나 늦어도 15일 전에는 당대표자회가 열릴 것으로 예상되었다. 당시 언론에서는 수해로 인한 교통 두절로 정족수가 미달됨에 따라 당대표자회가 연기된 것이라고 보도되었다. 그러나 북한 체제의 특성상 수해로 44년 만에 열리는 당대표자회가 연기되었다는 것은 선뜻 납득하기 어려운 일이었다. 이 때문에 김정일의 건강 악화나 후계체제 구축 과정에서의 갈등 가능성이 제기되기도 했다.

지금까지 북한의 당대회는 6차, 당대표자회는 3차까지 개최되었다. 우리나라로 치면 당대회는 정당의 전당대회, 당대표자회는 임시전당대회에 해당하는 것이다. 그러나 앞에서 말한 바와 같이 북한에서는 조선노동당이 최고 권력기구이기 때문에 중요성은 훨씬 더 크다고 할 수 있다. 조선노동당 당규약에 따르면, 당대회는 조선노동당의 최고지도기관으로 5년에 1회 소집될 수 있고 당대표자회는 당대회와 당대회 사이에 소집될 수 있는데, 당대회가 없을 때에는 당중앙위원회가 최고지도기관이 된다(앞의 〈자료 3-1〉 북한의 권력구조 참조).

그러나 〈자료 3-5〉에서 보는 바와 같이 당대회는 1980년의 6차 당대회 이후 30년 넘게 개최된 적이 없고, 당대표자회 역시 1966년 이후 44년간 열린 적이 없었다. 당대회가 열리기 위해서는 중요한 조건이 충족되어야 한다. 지금까지 당대회는 대내외적으로 정치적 실적을 자신 있게 과시할 수 있고 기존의 경제계획을 성공적으로 완수한 뒤 새로운 경제계획의 착수를 공표할 수 있을 때에 소집되어왔다. 이로부터 두 가지를 알 수 있다. 하나는 그동안 북한 체제가 대내외적으로 내세울 만한 가시적인 성과가 없었다는 점이고, 다른 하나는 조선노동당의 위상이 지속적으로 약화되어왔다는 점이다. 참고로 제3차 당대표자회는 이전과는 달리 단 하루 만에 끝났다.

이번 당대표자회의 중요한 특징은 무엇보다 후계자인 김정은이 급부상했다는 것이다. 사실 지금이야 김정은의 얼굴을 언론에서 어렵지 않게 볼 수 있지만, 당대표자회 직전까지도 김정은은 외모조차 공개되지 않았을 정도로 철저히 베일에 싸여 있던 인물이었다. 그렇다 보니 한 일본 언론이 김정일과 닮은 한국 사람의 사진을 김정은의 사진으로 오보하는 해프닝이 벌어지기도 했다. 카터 전 미국 대통령은 원자바오 중국 총리로부터 김정은이 북한의 차기 후계자라는 것이 잘못된 루머라는 말을 들었다고 하기도 했다. 그만큼 김정은은 외모에서부터 실제 권력승계 여부에 이르기까지 비밀리에 부쳐져 있었던 것이다. 이 때문에 후계체제 구축에 문제가 생긴 것 아니냐는 의혹이 여러 차례 제기되기도 했다. 특히 북한 당국이 9월 상순으로 예정되었던 당대표자회를 갑자기 연기하자 이러한 의혹은 더욱 증폭되었다.

〈자료 3-6〉 제3차 당대표자회에 따른 당조직 구성원 변화

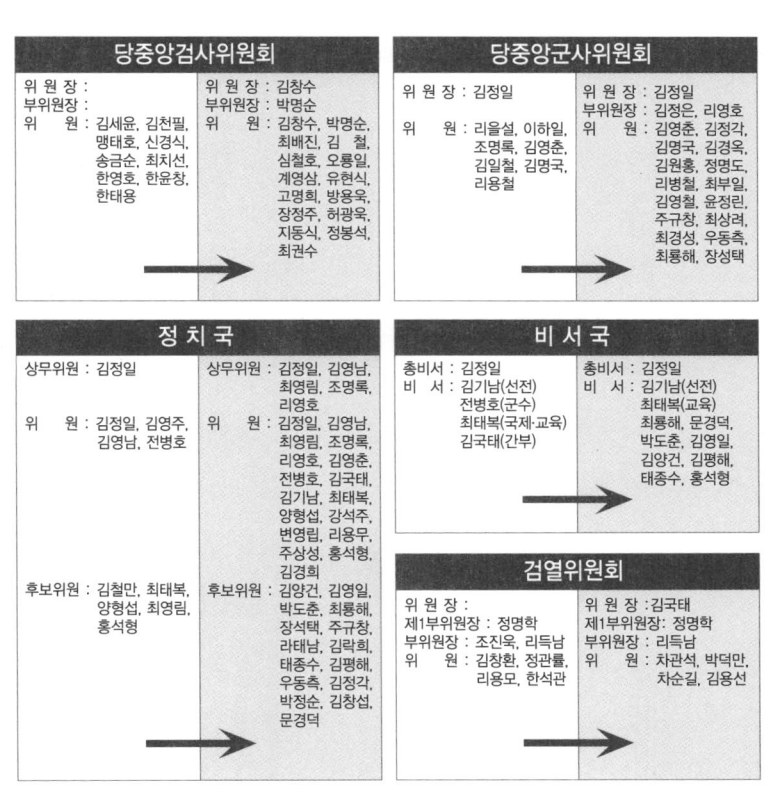

당중앙검사위원회

위 원 장 :
부위원장 :
위 원 : 김세윤, 김천필,
맹태호, 신경식,
송금순, 최치선,
한영호, 한윤창,
한태용

→

위 원 장 : 김창수
부위원장 : 박명순
위 원 : 김창수, 박명순,
최배진, 김 철,
심철호, 오룡일,
계영삼, 유현식,
고명희, 방용욱,
장정주, 허광욱,
지동식, 정봉석,
최권수

당중앙군사위원회

위 원 장 : 김정일
위 원 : 리을설, 이하일,
조명록, 김영춘,
김일철, 김명국,
리용철

→

위 원 장 : 김정일
부위원장 : 김정은, 리영호
위 원 : 김영춘, 김정각,
김명국, 김경옥,
김원홍, 정명도,
리병철, 최부일,
김영철, 윤정린,
주규창, 최상려,
최경성, 우동측,
최룡해, 장성택

정치국

상무위원 : 김정일

위 원 : 김정일, 김영주,
김영남, 전병호

후보위원 : 김철만, 최태복,
양형섭, 최영림,
홍석형

→

상무위원 : 김정일, 김영남,
최영림, 조명록,
리영호
위 원 : 김정일, 김영남,
최영림, 조명록,
리영호, 김영춘,
전병호, 김국태,
김기남, 최태복,
양형섭, 강석주,
변영립, 리용무,
주상성, 홍석형,
김경희
후보위원 : 김양건, 김영일,
박도춘, 최룡해,
장석택, 주규창,
라태남, 김락희,
태종수, 김평해,
우동측, 김정각,
박정순, 김창섭,
문경덕

비 서 국

총비서 : 김정일
비 서 : 김기남(선전)
전병호(군수)
최태복(국제·교육)
김국태(간부)

→

총비서 : 김정일
비 서 : 김기남(선전)
최태복(교육)
최룡해, 문경덕,
박도춘, 김영일,
김양건, 김평해,
태종수, 홍석형

검열위원회

위 원 장 :
제1부위원장 : 정명학
부위원장 : 조진욱, 리득남
위 원 : 김창환, 정관률,
리용모, 한석관

→

위 원 장 : 김국태
제1부위원장 : 정명학
부위원장 : 리득남
위 원 : 차관석, 박덕만,
차순길, 김용선

각종 자료로부터 KSERI 작성.

북한의 조선중앙통신은 9월 28일 새벽 1시 30분경 "김정일 동지께서 27일 인민군 지휘성원들의 군사 칭호를 올려줄 데 대한 명령 제0051호를 하달하셨다"고 긴급 보도했다. 이를 통해 김정은과 함께 김경희, 최룡해, 현영철, 최부일, 김경옥 등 6명이 대장 칭호를 받았다. 이어서 조선중앙통신은 29일 새벽에 김정은이 전날 열린 조선노동당 대표자회에서 당중앙군사위원회 부위원장과 당중앙위원회 위원으로 선임되었다고 보도했다. 당중앙군사위원회 부위원장은 원래는 없던 직함으로 사실상 김정은을 위해 만든 것이라 할 수 있다.

이처럼 군 경험이 전혀 없는 김정은에게 대장 칭호를 부여한 데 이어, 이전에 없던 당중앙군사위원회 부위원장직을 새로 만들어 부여한 것은 김정은이 군권을 장악하게 하려는 의도라고 할 수 있다. 실제로 김정은이 2009년 5월경부터 조선인민군 총정치국에서 본격적으로 군대를 장악하기 위한 활동을 시작했다는 관측이 있었다. 한 가지 이상한 점은 북한 당국이 김정은에 대한 대장 칭호 수여와 당중앙군사위원회 부위원장 임명 보도를 모두 북한 주민들이 자고 있었을 새벽 시간대에 맞춰서 했다는 것이다. 이는 미국을 의식한 것으로 보인다. 국가의 최고 지도자에 대한 발표를 자국민이 아닌 외국 정부를 겨냥해 했다는 것은 북한 체제의 성격과 북한 주민들의 처지를 그대로 보여주는 것이라 할 수 있다.

김정은의 등장과 함께 이번 당대표자회의 중요한 결과를 꼽으라면 당조직 인원이 대폭 충원되었다는 점이다. 〈자료 3-6〉에서 당조직 구성원의 변화를 보면, 제3차 당대표자회 이전과 이후의 상황이 확연히 달라진 것을 볼 수 있다. 즉 한눈에 보기에도 이전에 비해 이후의 인원이 훨씬 많아진 것이다. 이처럼 제3차 당대표자회 직전의 당조직 구성원이 적었던 데에는 이유가 있다. 사실 이번 제3차 당대표자회의 직전 행사라 할 수 있는 1980년의 제6차 당대회에서 뽑혔던 인원은 이번 당대표자회에서 뽑힌 인원보다 오히려 많았다. 이번 당대표자회에서 선출된 중앙위원과 후보위원이 각각 124명과 105명으로 총 229명이었던데 반해, 제6자 당대회때는 각각 145명과 103명으로 총 248명이었던 것이다. 그러나 북한 당국은 그동안 사망 등으로 인한 결원을 보충하지 않았다.

예를 들어 제6차 당대회 결과 선출된 정치국 상무위원은 김일성, 김일, 오진우, 김정일, 이종옥 등 5명이었으나, 김정일을 제외하고 모두 사망했다. 정치국 위원도 제6차 당대회 당시 19명이었으나 연형묵, 계응태, 백학림 등이 사망하여 제3차 당대표자회 직전에는 김정일을 포함해 4명밖에 남아 있지 않게 되었다. 당중앙군사위원회 역시 제6차 당대회 당시 위원장이었던 김일성을 비롯해 위원수가 19명이었으나 상당수가 사망했다. 당중앙위원회 전원회의 사이에 정치국과 정치국 상무위원회가 당의 모든 사업을 책임진다는 점을 감안하면 이는 그동안 조선노동당의 기능이 제대로 작동하지 않았음을 보여준다고 할 수 있다. 대신 앞에서 지적한 바와 같이 비서국이 조선노동당 업무 추진의 중심 역할을 해왔으며, 비서국 전문부서들 가운데 가장 강력한 권한을 지닌 부서는 조직지도부였다.

〈자료 3-6〉을 보면 이번 당대표자회를 통해 당조직 인원이 대폭 보강

된 것을 한눈에 볼 수 있다. 결국 이처럼 당대표자회를 통해 조직의 인원을 충원한 것은 그동안 제대로 작동하지 않았던 조선노동당의 기능을 다시 활성화하기 위한 조치로 볼 수 있다.

그런데 이처럼 당 조직을 정비한 것은 좀 더 큰 틀에서 바라볼 필요가 있다. 북한은 2009년 4월 최고인민회의 12기 1차 회의를 개최해 국방위원회와 국방위원장의 권한을 강화하는 내용으로 헌법을 개정하고 장성택을 국방위원으로 임명하는 동시에, 김정각 총정치국 제1부국장을 국방위원으로 임명하는 등 국방위원회 인원을 대폭 늘렸다. 2010년 4월에 이어 6월에 열린 최고인민회의 12기 3차회의에서는 최영림 평양시당위원회 책임비서를 내각총리로 임명하고 내각을 대폭 교체했다. 최영림은 이번 당대표자회에서 당정치국 상무위원으로 임명된 김정일의 최측근이다. 또한 장성택을 국방위원회 부위원장으로 임명했다. 장성택은 국방위원이 된 지 1년 2개월 만에 국방위원회 부위원장으로 초고속 승진을 한 것이다. 잘 알려진 바와 같이 장성택은 김정일의 여동생인 김경희의 남편으로 막강한 권력 실세이다.

이로부터 북한은 2009년에 국가기관인 국방위원회를 개편하고, 2010년에는 내각을 개편한 데 이어, 당대표자회를 통해 당의 조직과 인사개편을 완료했다는 것을 알 수 있다. 즉, 김정은 후계체제 준비를 위해 비교적 짧은 시간에 압축적으로 권력 조직을 정비한 것이다. 실제로 북한 내에서는 김정은에 대한 우상화 작업이 진행 중이며, 당대표자회 이후 10월 10일에 열린 조선노동당 창건 65주년 기념행사에서 김정은은 김정일과 함께 주석단에 등장했다. 이 행사에서 북한은 이례적으로 외국 언론들을 초청해 생중계하도록 함으로써 김정은의 존재를 과시하기도 했다. 이처럼 북한은 김정은 후계체제를 안정적으로 구축하기 위해 내부적으로 상당한 노력을 기울이고 있는 것으로 보인다. 이에 따라 당초에 우려했던 것보다는 권력승계 과정이 일정하게 궤도에 올랐다고 볼 수 있다.

문제는 안정적인 후계체제 구축을 위해 해결해야 할 과제가 산적해 있다는 점이다. 우선 북한이 처한 대내외적 난관들을 어떻게 극복해나갈 것인지가 관건이다. 김정일의 경우 앞에서 본 바와 같이 1990년대의 여러 가지 어려운 상황 속에서 권력을 승계하여 군의 역할을 강화하고 내각에도 일정한 권한과 책임을 부여함으로써 위기에 대응하고자 했다. 그러나 2000년대의 '7·1조치' 이후의 상황에서 보았듯이 박봉주 내각에 일임한 경제개혁을 끝까지 밀어붙이지도 못했고, 박남기 계획재정부장이 추진한 화폐개혁 역시 실패로 끝남으로써 북한에서 계획과 시장의 불안정한 동거는 지속되고 있다. 이에 따라 김정은은 김정일만큼이나 어려운 상황에서 권력승계를 완수해야 하는 상황에 놓여 있다고 할 수 있다. 권력기구를 재정비하는 등 내부적으로는 상당한 준비를 하고 있으나, 1990년대 이후 근본적으로 해결되지 않고 있는 극심한 경제난을 관리해야 하는 큰 과제를 안게 된 것이다.

사실 김정은이 이와 같은 문제를 해결할 수 있을지는 미지수라고 할 수 있다. 예를 들어 김정은은 경제적 성과를 위해 2009년 '150일 전투'에 이어 '100일 전투'를 주도한 것으로 알려졌는데, 과거의 사례에서도 알 수 있듯이 이러한 방식의 단기적이고 압축적인 성과를 노린 경제정책은 자원분배 왜곡을 심화시켜 장기적으로 북한 경제를 더욱 더 침체에 빠뜨릴 수밖에 없다. 김정은이 북한의 만성적인 경제난을 극복하기 위해 과감하고 혁신적인 조치를 취하지 않고, 이전처럼 일회적이고 강압적인 방법에만 매달릴 경우 북한 체제의 불안정성은 더욱 커질 수밖에 없다는 것이다.

게다가 북한이 핵을 포기하기 어려운 상황이라는 점도 김정은에게 불리한 조건이 될 수 있다. 북한은 현재 김정일의 건강 이상으로 인해 단기간에 후계체제를 안정적으로 구축해야 하는 과제를 안고 있어 핵을 포기하기 어려운 상황에 있다고 할 수 있다. 뿐만 아니라 2003년에 핵 포기를 선언한 리비아의 카다피가 2011년 축출됨으로써, 북한 지도부가 핵 포기를 선택할 가능성은 더욱 낮아졌다고 할 수 있다. 그러나 북한이 핵에 집착하는 것이 단기적으로는 체제유지에 도움이 될 수 있을지는 모르지만, 장기적으로는 외부로부터의 고립을 심화시켜 체제유지를 더욱 어렵게 한다는 점에서 김정은에게 오히려 불리하게 작용할 수 있다.

무엇보다 심각한 문제는 김정은의 연륜과 경험이 턱없이 부족하다는 점이다. 사실 김정일이 실패할 것이라는 대부분의 예상을 깨고 비교적 안정적으로 체제를 관리할 수 있었던 것은 그만큼 충분한 준비 과정을 거쳤기 때문이라고 할 수 있다. 김정일은 김일성대학교 정치경제학과를 졸업한 1964년부터 정치활동을 시작했고, 이후 당의 요직을 차례로 맡았다. 1964년에 조선노동당 조직지도부 지도원, 1973년에 당중앙위원회 선전선동부 부장으로 임명되는 등 권력승계 단계를 착실히 밟아

시기	내용
1964	김일성대 정치경제학과 졸업
1964. 6	조선노동당 조직지도부 지도원
1973. 7	당 중앙위원회 선전선동부 부장
1974. 2	당 중앙위원회 정치위원회 위원 (사실상 후계자로 내정)
1980. 10	(제6차 당대회) 당 중앙위원회 정치국 상무위원회 위원, 정치국 위원, 당 중앙위원회 비서, 당 중앙군사위원(후계자로 공식화)
1982. 2	최고인민회의 제7기 대의원
1990. 5	국방위원회 제1부위원장
1991. 12	조선인민군 최고사령관
1992. 4	원수 취임
1993. 4	국방위원장 취임
1997. 10	당 총비서
1998. 9	국방위원장 재추대

각종 자료로부터 KSERI 작성

온 것이다. 특히 1974년 2월에 열린 제5기 8차 전원회의에서 당중앙위원회 정치위원회 위원이 되면서 사실상 후계자로 공인되었는데, 이때부터 북한 언론은 김정일을 '당중앙'으로 호칭하기 시작했다. 김정일의 생일이 1942년 2월 16일이니까 30대 초반의 나이에 당내 최고권력기구 핵심에 진입한 것이다. 그리고 김정일이 공식적으로 후계자로 전면에 등장한 것은 이보다 훨씬 뒤인 1980년 10월의 제6차 당대회였다.

김정일은 이와 함께 군부를 장악하기 시작했다. 이후 1990년 5월에 국방위원회 제1부위원장에 선출되었고, 1991년 12월에는 1950년 7월 이래 김일성이 맡고 있던 조선인민군 최고사령관으로 추대되었으며, 1993년 4월에는 '군사주권의 최고지도기관'으로 격상된 국방위원회의 위원장으로 취임함으로써 김일성으로부터 군통수권과 국방 사업에 대한 전권을 이양받게 되었다. 이렇듯 김정일의 권력승계 과정은 상당히 오랜 기간에 걸쳐 체계적으로 진행된 것을 알 수 있다.

그러나 이처럼 장기간에 걸쳐 체계적으로 진행되었던 김정일의 권력 승계 과정에서도 문제가 없었던 것은 아니었다. 김정일이 당 권력을 독점적으로 장악하는 과정에서 반발과 불협화음이 나타났다. 예를 들어 김정일의 전횡에 불만을 표시하는 간부들이 있었고, 생산현장에서도 크고 작은 마찰이 있었다. 이에 따라 1976년에서 1977년까지 북한 선전매체에서 '당중앙'이라는 표현이 극히 제한적으로 사용되기도 했다.

결국 김정일의 권력승계가 안정적으로 진행될 수 있었던 것은 개인적인 정치적 야망과 김일성의 장기 생존, 그로 인한 충분한 후계체제 구축 과정이 있었기 때문이라고 요약할 수 있다. 반면 김정은의 권력승계 과정은 김정일과 비교해볼 때 여러 가지 면에서 부족한 모습을 보이고 있다. 김정은이 김정일과 같이 치열한 권력갈등의 검증을 거친 것도 아니고, 무엇보다 준비기간도 턱없이 짧기 때문이다. 김정일의 권력승계 과정에서도 일정한 갈등이 있었던 점을 감안하면 김정은의 권력승계 과정 역시 순탄치만은 않으리라는 것을 알 수 있다. 이에 따라 김정일이 얼마나 생존할 것인가가 권력승계 과정의 중요한 변수라 할 수 있다. 또 한 가지 중요한 변수는 김정일의 경우에서 본 바와 같이 김정은의 군부 장악 여부라고 할 수 있다. 아직 30세가 채 되지 않은 김정은에게 대장 칭호가 수여되고 당중앙군사위원회 부위원장에 임명된 것은 권력승계에 있어 군부 장악이 차지하는 비중을 단적으로 보여주는 움직임이라고 할 수 있다.

미국이 생각하는 최선의 북한 권력승계 시나리오

현재 북한과 관련해 가장 중요한 문제는 김정은의 권력승계가 성공할 수 있을 것인가의 여부라고 할 수 있다. 권력승계의 성공 여부에 따라 북한 체제의 존속 여부도 결정될 것이기 때문이다. 앞에서 살펴본 바와 같이 김정은의 권력승계는 적지 않은 불안요소들을 지니고 있다. 김정일의 경우 장기간에 걸쳐 능동적으로 승계과정을 준비함으로써 나름대로 정당성을 확보하고 역량도 갖추었던 데 반해, 김정은의 경우 단기간에 걸쳐 수동적으로 부여된 권력이라는 점에서 안정적인 후계체제를 구축하는 데 있어 불안요소를 지니고 있는 것이다. 기본적으로 50대에서부터 70~80대의 연령층이 포진되어 있는 북한의 권력층 내부에서 경험이 턱없이 부족한 20대 후반의 젊은 청년이

후계자로 등극한다는 것 자체가 상당한 무리라고 할 수 있다. 이처럼 김정은 후계체제는 정당성 측면에서나 현실적인 측면에서 많은 문제점들을 지니고 있다.

물론 김정은의 권력승계 성패 여부를 단정짓는 데에는 보다 신중할 필요가 있다. 예를 들어 북한에 가장 큰 영향력을 행사하고 있는 중국의 태도는 중요한 변수가 된다. 최근 김정일의 잇따른 방중에서도 알수 있듯이 중국의 태도는 후계체제의 성패와 관련해 가장 중요한 변수라고 할 수 있다. 또한 거의 대부분의 전문가들이 실패할 것이라고 예상했음에도 불구하고 김정일이 권력승계에 성공했던 전례를 비추어보면 외부의 시선으로 북한 체제의 미래를 판단할 때는 보다 신중해야 할 필요가 있다는 것을 알 수 있다. 대안적인 정치세력이 없다는 점 역시 북한 내부에서 변화가 일어날 가능성을 제한하는 요소라 할 수 있다.

그런데 이와 같은 권력승계의 성패 여부를 가늠하면서 반드시 따져봐야 할 부분이 있다. 그것은 김정은의 권력승계가 성공하거나 실패할 경우 실제로 어떤 일이 발생하게 될 것인가에 관한 것이다. 독재권력의 세습에 대한 직관적인 거부감에도 불구하고 이를 따져봐야 하는 이유는 어떤 경우에든지 상당한 비용과 파급효과가 발생하며, 이를 최소화하기 위해서는 전략적 사고(strategic thinking)가 필요하기 때문이다. 이와 관련해 미 의회 외교위원회가 2009년 1월 오바마 대통령의 취임에 맞춰 작성한 〈북한 급변사태의 대비〉(Preparing for Sudden Change in North Korea) 라는 보고서의 내용을 소개하고자 한다. 이 보고서를 살펴보는 이유는 북한의 권력승계 과정 및 결과를 시나리오별로 비교적 상세하

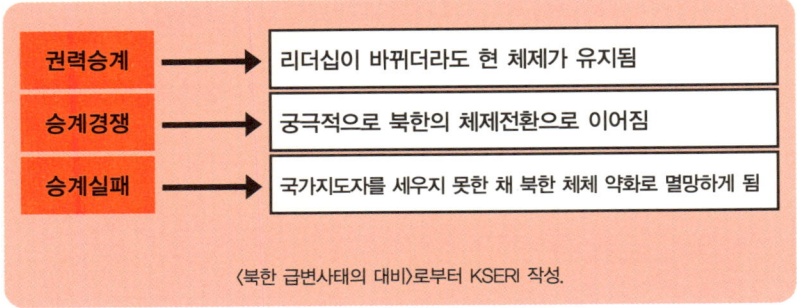

〈자료 3-8〉 북한의 권력승계 시나리오

권력승계	→	리더십이 바뀌더라도 현 체제가 유지됨
승계경쟁	→	궁극적으로 북한의 체제전환으로 이어짐
승계실패	→	국가지도자를 세우지 못한 채 북한 체제 약화로 멸망하게 됨

〈북한 급변사태의 대비〉로부터 KSERI 작성.

게 기술하고 있을 뿐 아니라, 보다 중요하게는 북한의 권력세습에 대한 오바마 정부의 전략적인 입장을 엿볼 수 있기 때문이다. 대북정책을 구사함에 있어 미국의 전략적 입장이 지니고 있는 중요성은 굳이 설명하지 않아도 될 것이다.

이 보고서는 북한의 권력승계와 관련하여 세 가지 시나리오를 상정하고 있다. 〈자료 3-8〉에서 보는 바와 같이 김정일이 후계자 권력승계에 성공할 경우, 권력승계가 경쟁상황에 들어갈 경우, 그리고 권력승계가 실패할 경우가 그것이다. 이에 따라 이 보고서는 각 시나리오의 내용과 상황 및 문제점들을 소개하고 있다. 이를 항목별로 재구성해서 살펴보겠다. 다음은 각 시나리오별 내용이다.

1. 북한의 권력승계 시나리오별 내용

❶ 권력승계

과거 사례를 고려해볼 때 김씨 일가의 집권 연장이 가장 현실성 있는 결과이다. 김정일은 아들이 세 명 있는데, 장남인 김정남은 2001년 위조여권 사건 등 여러 가지 문제로 정당성을 갖기에 역부족이다.

(이후에 당대표자회를 통해 후계자로 부각된) 김정은은 나이가 너무 어리고 경험이 적다. 이에 따라 일부에서는 한두 명의 권력 엘리트에 의한 섭정체제 역시 가능할 것으로 전망된다. 섭정통치가 가능한 인물로는 장성택, 김옥, 김영남 등이 있는데 이 중 장성택이 가장 유력하다. 권력승계 성공의 한 가지 변형으로 실질적으로 국가를 운영하는 국방위원회의 원로들로 구성된 집단지도체제 출현도 가능하다.

이러한 시나리오하에 권력이양은 대체로 순조로울 것이다. 1948년 이후 북한을 장악한 정권은 앞으로도 영속할 것이다(김정일은 개인적으로 1,400명 중 1,131명의 장군들을 정권 고위직에 앉혔으며, 지배 권력층에게 주택, 교육, 식량, 주류, 자가용 등에 대한 특혜를 제공함). 새로운 지도자는 김정일의 정책 방향을 그대로 따를 가능성이 높지만, 이전보다 개방적이고 협력적인 대외정책 기조가 불가피하다고 판단할 수도 있다.

❷ 승계경쟁

북한 권력 내부에서 갈등이 존재한다면 권력승계와 관련한 혼란이 있을 수 있다. 일부는 스스로를 적합한 후계자로 여기고 지명된 후계자의 정당성에 의문을 제기할 수 있다.

장기적이고 분열적이며 잠재적으로 폭력적인 승계투쟁의 가능성을 배제할 수 없다. 권력투쟁은 자금 조달력, 통치력, 개인적 네트워크, 조직 능력 등에 의해 좌우될 것이다. 특히 인민군과 국가안전보위부의 지원이 결정적인 영향력을 행사하게 될 것이다. 군부에 의한 쿠데타도 가능한 시나리오이다. 군부 내에 지역, 대학, 군사학교 학과 등에 기반을 둔 당파가 존재하며, 이러한 당파가 군부를 분열시킬 수 있다.

이러한 시나리오하에 새로운 정권이 등장하면 김씨 일가로부터의 정당성을 기반으로 하는 세력이 아닐 것이다. 따라서 기존과 단절되거나 전혀 새로운 정책기조가 세워질 가능성이 있다. 이 경우 내부 정치개혁이나 외부의 개입에 보다 긍정적인 태도가 나올 수도 있고, 반대로 훨씬 더 강압적이고 폐쇄적인 정권이 들어설 가능성도 있다.

❸ 승계실패

후계체제가 정통성과 지지기반을 확보하는 데 실패할 수 있다. 평양에 자립정부가 들어설 수도 있지만, 1989년에 동유럽 각지에서 발생한 정치적 권위의 붕괴와 유사한 상황이 발생할 수 있다. 그러나 평양으로부터의 통제와 통치의 부재는 인도적 혼란과 함께 근본적이고 총체적인 국가 붕괴를 야기할 수 있다.

주체사상에도 불구하고 북한 경제는 극도로 취약하고, 에너지 부문의 대외의존도가 상당히 높게 나타나며, 농업 부문 역시 만성적으로 북한 주민들의 수요를 충당하지 못함에 따라 많은 북한 주민들이 극심한 식량난에 노출되어 있다. 권력승계에 따른 혼선이 식량이나 다른 원조의 운송 및 분배에 위협이 된다면 이런 극심한 식량부족 상황은 북한에 심각한 악영향을 미치게 될 것이다.

2. 각 시나리오별 도전과 딜레마

❶ 권력승계

현재와 큰 변화가 없어 가장 위험요소가 적은 시나리오다. 승계에 따른 파급효과는 상당히 미미할 것이다. 북한의 새로운 리더십이 지속성과 변화 중 무엇을 표방할 것이냐에 따라 주변 국가들의 상이한 평가들이 나타날 것이다. 중국은 북한에 대한 영향력을 유지하기 위해 새로운 지도자와 원만한 관계를 유지하려고 노력할 것이며, 이는 한국과 이해관계의 충돌을 야기할 수 있다. 북한은 양자 사이에서 이익을 극대화하려 할 것이다.

❷ 승계경쟁

보다 어려운 위협과 딜레마를 야기할 것이다. 이는 권력승계를 위한 투쟁이 얼마나 장기화되고 악화되느냐에 따라 좌우될 것이다.

북한 내 한쪽 세력이 한국에 원조를 요청하는 상당히 민감한 상황이 발생할 수 있다. 한국 정부는 이러한 요구를 무시하기 어려울 것이다. 그러나 다른 세력이 중국에 원조를 요청한다면 문제가 훨씬 복잡해진다. 중국 역시 북한 내 자국의 영향력 축소를 우려하여 이러한 요구를 무시하기 어려울 것이다. 한중 간에 심각한 갈등이 발생할 수 있고, 미국 또한 난처한 입장에 처할 수 있다. 북한 인민군이 개입된 국경선 충돌의 가능성도 있다.

승계경쟁의 장기화에 따라 우려되는 또 하나의 심각한 문제는 대량

난민 유출이다. DMZ로 인해 한국보다 중국으로 많은 수의 난민이 유입될 가능성이 있다.

보다 큰 압박은 대량살상무기(WMD) 저장고에 대한 북한 내부의 통제가 붕괴될 가능성이다. 이 경우 WMD, 원자재, 기술의 외부유출 방지가 가장 중요한데, 이를 위한 군사작전의 필요성과 수행 방법에 대해 각국 간에 현격한 견해 차가 존재한다.

❸ 승계실패

북한이 붕괴될 경우 한반도 주변국들은 궁극적으로 통일된 한반도를 형성하는 데 동의함에도 불구하고, 각각 서로 다른 이슈들에 더 무게를 두어 한반도 문제를 다루려 할 것이다.

미군은 북한의 WMD를 확보하고 관련 원자재나 기술이 해외로 유출되는 것을 막음으로써 궁극적으로 WMD 프로그램에 따른 위협을 제거하는 데에 있어 직접적인 역할을 수행해야 할 것이다.

한국 정부에게 북한의 붕괴는 통일의 염원이 실현되는 감격을 제공하는 동시에 엄청난 부담이 될 것이다. CIA는 이 경우 한국이 행정적 · 법적 문제와 끝없는 경제적 지원요청, 피난민의 대량 유입 등의 난관에 곧 봉착하게 될 것이라고 분석하고 있다.

통일한국에 대응하여 중국은 자국의 이해관계를 관철시키기 위한 모든 수단과 방법을 동원할 것이다(북한 국경선 근처의 미군기지 설립방지, 북한의 핵무기나 WMD의 안전한 처리, 난민 대량유입 저지 등).

3. 승계실패 시 문제점

❶ 안보와 안정

다른 지역의 경험에 비추어 안정화 작업을 위한 병력 수는 국민 1천 명당 5~10명이다. 북한 인구가 2~3천만 명이므로 11.5만~23만 명 정도의 병력이 필요하다. 또한 수만 명의 경찰 인력도 필요하다. 이는 향후 10년간 기존 병력을 30% 정도 줄이려는 한국 입장에서 큰 부담이다.

그러나 만약 북한 인민군이나 인민무력부 등의 잔존 세력이 저항한다면 안정화를 위한 인력의 규모가 급증할 것이다. 미 국방과학위원회에 따르면 반란이 일어날 경우 인구 1천 명당 20명의 병력이 필요하다. 이 경우 북한에서는 총 46만 명의 병력이 필요한데, 이는 이라크의 미군 병력보다 3배가 많은 것이다. 따라서 한국군과 미군만으로 이러한 사태에 대비하는 것은 거의 불가능하다.

❷ WMD

미국에게 가장 시급한 문제는 북한의 6~8개의 핵무기, 4천여 개의 화학무기, 생물학무기, 미사일 프로그램 제조시설의 위치를 점거하고 이들을 확보하는 것이다. 그러나 북한이 지난 40여 년간 군사시설을 철저히 숨겨왔기 때문에 이들을 찾아내는 데 상당한 어려움에 처할 것이다.

❸ 인도적 지원

한국 전문가들은 북한 붕괴 시 예상되는 100만 명의 난민 중 50만 명이 중국으로, 30만 명이 한국으로, 나머지가 러시아와 일본으로 유입될 것이라고 전망하고 있다. 그러나 불과 수천 명의 북한 난민들을 돌보는 데도 어려움을 드러낸 한국이 수십만 명의 난민 유입에 대처할 수 있을지에 대한 의구심이 제기된다.

❹ 기타

정치적·법적 문제와 경제적인 문제들이 장·단기적으로 발생할 수 있다.

지금까지 본 바와 같이 이 보고서는 각 시나리오별 내용과 그에 따른 문제점 및 딜레마를 제시하고 있다. 여기에서 주목할 것은 승계 경쟁이나 승계 실패 시 발생하는 문제점들이다. 실제로 승계 경쟁의 경우 북한 내 한쪽 세력이 남한에 원조를 요청하고, 다른 세력이 중국에 원조를 요청한다면 우리 정부는 대단히 난처한 상황에 처하게 되리라는 것을 알 수 있다. 승계 실패 시 나타나는 문제점들은 더욱 심각하다. 안정화 문제, WMD 확보 문제, 대량 난민 유출 문제 등 미국은 물론 당사자인 우리나라조차 감당할 수 없는 문제들이 발생하게 되는 것이다.

이와 같은 분석을 바탕으로 이 보고서는 미국 정부에 몇 가지 정책제언을 하고 있다. 첫째는 북한의 정권이 극단적인 상황에 의하여 스스로 붕괴되는 것이 아니라면 미국은 현재의 정권을 전복시키는 적극적인 방법을 추구하기보다는 현 정권 내부의 변화를 촉진시키는 노력을 경주해야 한다는 것이다. 둘째는 국익 차원에서 불가피하게 일방적인 행위가 요구되는 상황이 아니라면, 미국은 북한의 변화를 관리하는 데 있어 한국의 리더십과 결정을 존중해야 한다는 것이다. 마지막으로 북한의 급변사태에 따른 잠재적 위협들은 미국과 한국의 힘만으로 해결하기에는 너무나 복잡하고 심각하다는 것이다.

이와 같은 정책 제언은 현재까지도 유효하다고 할 수 있다. 특히 첫 번째 정책 제언과 관련해 2011년 6월 로버트 게이츠 미국 국방장관은 "미국은 북한의 정권교체에 관심이 없으며 북한을 불안정하게 만드는 데도 관심이 없다"고 말했다. 비슷한 시기 빅터 차 조지타운대 교수 역시 한 보고서에서 "내년에 등장할 한·미·중의 새 지도자들이 맞을 최대 위기는 북한의 불안정"이라면서, 김정일의 사망은 최대의 비상상황이 될 것이라고 전망했다. 빅터 차 교수는 조지 W. 부시 정부 시절 백악관 국가안보회의(NSC) 아시아 담당 국장을 지낸 바 있다. 그런가 하면 천안함 사건의 여파가 한창이었던 2010년 3월 이후 한국 군당국이 비무장지대(DMZ) 인근 지역에서 화력을 증강한 데 대해 미국 측이 우려하는 입장을 전달하기도 했다. 북한의 도발행위를 비난하면서도 우리 측의 강경대응으로 한반도 사태가 악화되는 것을 원치 않는다는 입장을 드러낸 것이다.

그런데 이로부터 다소 역설적인 결론을 얻게 된다. 그것은 역사적으로나 현실적으로 상당한 위험요소를 갖고 있는 북한의 권력승계가 현재의 상황에서는 그나마 최선의 대안이라는 것이다. 이는 북한 체제가 적어도 일정 기간 이상 안정적으로 유지되는 것이 전략적으로 유리하기 때문이다. 앞서 살펴본 바와 같이 권력승계 지연 혹은 실패는 엄청난 불확실성과 위험성을 가져올 것이다. 따라서 북한 체제가 붕괴되지 않으면서도 개혁·개방으로 정책 변화를 하도록 유도하는 것이 가장 바람직한 방향이라 할 수 있다.

사실 여러 차례 지적한 바와 같이 북한 입장에서도 개혁·개방정책은 유일한 대안이라 할 수 있다. 권력승계 문제와는 별개로 북한 체제가 존속하기 위해서는 경제적 여건이 결정적으로 중요한데, 기존 방식으로는 상황이 계속 악화될 수밖에 없기 때문이다. 정책적 무능함과 그로 인한 계획과 시장의 괴리, 그리고 통제력 저하로 북한 당국도 상당한 어려움에 처해 있다.

또 한 가지 결론은 우리 정부의 주도적 역할이 북한의 변화를 이끌어내고 한반도 주변 정세의 긴장을 완화시키는 데 있어서 상당히 중요하다는 것이다. 최근 갈등이 반복해서 나타나고 있는 한반도 주변 정세를 통해 알 수 있듯이, 한국은 남북관계를 포함한 한반도 주변의 긴장완화를 위한 이니셔티브를 이끌어낼 수 있는 유일한 행위자라고 할 수 있다. 결정적인 순간이 아니라면 미국이 남한과 대립하면서 대북정책을 추진하지 않을 것이기 때문이다.

우리 안의 '보이지 않는 고릴라' 찾기

우리 안의 '보이지 않는 고릴라' 찾기

얼마 전에 본 흥미로운 실험 하나를 소개할까 한다. 10여 년 전 하버드대 심리학과의 차브리스와 사이먼스는 인간이 어떻게 현상을 인지하고 기억하며 생각하는지 알아보기 위해 한 가지 실험을 해보기로 했다. 실험의 준비단계는 짧은 동영상을 하나 만드는 것이었다. 이를 위해 이 두 사람은 학생들을 두 팀으로 나누어 한 팀은 흰 셔츠를, 다른 한 팀은 검은 셔츠를 입도록 했다. 두 팀의 역할은 각자 이리저리 움직이며 농구공을 패스하는 것이었다.

이렇게 만들어진 동영상을 가지고 학생들은 캠퍼스 곳곳을 돌아다니며 사람들에게 이를 보여주면서 한 가지 요청을 했다. 그것은 검은 셔츠를 입은 팀의 패스는 무시하고, 흰 셔츠를 입은 팀의 패스 횟수를 세

어달라는 것이었다. (이 동영상의 내용이 궁금한 독자들은 www.theinvisiblego-rilla.com이라는 사이트를 방문해서 'The original selective attention task' 라는 1분 20초 짜리 동영상을 직접 보기 바란다. 이 글을 마저 읽기 전에 먼저 보면 좋지만, 보지 않아도 무방하다.)

학생들은 동영상을 본 사람들에게 흰색 셔츠를 입은 팀이 패스를 몇 번이나 했는지 물었다. 사람들은 각자가 센 횟수를 말해주었다. 그러나 정작 이 실험의 관심은 다른 데 있었다. 이 동영상에는 각 팀에 속한 학생들이 열심히 돌아다니며 농구공을 패스하고 있는 동안, 갑자기 고릴라 의상을 입은 학생이 한 명 등장한다. 이 고릴라는 화면 오른쪽에서 서서히 걸어오다가 가운데에 멈춰 서서 카메라를 향해 몸을 돌린 다음 가슴을 치고, 화면 왼쪽으로 사라진다.

흥미로운 것은 학생들의 두 번째 질문에 대한 사람들의 대답이었다. 학생들이 물었다.

"선수들 말고 눈에 띄는 누군가는 없었나요?"

"없었어요."

학생들이 다시 물었다.

"고릴라 보셨나요?"

"네? 뭐라고요?"

이 실험은 《보이지 않는 고릴라》(The Invisible Gorilla)라는 책에 소개된 일명 '고릴라 실험' 이라는 것이다. 놀랍게도 실험에 참가한 사람들 가운데 약 절반이 동영상에 등장한 고릴라를 의식하지 못했다. 이후 차브리스와 사이먼스는 여러 가지 조건에서 다양한 사람들을 대상으로 실험을 해보았지만, 대부분의 경우 대개 50% 정도는 고릴라를 보지 못하는 것으로 나타났다.

아마도 여기까지 읽기 전에 동영상을 먼저 찾아낸 사람이라면 고릴라를 보지 못했을 가능성이 높다. 부끄러운(?) 이야기지만 나 역시 고릴라를 보지 못했다. 설명을 듣고 동영상을 다시 보니 고릴라가 아주 느린 속도로 걸어 나와 가슴까지 치고 있었다. 뭔가 크게 속은 듯한 느낌이었다. 실제로 미국의 'NBC 데이트라인'이라는 프로그램에서 이 동영상에 관한 방송을 만들었는데, 제작 과정에 참여한 피실험자들은 자신들이 안 보는 사이에 제작진이 테이프를 교체했다며 항의하기도 했다고 한다.

사람들은 왜 고릴라를 보지 못한 것일까? 오랜 시간 집중을 요하는 장면도 아니었고 고릴라가 한쪽 구석에서 조그맣게 나왔다 사라진 것도 아니었는데, 고릴라는커녕 뭔가가 나왔다 들어간 것조차 전혀 몰랐다니 기가 막힐 노릇이다.

이와 같은 현상은 기대하지 못한 사물에 대한 주의력이 부족했기 때문에 발생한 것인데, 과학에서 '무주의 맹시(inattentional blindness)'라고 불리는 것이다. 이것은 사람들의 시각에 문제가 있어서가 아니라, 특정한 현상에 주의를 집중하고 있을 때 예상치 못한 사물이 나타나면 알아차리지 못하는 경향이 있다는 것이다. 심지어 그 사물이 두드러지거나 시선을 두고 있는 바로 그 자리에 나타날 때조차 알아차리지 못하는 경우가 나타나게 된다.

이처럼 사람은 사물이나 현상을 각자가 주목하는 관점에 따라 선택적이고 제한적으로 인식하는 경향이 있다. 특히 주목하고 있는 부분에 대한 집중도가 높을수록 이러한 경향이 두드러진다. 문제는 이와 같은 경향으로 인해 심각한 결과가 초래되기도 한다는 점이다. 이와 관련해 《보이지 않는 고릴라》에서는 다음과 같은 예를 소개한다. 오토바이와 자동차가 교차로에서 충돌해 건장한 오토바이 운전자가 사망 직전까지 갔던 사고가 소개되어 있는데, 거의 완벽한 무사고 운전자였던 자동차 운전자가 오토바이의 진행방향을 충분히 볼 수 있는 위치에 있었음에도 불구하고 오토바이를 보지 못했다고 말하는 것을 보게 된다. 물론 자동차 운전자가 거짓말을 했다고 생각할 수도 있겠지만, 오토바이 사고의 상당수가 이와 같은 상황에서 발생한다는 점을 감안하면 단순히 운전자의 거짓말로 치부해버리기 어려운 것이다.

이 실험을 소개하는 이유는 이 실험이 북한을 바라볼 때 발생하는 '맹시'에 관해 상당한 시사점을 주기 때문이다. 주지하듯이 북한은 한국 사회에서 매우 민감하고 복잡한 사안들 가운데 하나라고 할 수 있다. 한국전쟁을 일으킨 당사자이고 무엇보다 2010년 말의 연평도 포격에서 나타난 바와 같이 남북 간의 군사적 대치는 여전히 현재 진행형이다. 동시에 장기적으로는 함께 통일을 이루어가야 할 파트너이기도 하다. 이 같은 이중적인 성격으로 인해 북한 문제는 한국 사회 내의 거의 모든 이념적인 갈등의 한가운데에 서 있으며, 갈등의 정도가 커질수록 어느 한쪽 면만을 바라보는 '맹시'의 경향도 그만큼 강하게 나타나게 되었다.

몇 가지 예를 들어보겠다. 최근과 같은 북한의 군사적 도발에 초점을 맞추는 사람들은 북한이 전혀 변하지 않았다고 주장하며 2000년대 김정일 정권이 시도했던 상당한 수준의 개혁조치, 그로 인한 북한의 변화 가능성에는 별반 주목하지 않는다. 반면 북한 체제 내부에 대한 이해에 초점을 맞추는 사람들은 사회주의 계획경제의 한계와 김정일 정권의 실정(失政)에 상대적으로 덜 주목하는 경향이 있다. 또한 남북관계 개선과 북한과의 협력에 초점을 맞추는 사람들은 엄청나게 열악한 상황에 처해 있는 북한 주민들의 인권에는 주의를 덜 기울인다. 그런가 하면 북한 주민들의 인권 개선과 통일의 필요성을 주장하는 사람들은 상대적으로 남한이 감당해야 할 엄청난 규모의 통일비용에 덜 주목하는 경향이 있다.

이 책에서 '플리바겐'을 통해 북한을 바라보고자 한 것은 그와 같은 '맹시'를 극복하고 북한과 대북정책에 관한 바람직한 관점을 제시하기 위해서이다. '플리바겐'은, 용납하기 힘든 행위를 했지만, 덮어놓고 강경하게만 밀어붙일 수 없는 대상인 북한을 상대할 때 마주치게 되는 딜레마를 가장 잘 나타내는 모델이기 때문이다. 동시에 이념적인 편견에 기초해 북한 문제의 일면만을 바라보는 기존 시각의 오류를 현실적으로 극복하는 데 있어 적절한 시사점을 제공한다고 할 수 있다. 대북정책에 있어 '무주의 맹시'가 초래하게 될 결과는 위 실험에서 고릴라 한 마리를 못 보는 것과는 비교가 안 될 정도로 치명적일 것이다. 이와 함께 이 책에서는 경제적인 관점을 통해 북한 내부를 살펴봄으로써 '플리바겐' 식으로 접근하더라도 우리가 북한에 끌려가는 것이 아니라, 오히려 북한을 개혁·개방으로 유도할 동력을 찾을 수 있음을 살펴보았다.

'화폐개혁'의 실패를 통해 북한 당국은 정치논리에 따라 시장의 힘을 함부로 거스르는 것이 얼마나 위험한 일인지 알게 되었다. 따라서 우리에게 필요한 대북정책은 북한 스스로가 반개혁 국면의 한계를 깨닫고 시장경제의 논리에 보다 친숙해질 수 있도록 유도하는 것이라고 할 수 있다.

물론 이 책이 대북강경책의 한계와 북한 체제 붕괴의 위험성을 지적하고 남북경협의 필요성을 강조한다고 해서 '반(反) 통일론'을 주장하고자 하는 것은 아니다. 분단이 초래한 비극과 한반도가 갖고 있는 잠재력을 감안하면 통일은 남북한이 반드시 이루어야 할 목표이다. 다만 지금과 같은 상태에서의 통일은 남북한 서로가 감당하기 어려운 혼란과 재앙을 초래할 가능성이 높기 때문에, 남북경협을 통해 북한의 개혁·개방을 유도해 북한이 일정하게 자생적인 경제기반을 마련한 다음 남북한의 격차가 일정한 범위 내로 좁혀졌을 때 통일을 하는 것이 가장 바람직한 방법이라고 할 수 있다. 이것은 얼핏 이상적인 시나리오처럼 보일 수도 있지만, 사실 가장 현실적인 방법이다. 지금 상태에서는 남한 경제가 통일을 도저히 감당해낼 수 없기 때문이다. 결국 북한의 군사적 도발에 대한 강경대응의 필요성이 있음에도 불구하고 대북정책의 최종 목표는 북한의 개혁·개방을 유도하는 것이 되어야 한다. 그런 점에서 지금부터의 대북정책이 가장 중요하다고 할 수 있다.

게임이론으로 본 **남북관계**

게임이론으로 본
남북관계

　　　　　'게임이론(game theory)'에 대해 들어본 적이 있을 것이다. 게임이론은 어떤 행위자가 자신과 경쟁 관계에 있는 상대방의 행동을 고려해 자신의 이익을 극대화하기 위해 취하는 행동을 분석한 이론이다.

　그중에서도 잘 알려진 예가 '죄수의 딜레마'이다. '죄수의 딜레마'는 각각 다른 방에서 취조를 받고 있는 두 명의 죄수가 처한 상황을 빗대어 만든 게임이론이다. 이들은 자신과 상대방이 각각 어떤 선택을 하느냐에 따라 다른 형량을 받게 된다. 예컨대 자신이 자백했는데 상대방이 자백하지 않는다면 자신에게 유리한 결과가 나오겠지만, 의리를 지켜 자백하지 않았는데 상대방만 자백한다면 대부분의 죄를 뒤집어쓰는 최악의 결과를 맞게 되는 것이다. 문제는 상대방이 어떤 선택을 할지 모르는 상황에서 결정을 내려야 한다는 점이다. 이론적으로는 둘 다 자백하지 않으면 둘 모두에게 최선의 결과를 가져오겠지만, 만에 하나 자신만 자백한다면 치명적인 결과를 낳을 수도 있어 두 행위자는 모든 경우의 수를 따져 행동하게 된다. 여기에서 각 행위자가 자신의 행동을 결정하는 중요한 변수는 상대방에 대한 '신뢰' 유무이다.

이 이론은 원래 주로 군사학에서 사용되었으나, 다양한 행위자들에 대한 적용이 가능하기 때문에 경제학, 정치학, 심리학 등에서도 폭넓게 사용되고 있다. 이에 따라 남북관계에도 적용 가능하다. 게임이론을 남북관계에 적용시키면 흥미로운 점들을 발견할 수 있다. 결론적으로 게임이론을 통해 남북관계를 바라보면 북한을 개혁·개방으로 유도하는 것이 남북한 모두에게 최선의 방법이라는 것을 알게 된다.

〈자료 1〉은 상호불신이 쌓여 있는 남북한 현실을 반영하고 있는 게임 모델이다. 일반적인 경우와 다른 부분은 남북한 격차를 반영해 남한이 대립하고 북한이 협력하는 경우 각각의 손익이 '150 : –10,000'이라고 한 부분이다. 이는 남한이 대립하는 데 북한이 협력할 경우 북한이 입게 되는 손해가 극단적으로 높아진다는 의미로 이러한 경우는 현재와 같은 상황에서 결코 일어나지 않으리라는 것을 의미한다. 북한이 대립하는데 남한만 협력하는 경우 남한이 입게 되는 피해는 상대적으로 미미하지만, 반대의 경우는 북한에게 치명적인 피해를 초래하기 때문이다.

일반적인 경우와 마찬가지로 남북한이 서로 불신하는 상태에서는 서로 대립을 선택하는 것이 최선의 전략이 된다. 상대방이 어떤 선택을 하

		북한	
		협력	대립
남한	협력	(130, 130)	(-100, 150)
	대립	(150, -10,000)	(-50, -50)

KSERI 작성.

든 간에 대립을 택하는 것이 이익을 늘리거나 손해를 줄이기 때문이다. 예를 들어 북한이 협력할 경우 남한은 협력(130)하는 것보다는 대립(150) 하는 것이 보다 많은 이익을 낳는다. 반대로 북한이 대립할 경우 역시 협력(-100)하는 것보다는 대립(-50)하는 것이 손해를 덜 보는 방법이다.

사실 위의 네 가지 경우에서 남북한이 서로 협력하는 경우가 가장 좋은 경우라고 할 수 있다. 남북한 모두 130씩의 이익을 얻게 되기 때문이다. 그러나 남북한이 서로 불신하고 있기 때문에 양측 모두 대립을 택하게 되면, 양측은 -50씩의 손해를 입게 된다. 게다가 이런 상황에서 남한이 햇볕정책과 같은 방법으로 협력을 택하게 되면 보다 많은 손해를 보게 된다. 남한의 손해는 -50에서 -100으로 늘어나는 반면, 북한의 이익은 -50에서 150으로 크게 늘어나는 것이다.

이명박 정부와 한나라당이 햇볕정책을 '퍼주기'라고 공격하는 이유는 바로 이 때문이라고 할 수 있다. 햇볕정책은 남한의 이익을 최소화(-50→-100)하는 반면, 북한의 이익은 극대화(-50→150)하는 것에 불과하기 때문이다. 이 같은 지적은 어떤 면에서 타당하다고 할 수 있다.

문제는 이 같은 관점을 유지할 경우 남한 역시 상당한 부작용을 겪게 된다는 것이다. 이 관점에 따르면 남한은 어차피 손해가 더 커질 것이기 때문에 북한과 협력을 택할 이유가 전혀 없어 −50의 손해를 보게 된다. 뿐만 아니라 이러한 상황을 해소할 수 있는 방법은 남북 간에 전쟁이 나거나 북한이 스스로 붕괴하는 수밖에 없다. 물론 전자보다는 후자가 낫겠지만 어떤 경우가 되었던 남한은 엄청난 경제적 부담을 지게 된다.

이제 이 같은 딜레마를 해결할 수 있는 해법을 모색해보도록 하겠다. 사실 현실에서의 게임이론은 〈자료 1〉의 상황에서 끝나지 않는다. 〈자료 1〉의 게임 구조는 선험적으로 고정된 것이 아니며, 현실 세계에서는 얼마든지 본 게임(main game)에 앞서 하위 게임(sub-game) 등을 통해 게임의 구도가 바뀔 수 있다. 남북한 간에 어떤 식으로든 신뢰를 형성할 수 있다면 양측 모두 윈-윈 할 수 있는 협력게임이 가능해지는 것이다.

〈자료 1〉에서 설명한 바와 같이 북한은 남한이 햇볕정책을 사용하든 강경정책을 사용하든 무조건 대립을 선택한다. 즉, 북한은 절대로 먼저 협력을 선택하지 않는다는 것이다. 예를 들어 이명박 정부가 지금까지의 강경정책을 포기하고 햇볕정책이나 포용정책으로 방향을 전환한다고 해도 북한은 그것을 믿고 곧바로 협력을 선택하지는 않는다. 왜냐하면 북한이 협력을 선택했는데 이명박 정부가 다시 입장을 바꿔 대립을 선택하게 되면 북한은 −10,000만큼의 손해를 보게 되기 때문이다. 이는 김정일 정권의 붕괴를 의미할 수도 있을 만큼 북한에게는 치명적인 수준이다.

북한이 협력을 선택하지 않는 것은 체질적으로 불신이 몸에 배어 있어서라기보다는 게임의 구도가 이와 같이 되어 있기 때문이라고 할 수 있다. 따라서 이와 같은 게임의 구도하에서 대립을 선택하는 것은 북한으로서는 가장 합리적인 선택이다.

남한이 협력을 선택할 경우 북한도 협력을 선택할 수 있도록 하기 위해서는 먼저 불신을 신뢰로 바꾸기 위한 하위게임을 선행해야 한다. 김정일 정권이 위협을 느끼지 않으면서도 남북한 모두에게 이득이 되는 별도의 하위게임을 통해 신뢰를 형성하는 것이 필요하다는 것이다. 이와 같은 하위게임을 바탕으로 아래 〈자료 2〉에서와 같이 남한이 대립하고 북한이 협력하는 경우에도 북한의 손해가 -10,000에 이르지 않도록 본 게임의 구도 자체를 바꾸어야 한다.

〈자료 2〉는 남한이 북한에 신뢰를 심어주는 하위게임을 전제로 남북한이 상대방에 대한 신뢰를 쌓아 본 게임을 하는 구도를 나타내고 있다. 그런데 이런 하위게임을 통해 남북한 간 신뢰를 형성할 수 있다는 것을 머리로서가 아니라 사업가적 직감을 바탕으로 직접 보여준 사람이 있다. 바로 현대그룹 창업자인 고(故) 정주영 회장이다. 이에 따라 편의상 남북한 평화통일 협상을 위한 신뢰게임을 '정주영 모델'이라고 하겠다.

〈자료 2〉는 본게임에 앞서 먼저 신뢰 쌓기 하위 게임이 선행한다는 것을 나타내고 있다. 여기에서 하위게임은 사실 앞의 〈자료1〉과 거의 같다. 다만 남한이 협력하고 북한이 대립할 경우 남한의 손익이 -100에서 50으로 바뀌었다는 점이다.

〈자료 2〉 남북한 간 평화통일 협력게임 : 정주영 모델

		(본게임) 〈북한〉				(하위게임) 〈북한〉	
		협력	대립			협력	대립
〈남한〉	협력	(130, 130)	(-100, 150)	〈남한〉	협력	(130, 130)	(50, 150)
	대립	(150, -100)	(-50, -50)		대립	(150, -10,000)	(-50, -50)

KSERI 작성.

신뢰 쌓기를 통한 대북사업을 함으로써 북한이 대립을 택할 경우 남한의 손익이 상호 불신 상태의 -100에서 50으로 바뀜

정주영 모델의 하위게임에 대해 구체적으로 살펴보자. 앞에서 설명한 바와 같이 남북한은 〈자료 1〉의 상호 불신 상태에서 출발한다. 즉 북한은 절대로 남한에 대해 협력 전략을 선택하지 않음에 따라 남북한 모두 대립을 선택하여 각각 -50의 손해를 보게 된다. 이제 정주영 회장이 북한과의 신뢰를 쌓기 위해 소를 실은 트럭을 몰고 북한에 들어가는 하위게임을 시작한다. 일견 이는 퍼주기인 것처럼 보인다. 그러나 사업가인 정주영 회장은 하위게임을 통해 얼마든지 남한도 이득을 볼 수 있는 게임 구도를 만들 수 있다고 생각한다. 그것을 구체화한 것이 금강산 관광 사업과 개성공단 사업 등이라고 할 수 있다. 즉, 정주영 회장은 자신이 북한에 준 소와 트럭을 거저 준 것이라고 생각하지 않으며, 금강산 관광사업과 개성공단 사업 등을 통해 이득을 얻을 수 있다고 생각한 것이다. 그 결과 정주영 회장이 생각하는 '남한-협력', '북한-대립'의 손익은 〈자료 1〉과 같이 -100이 아니라 〈자료 2〉의 하위 게임에서와 같이

50이 된다. 이에 따라 남북한의 최적전략(균형해)은 남한-협력, 북한-대립의 (50, 150)으로 귀결된다. 즉 남한이 협력을 선택하고 북한이 대립을 선택하더라도 남한은 50의 이익을 얻는 구조가 된 것이다.

이와 같은 하위게임의 반복(repeated game) 과정을 통해 남북한 간에 신뢰가 쌓이게 되면 이제 남북한이 본게임에 들어갈 수 있는 구도가 형성된다. 북한이 본게임에 들어갈 수 있다는 것은 자신이 협력을 선택한 상황에서 남한이 설령 대립으로 전략을 바꾸더라도 체제유지에 큰 위협을 느끼지 않을 정도의 상황이 되었다는 것을 의미한다. 즉, 〈자료 2〉의 본게임에서와 같이 남한-대립, 북한-협력의 상황에서도 북한의 손해가 –100에 그치게 되는 것이다. 이 경우 북한이 다시 대립으로 돌아가게 되면 남한의 손익은 150에서 –50이 되는 반면, 북한의 손익은 –100에서 –50으로 작아져 남한에게 보복하는 것이 가능해진다. 북한 입장에서도 협력이 나쁜 선택이 아니게 된 것이다. 나아가 이런 상황이 계속 반복되면 남북한 간 신뢰를 바탕으로 한 본게임을 시작할 수 있는 새로운 구도가 완성되며, 그때의 해는 '남한-협력', '북한-협력'의 (130, 130)이 된다. 즉 윈윈 게임이 되는 것이다.

결과적으로 정주영 모델에서 볼 수 있는 것처럼, 하위게임의 반복(repeated game)을 통해 남북한이 신뢰를 쌓고 이를 바탕으로 협력게임을 하는 것은 퍼주기의 정반대이자 평화통일로 가는 유일한 길이라 할 수 있다. 독일이 통일 이전에 신뢰 쌓기 하위 게임을 30년 이상 했던 점을 감안하면 아직 한국은 걸음마 단계인 것이다. 여기에서 중요한 것은 남한이 하위게임의 반복을 멈춰서는 안 된다는 것이다. 심지어 북한이 핵

실험과 같은 군사적 도발을 하더라도 멈춰서는 안 된다. 이는 북핵 실험과 같은 군사적 도발을 용인해도 된다는 뜻이 결코 아니다. 하위게임의 지속적인 반복을 거쳐 본게임으로 들어갈 정도의 상황이 되면 북한 체제 역시 외부의 관성에 상당한 정도로 노출되어 북핵 문제가 해결될 여지 역시 훨씬 커지기 때문이다. 즉, 남한이 이와 같은 하위게임을 반복하는 것에 대해 북한은 핵무기와 군사적 능력 때문에 남한이 굴복한 것이라고 생각할지 모르지만, 결국 북한 스스로가 체제생존의 상당 부분을 핵무기가 아닌 경제적 이해관계에 의존하게 되는 것이다.

무엇보다 중요한 점은 북한이 남한을 신뢰하게 되어 본게임에 들어갈 정도가 되면 남북한 통일로 인한 남한의 경제적 부담은 거의 걱정하지 않아도 되는 상황이 된다는 것이다. 그런 상황에서 북한은 이미 경제적 자립을 할 수 있는 정도의 상태에 도달해 있을 것이기 때문이다.

7 · 1 경제관리개선조치 해설 자료

2002년 단행된 7 · 1조치는 결과적으로 실패로 끝나고 말았지만, 북한 정권의 시장경제 도입에 대한 의지와 가능성을 엿볼 수 있다는 점에서 큰 의의를 가진다. 다음 자료는 7 · 1 조치를 주민들에게 알리기 위해 북한 당국이 직장이나 학교 등의 기관장에게 강연자료로 배포된 문건으로 추정되는 자료이다.(일본어로 번역된 북한 문건을 다시 한국어로 번역한 것으로 일부는 북한식 표현과 다를 수 있음. 출처 : 한국개발연구원KDI)

(전략)

최근 국가에서 알곡 수매가를 다시 정하고, 식량값을 기준으로 전체 가격을 전반적으로 개정하며 근로자의 생활비도 그에 맞추도록 하는 조치를 채택했다. 국가가 이번에 택한 조치는 강대국 건설의 요구에 맞게 사회주의의 경제 관리를 개선할 데 대한 당의 방침을 철저히 관철하고, 경제사업에서 실리를 보장하고, 근로자의 생산 의욕을 높여 사회의 물질적 부를 늘리며, 인민 생활을 향상시키려고 하는 데에 그 의도가 있다.

경제사업에서 실리를 보장하고 생산자를 우대하는 원칙에서, 이번에 가격을 전반적으로 개정했다. 가격을 옳게 정하는 것은 나라의 경제 발전과 인민 생활 향상에 상당히 중요한 의의를 가진다.

그런데 최근 수년간 우리는 사회주의 경제건설에서 가격사업을 옳게 실행하지 않아, 나라의 경제사업에 전반적으로 중대한 나쁜 결과를 초래했다. 현재 국정가격이 농민시장 가격보다도 낮아서 장사 행위가 성행하고, 국가에는 상품이 부족한데 민간은 상품에 둘러싸여 있는 현상을 초래하고 있다. 농민시장에 가 보면 쌀을 원료로 하는 식료품에서부터 공업 제품에 이르기까지 생활에 필요한 대부분의 상품이 모두 있다. 그 대부분은 낮게 책정된 국정 가격과의 격차를 이용해 국가물자를 모두 빼돌려서, 농민시장에서 높은 가격으로 팔고 있는 것이다. 그래서 생산은 국가가 하고 있는데, 상품과 돈의 대부분은 개인의 손에 들어간다.

따라서 이번에 국가에서는 사회주의 경제관리를 개선하기 위해 전 품목의 가격을 종전보다도 평균 25배 정도 끌어올리기로 개정하고, 이달부터 전국적으로 새롭게 개정된 가격에 따라 전체 생산과 경영활동이 진행되도록 했다.

(중략)

사실 사람들의 물질생활에서 식량보다 더 귀중한 것은 없다. 사람은 다른 것은 몰라도 배고픈 것과는 타협할 수 없다. 사람들의 물질생활에서 기초를 이루는 식량가격을 모든 가격 제정의 출발점으로 삼는 것은 어느 면에서 보나 정당하다.

이번에 국가에서는 알곡 생산에서 실리를 보장하고 농민을 우대하는 원칙에서 국가가 수매하는 알곡 가격을 흰쌀 1kg당 45전에서 20원으로 대폭 인상했다. 흰쌀가격 인상과 같이 대두는 1kg당 40원으로, 돼지고기는 생체 1kg당 110원으로 가격을 대폭 인상시킴으로써 농민이 높은 생산 의욕을 가지고 알곡과 축산물 생산에 떨쳐나서게 했다. 현재 개인 장사꾼들이 돼지고기 생체를 1kg당 60~80원에 사들여 농민시장에서 폭리를 얻고 있지만, 이제부터는 국가의 수매가가 더 높기 때문에 자연히 돼지고기 장사꾼들이 없어지게 된다.

인민경제의 동력, 연료, 원료로 이용되는 중요 공업제품과 국가적으로 수입에 의존해야만 하는 전력물자의 가격은 다른 물건보다도 훨씬 높게 책정되었다. 실례로 석탄 1톤당 1,500원으로 44배, 전력 1,000kw에 2,100원으로 60배, 코크스탄·전기등·생고무 가격은 45배, 휘발유·디젤유 가격은 70배 이상 인상하였다. 철도 여객 운임은 35.8배, 시내버스 운임은 20배 높였다. 지금은 평양에서 청진까지의 기차 여행을 한번 하려고 하면 590원 이상 내야 한다. 시내버스도 한번 타는 데 2원이다.

지난 시기 기차비와 버스비가 지나치게 낮았기 때문에, 이 부문에서 번 수입으로는 운수 수단의 보수도 제대로 충당할 수 없었다. 지금부터는 이러한 현상이 없어지게 되었다.

대중 소비품과 식료품의 가격도 수요와 공급 수준에 맞춰 개정하였다. 남자용 운동화 한 켤레에 180원, 세수비누 한 장에 20원, 세탁비누 한 장에 15원, 된장 1kg에 17원, 간장 1kg에 16원, 콩기름 1kg에 180원, 조미료 1kg에 300원, 소주 1 l 에 43원, 청어 1kg에 100원이다. 주택 사용료도 1세대가 60㎡인 경우, 1개월에 78원이고, 난방 사용료는 한 달에 175원이다.

이제까지 사회적으로 허용해온 각종 가격기준을 전부 없애고, 모든 상품 가격을 한 가지 기준으로 통일시켰다. 앞으로는 상품의 수요와 공급이 변동하는 데 따라 상품 유통과 화폐 유통을 원만히 보장하기 위해 상품가격을 고정시키지 않고 능동적으로 계속 조절하도록 한다.

경제적으로 실리에 맞는가 맞지 않는가, 생산자를 우대하는 원칙에 입각한 것인가 아닌가, 사회적 수요와 공급을 고려했는가 하지 않았는가 하는 것을 검토하고, 엄격하게 계산해서 가격을 정하도록 하였다.

다음으로 국가는 사회주의 분배 원칙을 제대로 실시하여 사람들이 실제 자기가 일한 만큼 득을 볼 수 있도록 생활비도 개정했다. 사람들에게 일한 것만큼, 번 것만큼 순서가 돌아오도록 하는 것은 사회주의 분배 원칙의 기본 요구이다. 그렇지만, 이제까지 이 요구가 제대로 구현되지 못했다.

우선 분배에서 평균주의가 많았다. 노동자와 사무원에게 생활비를 줄 때, 일을 많이 한 사람인가 적게 한 사람인가, 기본 노력인가 보조 부문 노력인가를 고려하지 않고 기업소가 계획보다 더 수행했다고 하여 모두 똑같이 계산해 주었다.

협동 농장원의 경우, 농장에 나가 일을 잘 했건 못했건, 가동일수만 보장하면 1년 식량을 가족에게까지 일률적으로 완전히 다 지급했었다. 그리고 철도 일군이라고 해서 그 가족들까지도 무임승차권을 가지고 여행한다고 생각할 때도 그렇고, 보상금, 간식비 등을 비롯해서 국가적으로 무료로 나가는 돈이 상당히 많았다.

결국 지난 시기 사회주의 분배 원칙이 바로 실시되지 못하고, 사회적으로 공짜가 많았으며, 평균주의를 하다 보면 그것이 사람들에게 건달풍을 조장하고 근로자의 노력적 열성을 떨어뜨리게 하였다. 따라서 이번에 국가에서는 사회주의 분배 원칙의 요구에 맞게 근로자들이 실제 자기가 일한 것만큼, 번 것만큼, 생활비를 엄격히 계산해 주도록 기준을 다시 정했다.

우선 올해 7월부터, 모든 상품의 가격을 개정한 데 맞게 생활비를 전반적으로 평균 18배 정도 인상하였다. 한 가정에서 평균 2명 정도 일하는 것으로 보고 노동자, 사무원 한 사람의 한 달 생활비 기준을 평균 2,000원 정도로 정했다.

그리고 사회와 집단을 위해 실제로 일을 더 많이 하는 사람들을 우대한다는 원칙에 입각해서, 사무실에서 일하는 사람보다도 생산 현장에서 일하는 기술자와 고급 기능공, 과학자, 기술자의 생활비를 더 높게 책정했다.

이번에 생활비를 새롭게 개정하면서 탄광, 광산을 비롯해 어렵고 힘든 부문에서 일하거나, 전력물자를 생산하는 근로자들에 대해서는 생활비를 20〜25배 정도로 더 높여 정했다. 특히 탄광, 광산의 굴진공, 채탄공, 채광공의 경우, 한 달 생활비가 6,000원으로 가장 높게 정해졌다.

생산현장에서 일하는 기사와 해당 기술 자격 직제에서 일하는 연구사, 설계원, 대학 교원 등 전문가의 생활비는 19배 정도 높였다. 그러나 비생산 부문과 지도단위 일군의 생활비는 17배 정도로 상대적으로 인상폭을 낮게 했다. 지난 시기에 20여 가지나 되던 가급금도 대폭 정리했다.

사회적으로 과학 기술을 중시하는 기풍을 세우고, 새로운 과학 기술의 성과가 인민 경제 여러 분야에 빨리 도입되어 실제로 은이 나도록 하기 위해 새로운 과학 기술로 나라의 경제발전에 이바지 한 경우에는 그 가치에 따라 3년간 번 이익금 중에서 연구자와 연구집단, 도입단위에 대부분의 자금을 현금으로 지급하도록 했다.

이와 관련하여 작업반 우대제는 없앴다. 농업생산을 신속히 증대시키기 위해, 농민의 한 달치 생활비는 평균 2,300원 정도로, 노동자·사무원보다도 기준을 더 높게 정하고, 그것으로 식량도 사먹고, 생활도 할 수 있도록 했다. 앞으로는 누구나를 막론하고 자기가 얻은 생활비를 가지고 생활 할 수 있도록 되었다. 공짜, 평균주의는 절대로 없다.

누구든지 자기가 번 돈으로 쌀을 제 가격으로 사 먹을 수 있게 된다. 우리가 지금까지 적용해온 낮은 가격에 의한 식량공급제는 1946년부터 실시해온 것이다. 지난 시기, 노동자, 사무원의 실질 생활비에서 식량값이 차지하는 비율은 불과 3. 5%밖에 안 되었다. 하루만 일하면, 한달치 식량을 사 먹을 수 있었기 때문에 특별히 애써 일하지 않아도 살아갈 수 있게 되어 있었다. 일할 수 있는 많은 가정주부가 사회에 진출하지 않고, 일부 근로자들이 생산활동에서 열성을 내지 않는 이유는 바로 여기에 있었다. 특히 최근 수년간, 국가가 식량을 제대로 공급할 수 없게 되자 많은 사람들이 이미 가지고 있던 직업까지 버리고, 장사나 하면서 자기 개인의 이익을 채우고 있다.

앞으로는 국가가 협동농장에서 수매한 식량값에 일정한 부가금을 청구해 지금의 식량공급 기준을 초과하지 않는 범위에서 판매하게 되는데 그렇게 되면 근로자의 실질 생계비에서 식량값이 차지하는 비율이 50%정도가 된다.

이렇게 모든 물건을 제 가격으로 사서 사용하게 된다고 해도, 사회주의 제도의 우월성과 관련된 사회적 시책까지 없어지는 것은 아니다. 앞으로 국가에서는 사회주의 제도의 우월성을 더 높이 발양시키기 위해, 무상치료제, 무료교육제, 사회보장제와 영예군인 우대제를 비롯한 30여 종류의 사회적 시책은 계속 실시하며 이에 대한 국가적 지출을 더 늘리도록 한다.

이번에도 연로보장자의 연금과 영예군인 보조금을 비롯한 연금, 보조금은 근로자의 생활비를 개정하는데 맞춰 정하면서도, 영예군인과 연로자가 안정된 생활을 보장할 수 있도록 영예군인 보조금과 낮게 책정되었던 연금액은 더욱 높였다. 부모가 없는 아이와 돌볼 사람이 없는 노인을 데려다 부양하는 세대에는 부양자 1명당 매월 300원 정도의 보조금을 주도록 했다. 또한 노동자 없이 아이만 사는 세대, 부양받을 자식 없이 노인만 사는 세대, 부부가 모두 일할 수 없는 환자로서 아이만이 있는 세대에는 가족 1인당 600원 정도의 생활보조금을 지급한다. 육아원, 애육원, 야영소에서는 원아와 야영생의 쌀값까지도 전체 국가가 부담한다. 그리고 앞으로 국가 경제가 활성화되는데 따라, 근로자의 생활비도 그에 맞게 계속 높여 주게 된다.

우리는 새로운 국가적 조치에 대해서 잘 알고, 강성대국 건설에 새로운 혁신을 달성시켜야 한다. 우선 새로운 국가적 조치에 대해서 옳은 인식을 가져야 한다. 현재 많은 사람들 중에는 식량도 부족하고 상품도 없는데 물건의 가격과 생활비를 올려 경제 문제가 해결되는가, 국가에서 가격을 끌어올리면 시장가격이 더 오른다고 말하면서 반신반의하고 있다.

이것은 이번 조치의 의도를 깊이 파악하지 못하고, 사회주의 경제관리에 대한 인식이 부족한 데 그 원인이 있다. 근로인민대중을 경제관리의 주인으로 보고, 경제사업에서 나서는 모든 문제를 생산자 대중과 함께 지혜를 발동하여 풀어가야 한다는 것이야말로 당의 의도이고, 사회주의 경제관리의 근본원칙인 것이다.

생산자 대중이 발동되자면, 사상사업을 선행하는 것과 함께 사회와 집단을 위해 일을 많이 하는 사람에게 정치적 평가도 잘 해주고 물질적 보수도 더욱 많이 돌아가도록 해야 한다. 그래야 사람들의 혁명적 열의와 창조적 적극성이 높이 발양될 수 있고, 그것이 다른 사람들에도 좋은 영향을 주게 되어 사람들이 노동을 생활의 제일차적인 요구로 받아들이게 할 수 있다.

사람들에게 자기가 일한 만큼, 번 만큼 보수가 돌 오도록 하는 것은 단순히 물질적 자극을 높이는 것으로만 보아서는 안 된다. 지난 시기 우리는 사회주의 분배원칙에 대한 인식이 바로 서 있지 못하여 물질적 평가 문제를 정치적 평가 문제와 인위적으로 대치시켜 놓음으로써 그것을 사회주의 사회의 본성적 요구에 맞게 제대로 구현하지 못하였다.

현재 인민들은 이제는 애써 일하면 나라가 부강해지고, 모두 잘살 수 있게 되었다고 기뻐하고 있다.

(중략)

누구나가 모두 애써 일하고, 모두 물질적 부가 창조되도록 하려는 데 그 기본이 있다. 그렇지만 지금 일부 사람들 중에는 새로운 국가적 조치에 대해 제멋대로 해석해 부정적인 세론을 퍼뜨리는 현상이 나타나고 있다.

우리는 이번 국가적 조치가 나라의 경제를 빨리 발전시키고, 인민생활을 실제로 해결할 수 있는 정당한 조치라는 것을 확실히 알아야 한다. 모두 이번에 채택된 국가적 조치를 잘 알고, 하루라도 빨리 은을 낼 수 있도록 해야 한다. 모든 일군, 당원과 근로자는 전반적 가격과 생활비를 개정할 데 맞춰 혁신적 안목과 근면한 본성으로 강성대국 건설에 새로운 전환을 달성해가야 한다.

PLEA BARGAIN